Waldemar Erdmann
Lucas Weigerstorfer

Einstellungstest Justiz und JVA

Über 1.200 Aufgaben mit Lösungen

Eignungstest für Justizfachangestellte, Justizvollzugsbeamte und Justizwachtmeister

Ablauf, Fachwissen, Allgemeinwissen, Logik, Konzentration, Sprache

plakos

Herausgeber:
Plakos GmbH
Vertretungsberechtigter Geschäftsführer: Waldemar Erdmann
Sitz: Willy-Brandt-Allee 31 B, D-23554 Lübeck

Website und Kontakt:
www.plakos-akademie.de
E-Mail: support@plakos.de

Facebook: plakosDE
YouTube: Plakos Akademie
Instagram: plakos_akademie
TikTok: plakos_akademie

ISBN: **978-3-948144-95-1**

Einstellungstest Justiz erfolgreich bestehen

Die Plakos GmbH hat bereits tausende Bewerber mit Büchern, Online-Kursen und Apps auf Einstellungstests und Assessment Center vorbereitet. Die angesehenen Online-Tests von Plakos wurden millionenfach absolviert. Dieses Buch dient zur umfassenden Vorbereitung auf den Einstellungstest Justiz und JVA.

plakos

Dein Feedback ist uns wichtig!

Sollten dir Fehler in diesem Buch auffallen oder solltest du unzufrieden mit den Inhalten oder einem unserer Produkte sein, so schreibe uns gerne eine E-Mail an support@plakos.de. Wir antworten schnellstmöglich! Antworten auf häufig gestellte Fragen findest du auch auf der Webseite plakos-akademie/kundenservice/.

Hinweis: Aus Gründen der Lesefreundlichkeit wird weitgehend auf Gendering verzichtet. Die gewählte Personenform gilt wertfrei für beide Geschlechter.

1. Auflage
Waldemar Erdmann
Lucas Weigerstorfer

Danksagung

Unser Dank gilt vor allem den Bewerbern, die mit ihren zahlreichen Zuschriften, Erfahrungsberichten und Verbesserungsvorschlägen dieses Buch erst möglich gemacht haben. Vielen Dank für eure Kommentare und Nachrichten auf YouTube und Facebook und anderen Kanälen!

Außerdem bedanken wir uns bei allen internen und externen Mitarbeitern, welche einen wesentlichen Anteil an dem Buch hatten, dazu gehören insbesondere Marja Schiffer, Annika Miersen und Stephan Guerra Soleto.

Inhaltsverzeichnis

Über die Autoren

Waldemar Erdmann ist Geschäftsführer der Plakos GmbH, welche bereits seit über einem Jahrzehnt erfolgreich Webseiten für Karriereberatung und Online-Tests betreibt. Er machte seinen Abschluss an der Fachhochschule Würzburg zum Thema Skills Management Software. Er hat zahlreiche Bücher und Artikel zum Thema Eignungstests und Auswahlverfahren verfasst. Darüber hinaus entwickelt Waldemar eigenständig Apps und Online-Tests, welche Bewerber auf verschiedenste Auswahlverfahren vorbereiten. Heute lebt er mit seiner Familie in der schönen Hansestadt Lübeck.

Lucas Weigerstorfer ist Diplom-Verwaltungswirt (FH) und hat selbst ein duales Studium in der öffentlichen Verwaltung in Bayern absolviert. Um für dieses Studium in Frage zu kommen, musste er am LPA-Test sowie dem sich anschließenden Auswahlverfahren teilnehmen.

Als Lucas die Website www.beamtentest-vorbereitung.de ins Leben rief, war es sein Ziel, ausführliche Informationen zu den einzelnen Ausbildungs- und Studienberufen im öffentlichen Dienst zu liefern. Gemeinsam mit Plakos bedient Lucas außerdem einen YouTube-Kanal mit tausenden von Aufrufen jeden Monat. Die Komplettpakete von Plakos sind digitale Kurse, die eine umfassende Vorbereitung auf Einstellungstests ermöglichen.

In diesem Buch findest du neben unzähligen Aufgaben wertvolles Zusatzwissen, das dir dabei hilft, das für dich bestmögliche Ergebnis zu erzielen und das Justiz-Einstellungsverfahren mit Erfolg zu meistern.

Vorwort

Justizfachangestellte, Justizvollzugsbeamte und Justizwachtmeister sind an Gerichten, bei Staatsanwaltschaften oder im Justizvollzug beschäftigt. Sie unterstützen Richter und Staatsanwälte – eine vertrauensvolle Tätigkeit mit großer Verantwortung, die einige Ansprüche an die Ausbildung stellt. Mitarbeiter der Justizverwaltung sind zu Sorgfalt, Zuverlässigkeit, Verschwiegenheit und Diskretion verpflichtet und fungieren als wichtige erste Anlaufstelle für Bürger.

Einstiegsmöglichkeiten für Azubis bieten sich je nach Berufsziel bei Verwaltungs-, Zivil- oder Strafgerichten, bei Staatsanwaltschaften oder in Justizvollzugsanstalten. Die Ausbildungsberufe in der Justizverwaltung sind sehr angesehen und bieten die Chance, in einem sicheren Umfeld den administrativen Verwaltungsapparat von innen kennenzulernen.

Die Durchfallquote im Auswahlverfahren ist sehr hoch – viele Bewerber schaffen den schriftlichen Einstellungstest Justiz und JVA nicht. In den meisten Fällen liegt es daran, dass die Bewerber nicht gut genug vorbereitet waren. Das wollen wir ändern! Je intensiver du dieses Buch durcharbeitest, desto entspannter kannst du in dein Auswahlverfahren gehen. Nimm dir ausreichend Zeit, das Buch konzentriert durchzuarbeiten.

Wir wünschen dir viel Erfolg beim Einstellungstest und alles Gute für deine Ausbildung!

Vorbereitung auf den Einstellungstest

Generell unterscheiden sich Einstellungstests dahingehend, für welches spätere Einsatzgebiet du dich bewirbst. Die Länge und die Aufgaben lassen sich nicht grundsätzlich verallgemeinern. Trotzdem gibt es oft gewisse Ähnlichkeiten im Ablauf. In der Regel überprüfen Unternehmen die Eignung ihrer Kandidaten in Gruppen. Es kann also sein, dass du schon beim Auswahlverfahren auf spätere Kollegen triffst. Die Gruppen werden typischerweise von mehreren Personen geleitet. Hierbei handelt es sich oft um spätere Vorgesetzte und Personalentscheider. In manchen Einsatzgebieten nehmen zudem Psychologen teil.

Nachdem du dich vorgestellt hast, werden die schriftlichen Tests ausgeteilt oder die PC-Arbeitsplätze zugewiesen. Der Test lässt sich wie eine Abschlussprüfung in der Schule betrachten. So werden Inhalte aus verschiedenen Schulfächern wie Mathe oder Deutsch sowie Allgemeinbildung überprüft. Dazu kommt mitunter ein spezieller Prüfungsbereich, der sich nach dem Einsatzgebiet richtet.

Neben schriftlichen Aufgabenstellungen und Tests am PC beinhaltet beinahe jedes Auswahlverfahren eine oder mehrere Gruppenübungen wie Rollenspiele, Case Studies, Postkorbübungen, Planspiele und Präsentationen. Häufig müssen sich Bewerber bereits zu Beginn der Gruppe persönlich vorstellen, wobei einem für diese Präsentation nicht mehr als zehn Minuten zur Verfügung stehen. Näheres über die Vorbereitung auf das Assessment Center findest du in unseren Online-Paketen.

Um den Einstellungstest erfolgreich zu bestehen, solltest du einige Dinge beachten. Wichtig ist beispielsweise das persönliche Auftreten. Es handelt sich beim Einstellungstest, im Gegensatz zu einer Abschlussprüfung, nicht um einen reinen Wissenstest. Um einen guten Eindruck zu hinterlassen, empfiehlt sich daher ein gepflegtes Äußeres. Zudem solltest du dich bei der Vorstellung freundlich und höflich zeigen.

Darüber hinaus unterscheidet sich ein Eignungstest von einer Abschlussprüfung auch in Hinblick auf das Zeitmanagement. Eine Prüfung ist zeitlich darauf ausgelegt, dass alle Fragen beantwortet werden können. Bei einem Eignungstest ist dies nicht notwendigerweise der Fall. Oft ist die

Zeit absichtlich zu knapp bemessen. Auf diese Weise sollen das Zeitmanagement und die Stressresistenz überprüft werden. Nicht ohne Grund beobachten in der Regel gleich mehrere Verantwortliche des Unternehmens oder der Behörde den Test. Du solltest dich daher nicht zu lange mit einer Frage oder sogar einem ganzen Prüfungsbereich aufhalten. Hast du die Antwort nicht sofort parat, lohnt es sich, die Aufgabe zu überspringen und mit anderen Aufgaben weiterzumachen.

Optimale Vorbereitung auf den Einstellungstest

Wie bei einer Schul- oder Abschlussprüfung kannst du dich durchaus auf einen Einstellungstest vorbereiten. Zunächst einmal hilft dir eine breite Allgemeinbildung weiter. Überprüft werden darüber hinaus mathematisches und logisches Denken, Sprachgefühl, Ausdrucksfähigkeit und Konzentration. Je nach Einsatzgebiet kommt zudem ein spezieller Prüfungsbereich dazu.

Neben den Aufgaben aus dem eigentlichen Einstellungstest sind die sogenannten Soft Skills ebenfalls nicht zu vernachlässigen. Diese spielen bei der Eignung für einen Beruf eine zunehmend wichtige Rolle. Kommunikation, Auftreten und die Körpersprache sind daher ebenfalls nicht zu vernachlässigen.

All diese Themen lassen sich üben und erlernen. In diesem Buch findest du zahlreiche Übungen, mit denen du dich ganz konkret auf den Einstellungstest Justiz und JVA vorbereiten kannst. Wichtig ist hierbei, dass du alle relevanten Aufgaben sorgfältig durcharbeitest. Für eine verbesserte kritische Selbstreflexion der Ergebnisse haben wir Lösungsansätze für die schwierigsten Aufgaben beigefügt. Die Aufgaben in diesem Buch sind in fünf Segmente unterteilt: Fachwissen, Allgemeinwissen, Logik, Konzentration und Sprache.

Der Einstellungstest für Justizfachangestellte

Justizfachangestellte arbeiten bei Verwaltungs-, Zivil- oder Strafgerichten und Staatsanwaltschaften. Sie erledigen zahlreiche organisatorische und verwaltende Büroarbeiten und unterstützen so Richter und Staatsanwälte bei der Vorbereitung von Gerichtsverhandlungen. Sie verwalten Akten, berechnen Fristen, erledigen den Schriftverkehr und beglaubigen

Schriftstücke. Darüber hinaus fungieren Justizfachangestellte oft auch als erste Anlaufstelle für die Probleme von Bürgern und helfen diesen bei ihren Anliegen weiter.

Justizfachangestellte tragen in ihrem beruflichen Alltag große Verantwortung. Sorgfältigkeit, Zuverlässigkeit, Verschwiegenheit und Diskretion gehören aus diesem Grund zu den wichtigsten Voraussetzungen. Darüber hinaus solltest du die deutsche Sprache in Wort und Schrift überdurchschnittlich gut beherrschen. Oftmals müssen Justizfachangestellte Protokoll führen oder Akten schreiben, weshalb fehlerfreies und vor allem schnelles Tippen ebenfalls eine wichtige Fähigkeit ist. Angehende Azubis sollten um die 180 Anschläge pro Minute bereits erreichen können.

Im Teil „Allgemeinbildung" erwarten dich im Einstellungstest Aufgaben zu verschiedenen Wissensgebieten. Hierzu zählen Erdkunde sowie Geschichte mit dem Schwerpunkt deutsche Geschichte im 20. und 21. Jahrhundert. Des Weiteren können Grundlagen der Wirtschafts- und Rechtslehre abgefragt werden. Schließlich spielen auch staatsbürgerliche Kenntnisse eine Rolle.

Bei den Erdkunde-Fragen kann vor dir erwartet werden, dass du alle deutschen Bundesländer inklusive der jeweiligen Landeshauptstadt konkret benennst und diese auf einer Karte räumlich voneinander abgrenzt. Oder dass du die größten Flüsse Deutschlands auf einer Karte benennen und angeben kannst, durch welche Bundesländer diese fließen. Du solltest alle Mitgliedsstaaten der Europäischen Union sowie die Beitrittskandidaten kennen. Gerne werden auch Fragen zu deinem Heimatbundesland gestellt. Die geschichtlichen Fragen behandeln vor allem den Zeitraum 20. bis 21. Jahrhundert. Gefragt wird nach der innerdeutschen und europäischen Geschichte in Kombination mit bedeutenden geschichtlichen Ereignissen.

Außerdem sind gute Kenntnisse in Mathematik für das spätere Berufsleben von Bedeutung. Die Büroarbeit umfasst typischerweise das Berechnen von Gebühren und verschiedener Kosten. Zahlen sind also ein regelmäßiger Bestandteil der Arbeit. Bei den Mathematik-Aufgaben erwarten dich Aufgaben zum Dreisatz, Kopfrechenaufgaben oder Grundrechen-

und Textaufgaben. Auch Prozent- und Zinsrechnungen, Rechnungen mit Maßen und Einheiten sowie Klammerrechnungen können vorkommen.

Ein weiterer regelmäßiger Bestandteil der Arbeit sind rechtliche Themen. Während der Ausbildung eignen sich Justizfachangestellte viel rechtliches Wissen an. Besitzt du bereits im Vorfeld eine Affinität für das Thema, gelingt dir das Erlernen meist deutlich einfacher.

Die Grundlagen unseres Rechtssystems sollten einem künftigen Mitarbeiter in der Justiz ebenfalls bekannt sein. Rechtswissen wird für dich noch sehr wichtig, weil du später in der Ausbildung und im Berufsleben in jeder Behörde und in jedem erdenklichen Einsatzgebiet mit dem Gesetz arbeiten musst und an das Gesetz gebunden bist. Kein Handeln ohne Gesetz, dies ist ein wichtiger Grundsatz der gesamten öffentlichen Verwaltung. Im Einstellungstest werden hierzu einige Fragen in diese Richtung gehen. Der Ersteller der Aufgaben kann keine umfassenden Kenntnisse in den Rechtswissenschaften voraussetzen. Die Fragen in diesem Gebiet werden also lediglich die Grundlagen unseres Rechtssystems abbilden.

Hierzu ein paar Tipps: Du solltest die Normenpyramide kennen und wissen, dass in Deutschland der Grundsatz „Bundesrecht bricht Landesrecht“ (Artikel 31 des Grundgesetzes) gilt sowie über die Gewaltenteilung informiert sein. Hier eine weitergehende Liste von Stichpunkten, die allesamt Gegenstand von Fragen in diesem Themengebiet sein können:

- Teilung in öffentliches und privates Recht
- Rechtsstaatlichkeit
- Grundsatz der formalen Gleichbehandlung
- Privatautonomie
- Privateigentum
- Vertrauensgrundsatz

Rein rechtlich besteht für die Ausbildung zur Justizfachangestellten keine Voraussetzung. Staatsanwaltschaften und Gerichte neigen jedoch dazu, Bewerber mit Abitur bevorzugt einzustellen. Rund die Hälfte der Auszubildenden verfügt über Abitur.

Die Dauer der Ausbildung beträgt je nach Bundesland zwischen zweieinhalb oder drei Jahre. Die Hälfte dieser Zeit befinden sich die Azubis auf der Berufs- oder Verwaltungsfachschule, den Rest verbringen sie an ihrer Ausbildungsstätte. Nach dem Abschluss finden viele Justizfachangestellte in Gerichten, bei Staatsanwaltschaften, aber auch in Notariaten, Rechtsanwaltskanzleien, Banken und Versicherungen eine Stelle.

Justizfachangestellte können nach der Ausbildung eine Beamtenkarriere im mittleren Justizdienst einschlagen. Voraussetzung dafür ist eine gewisse Berufserfahrung und die Tatsache, dass ein bestimmtes Alter noch nicht überschritten wurde. Dies ist je nach Bundesland unterschiedlich. Alternativ besteht die Möglichkeit zur Weiterbildung, zum Beispiel in Richtung Betriebswirt für Recht. Auch ein Studium kann sich lohnen. Die entsprechende Hochschulzugangsberechtigung vorausgesetzt, bieten sich beispielsweise die Studienfächer Rechtswissenschaft oder Wirtschaftsrecht an. Das Studium dauert zwischen sechs und acht Semestern und wird mit dem Bachelor abgeschlossen.

Bis spätestens 2022 soll in Deutschland der gesamte Schriftverkehr mit Gerichten seitens der Rechtsanwälte und Behörden rein elektronisch abgewickelt werden. Nur Privatpersonen dürfen dann noch Schreiben per Post oder Fax einreichen. Zum 1. Januar 2026 soll die gesamte Justiz digitalisiert, die E-Akte in allen juristischen Verfahren und Gerichtszweigen bundesweit eingeführt sein.

Viele aktuelle Inhalte (Erfahrungsberichte, Videos, kostenlose Tests etc.) zum Einstellungstest für Justizfachangestellte findest du auf der Webseite justizfachangestellte.plakos.de.

Der Einstellungstest für den Justizvollzugsdienst

Justizvollzugsbeamte genießen einen erstklassigen Ruf – immerhin sind sie für einen ordnungsgemäßen Ablauf in den Gefängnissen verantwortlich. Außerdem sorgen sie dafür, dass die Kriminellen die Regeln innerhalb der Gefängnismauern beachten.

An Justizvollzugsbeamten werden jedoch einige Anforderungen gestellt: Sie haben eine große Verantwortung und müssen sich daher auch erst einmal beweisen. Selbstverständlich musst du als künftiger Justizvollzugsbeamter ein blütenreines Führungszeugnis vorweisen und darfst nicht vorbestraft sein. Einen Drogentest musst du ebenfalls bestehen. Tattoos wiederum sind kein Problem.

Bis wann du deine Bewerbung einreichen musst, ist von Bundesland zu Bundesland unterschiedlich. Den jeweiligen Ausschreibungszeitraum kannst du im Internet problemlos herausfinden. Vor der Einstellung müssen alle Bewerber zudem ein Einstellungsverfahren durchlaufen. Der Einstellungstest für den Justizvollzugsdienst besteht aus den folgenden Bausteinen:

- Intelligenz-Struktur-Test
- schriftliche Erörterung
- Sporteignungstest
- ärztliche Untersuchung
- Vorstellungsgespräch

Im Intelligenz-Struktur-Test musst du dein Allgemeinwissen und deine Fähigkeiten im Behandeln von komplexen Zusammenhängen unter Beweis stellen. In der schriftlichen Erörterung, auch als Aufsatz bekannt, werden deine Deutschkenntnisse und deine grammatikalischen Fähigkeiten unter die Lupe genommen.

Ganz besonders in sich hat es der Sporttest, der deine Fitness überprüft. Je nach Bundesland besteht er aus verschiedenen Übungen wie Bankdrücken, Cooper Test, Achterlauf oder Wendelauf. Nur wenn du in allen Prüfungen einen guten Eindruck hinterlassen kannst, wirst du anschließend zum Vorstellungsgespräch eingeladen. Ab und zu findet auch ein Rollenspiel statt. Danach entscheiden die Prüfer, ob du deine Ausbildung starten kannst.

Voraussetzungen für die Einstellung

Die Einstellungsvoraussetzungen für den Beruf als Justizvollzugsbeamter variieren zwischen den einzelnen Bundesländern. In der Regel ist ein Hauptschulabschluss ausreichend, alternativ können Bewerber als Quereinsteiger auch eine abgeschlossene Berufsausbildung vorlegen. Wer im Werkbereich arbeiten möchte, muss diese abgeschlossene Ausbildung in einem handwerklichen oder technischen Beruf vorweisen können. Darüber hinaus achtet die Justiz darauf, dass die Bewerber charakterlich und von ihrer Einstellung her zum Team passen. Du solltest daher möglichst natürlich auftreten und die Prüfer so von deinem Wesen überzeugen.

Als Justizvollzugsbeamter bist du für den ordnungsgemäßen Ablauf in zahlreichen Einrichtungen zuständig und hilfst zum Beispiel den Insassen in einer Justizvollzugsanstalt (JVA) dabei, wieder den Weg zurück ins geregelte Leben zu finden. Aus diesem Grund musst du folgende Eigenschaften mitbringen:

- Soziale Kompetenz: Durchsetzungsfähigkeit, Kommunikationsfähigkeit, Konflikt- und Kooperationsfähigkeit, Einfühlungsvermögen
- Persönliche Kompetenz: Aufmerksamkeit und Beobachtungsfähigkeit, Belastungsfähigkeit, Selbstvertrauen und Konsequenz
- Körperliche Kompetenz: gute körperliche Fitness

Justizvollzugsbeamte erleben einen sehr anspruchsvollen Alltag. Ob die künftigen Beamten hierzu auch in der Lage sind, stellt die Justiz in den Auswahlverfahren fest. Wer Justizvollzugsbeamter werden möchte, sollte sich gut auf das Auswahlverfahren vorbereiten – nur so können die einzelnen Herausforderungen gemeistert werden.

Unterschiedliche Laufbahnen

In erster Linie entscheidet der Schulabschluss über den späteren Werdegang im Justizvollzugsdienst. Die Ausbildung zum Justizwachtmeister im einfachen Dienst ist zum Beispiel ein Ausbildungsberuf ist, für den ein Hauptschulabschluss ausreicht. Für die Beamtenlaufbahn im mittleren Dienst benötigst du einen mittleren Schulabschluss und für den gehobenen Dienst ein abgeschlossenes Studium.

Justizvollzugsbeamte (mittlerer Dienst)

Justizvollzugsbeamte im mittleren Dienst arbeiten im Strafvollzug, wo sie sowohl für die Sicherheit verantwortlich sind als auch dafür, die Gefangenen zu resozialisieren. Innerhalb des Justizvollzugsdienstes haben sie verschiedene Aufgaben: Im allgemeinen Vollzugsdienst beaufsichtigen die Beamten die Gefängnisinsassen, im Werkdienst bilden sie sie in verschiedenen Berufen aus, im Verwaltungsdienst sind sie in den verschiedenen Geschäftsstellen anzutreffen und im Sanitätsdienst betreuen und pflegen sie Kranke. Nachfolgend stellen wir die einzelnen Aufgabenbereiche je nach Fachbereich näher vor.

Allgemeiner Vollzugsdienst
Im Mittelpunkt steht hier, die Gefangenen zu beaufsichtigen. Dazu zählen regelmäßige Kontrollgänge, Durchsuchungen von Räumen, Personen und Paketen und Wachsamkeit, um Eskalationen bereits im Vorfeld möglichst zu verhindern. Im allgemeinen Vollzugsdienst initiieren Vollzugsbeamte Deeskalation, Resozialisierung und sinnvolle Freizeitbeschäftigung und setzen dies um. Wird ein Gefangener verlegt oder ein Verfahren wiederaufgenommen, stellt ein Justizvollzugsbeamter auch Beurteilungen aus. Außerdem führen sie Buch über Vorkommnisse, organisieren Arztbesuche und kümmern sich um die Essens- und Getränkeausgabe.

Werkdienst
Da viele Justizvollzugsanstalten eigene Betriebe haben, sorgen die Beamten im Werkdienst dafür, dass die Insassen einer geregelten Beschäftigung nachgehen oder sogar eine Aus- oder Weiterbildung bekommen. Die Gefangenen sollen so auf eine reguläre Erwerbstätigkeit in Freiheit vorbereitet werden. Wichtig ist hier, wie in jedem anderen Betrieb auch, dass Unfallverhütungsvorschriften und Arbeitsschutzmaßnahmen eingehalten werden. Außerdem zählen die wirtschaftliche Kalkulation, die Einteilung von Arbeitsgeräten und Aufgaben sowie die Beurteilung der Arbeitsleistung der Insassen zu den Aufgaben der Beamten im Werkdienst.

Justizvollzugsbeamte (gehobener Dienst)

Justizvollzugsbeamte im gehobenen Dienst übernehmen Verwaltungs- und Führungsaufgaben und sind häufig für den ordnungsgemäßen Betrieb in einer JVA verantwortlich. Je nach Einsatzgebiet werden sie mit unterschiedlichen Aufgabenbereichen konfrontiert:

- In der Hauptverwaltung sind sie für Personalangelegenheiten, die Kassenaufsicht zuständig und haben ein wachsames Auge auf Organisation, Haushalt und Verwaltung in der JVA.
- In der Arbeitsverwaltung sorgen sie dafür, dass die Gefangenen Arbeit haben. Das bedeutet, dass sie hier als Leiter eines Wirt-

schaftsunternehmens zum Einsatz kommen und sowohl mit Lieferanten und Kunden sprechen als auch Steuerangelegenheiten und Buchhaltung bewerkstelligen.

- Beamte, die in der Wirtschaftsverwaltung arbeiten, sind für die Versorgung der Gefangenen, die Ausstattung des Personals und den Fuhrpark verantwortlich.
- Beamte in der Vollzugsgeschäftsstelle prüfen Strafzeitberechnungen und bearbeiten die Ein- und Abgänge der Gefangenen.
- In der Bauverwaltung geht es um Dienstwohnungen und das Gebäude der JVA selbst. Hier müssen regelmäßig Bau- und Renovierungsmaßnahmen veranlasst werden.
- Die Arbeit eines Beamten im Sicherheits- und Ordnungsdienst ähnelt der Arbeit der Kollegen im mittleren Dienst, denn sie sind dafür zuständig, den Dienstbetrieb zu überwachen. Dazu zählt auch die Analyse von Fehlverhalten von Gefangenen.
- Die Beamten in den Vollzugsabteilungen fungieren als Führungskräfte innerhalb der Vollzugsabteilung.

Eine sehr gute Informationsseite mit vielen aktuellen Inhalten zum Einstellungstest für Justizvollzugsbeamte ist hier zu finden: eignungsauswahlverfahren.de/polizei-berufe/justizvollzugsbeamter/

Justizwachtmeister

Justizwachtmeister verrichten ihre Arbeit bei Staatsanwaltschaften, Gerichten und in Justizvollzugsanstalten. Sie haben meist einen sechs- bis zwölfmonatigen Vorbereitungsdienst geleistet, der inhaltlich durch das jeweilige Bundesland geregelt wird. Justizwachtmeister übernehmen folgende Aufgaben:

- Sie begleiten Gefangene zu Verhandlungen und Terminen.
- Sie haben Vermittlerdienste als Pförtner und in der Anmeldung der Justizverwaltung inne.
- Sie koordinieren die Post (Ein- und Ausgang, interne Aktensendungen) sowie stellen eigenverantwortlich Poststücke, Wertsachen und Geld zu.
- Sie informieren an der Auskunft.

- Sie führen Inventur durch und verwalten Material- und Gerätebestand.
- Sie arbeiten in der Asservatenkammer.

Justizwachtmeister können demnach sowohl in der aktiven Rechtsprechung (bei Verhandlungen) arbeiten wie auch bei kaufmännischen Tätigkeiten im Innendienst und vertrauensvollen Botengängen im Außendienst.

Dein Lernplan für mehr Erfolg im Justiz-Einstellungstest

Der Einstellungstest in der Justiz besteht aus verschiedenen Prüfungsteilen, die jeweils unterschiedliche Aufgabentypen beinhalten. So manchem Bewerber scheint es unmöglich, sich auf all diese Aufgaben vorzubereiten. Da sich die einzelnen Aufgaben von Jahr zu Jahr wiederholen, kannst du dich mit der richtigen Strategie sehr gut auf diesen Test vorbereiten.

Nun zeigen wir dir, mit welcher Strategie dies am besten gelingt. Die Vorbereitung auf den Einstellungstest war für Lucas neben seinen schulischen Verpflichtungen eine weitere Herausforderung. Er hat sich damals täglich mit einigen Aufgaben auseinandergesetzt und die Vorbereitung in seinen Alltag integriert. Ein Lernplan ist hierfür sehr gut geeignet.

Ein Lernplan hilft dir dabei, festzulegen, was du wann lernen willst. Er schreibt vor, welche Aufgaben du an welchem Wochentag übst. Es ist wichtig, dass der Lernplan deine berufliche beziehungsweise schulische Situation berücksichtigt. Im Folgenden ein Beispiel eines Lernplans:

Montag:

- 1 Test Allgemeinwissen
- 1 Test zur Merkfähigkeit

Mittwoch:

- 1 Test Konzentration
- 1 Test Logik und Mathematik

Freitag:

- 1 Test zur Sprache
- 1 Test Allgemeinwissen

Du solltest dir deine Woche so einteilen, dass du jeden Tag oder zumindest jeden zweiten Tag mindestens eine halbe Stunde in die Vorbereitung auf deinen Einstellungstest investierst. Lerne und wiederhole stetig! Fange frühzeitig an und baue dein Wissen sukzessive aus. Nach einiger Zeit entsteht damit ein Arbeitsrhythmus, der dir dabei helfen wird, kontinuierlich weiter zu üben. Später werden wir noch darauf zurückkommen, wieso sich die Vorbereitung auf diesen Test so sehr lohnt und dir ein gutes Ergebnis viele Türen öffnen kann.

Mit der richtigen Vorgehensweise kannst du dir zudem viel Zeit bei deiner Vorbereitung sparen. Beim Üben anhand der Aufgaben in diesem Buch wirst du nach einiger Zeit herausfinden, welche Aufgabentypen dir einfacher und welche dir schwerer fallen. Sobald dir deine Schwachstellen bekannt sind, kannst du dich intensiver mit den Aufgabentypen beschäftigen, die dir Probleme bereiten. Von nun an konzentrierst du dich auf diejenigen Aufgabentypen, bei denen es Nachholbedarf gibt. Wenn du auf diese Weise vorgehst, bereitest du dich effektiver auf den Einstellungstest in der Justiz/JVA vor.

Die häufigsten Lernfehler

Egal, auf welche Prüfung du dich vorbereiten möchtest, die folgenden Lernfehler solltest du in jedem Fall vermeiden. Den ersten und gravierendsten Lernfehler haben wohl viele von uns schon einmal begangen. Wir haben viel zu spät mit unserer Vorbereitung auf eine Prüfung begonnen. Du solltest spätestens drei Wochen vor dem Einstellungstesttermin mit der Vorbereitung beginnen.

Dieses Buch liefert dir alle Aufgaben, die du beherrschen musst. Du benötigst jedoch ausreichend Zeit, um damit vernünftig zu arbeiten. Wenn du rechtzeitig mit dem Lernen beginnst, wirst du feststellen, dass es bestimmte Aufgabentypen gibt, die dir besser liegen, und andere, bei denen du eher Probleme bekommst. Dies ist ein großer Vorteil der rechtzeitigen Vorbereitung: Du findest heraus, bei welchen Aufgaben deine Stärken liegen und kannst durch intensiveres Üben der Problemaufgaben deine Schwächen ausgleichen. Da du schon bald wissen wirst, welche Aufgabentypen dir keine Probleme bereiten, kannst du auch im Test strategisch vorgehen und zunächst alle Aufgaben lösen, bei denen du erfahrungsgemäß keine Schwierigkeiten bekommst. Damit gehst du anschließend entspannter an deine Problemaufgaben heran.

Eine Folge dieses Lernfehlers ist, dass viele Bewerber ein paar Tage vor dem Einstellungstest versuchen, den gesamten Stoff zu lernen und zu wiederholen. Danach sind sie am Prüfungstag völlig gestresst und überarbeitet. Das sind selbstverständlich keine guten Voraussetzungen für das Top-Ergebnis, das du anstrebst. Viel besser ist es, wenn du dich täglich in kleinen Schritten auf diese Prüfung vorbereitest und zum Beispiel in diesem Buch täglich deine Lektionen abarbeitest. Wir raten dir, jeden Tag etwa 30 bis 45 Minuten in deine Vorbereitung zu investieren, anstatt dich erst wenige Tage vor dem Test mit der Vorbereitung zu beschäftigen. Diese kürzeren, dafür regelmäßig stattfindenden Lernphasen ermöglichen dir eine entspannte Vorbereitung, da du daneben noch Zeit für deine schulischen Aufgaben sowie Hobbys und Freizeit hast.

Erholungsphasen – wichtig für deinen Lernerfolg

Achte in jedem Fall darauf, dass du vor lauter Büffeln nicht vergisst, dass es auch noch ein Leben jenseits deines Schreibtischs gibt. Zeit mit Freunden verbringen, seinen Hobbys nachgehen oder einfach einmal eine Stunde spazieren gehen helfen dir dabei, abzuschalten und auf andere Gedanken zu kommen. Das Wichtigste dabei ist aber, dass du nach der Entspannungsphase wieder aufnahmefähiger bist, neue Aufgaben besser aufnimmst und dir das Gelernte wieder besser einprägen kannst. Es mag skurril klingen, aber die Zeit, in der du nichts lernst und einfach den Dingen nachgehst, die dir Spaß machen, fördert deinen Lernerfolg. Du solltest den Punkt selbst erkennen, an dem es Zeit ist, vom Schreibtisch aufzustehen und einer anderen Tätigkeit nachzugehen. Wenn du dich nur noch mit jeder Aufgabe quälst und merkst, dass du etwas drei oder viermal hintereinander lesen musst, um den Sinn und Zweck dahinter zu verstehen, dann ist es Zeit für etwas Abstand.

Für Schüler ist es am besten, wenn zwischen der täglichen Vorbereitung auf den Unterricht, inklusive Hausaufgaben, und der täglichen Vorbereitung auf den Einstellungstest eine Pause von mindestens 60 bis 120 Minuten liegt.

Das Lerntagebuch

Ein Lerntagebuch ist eine sehr gute Möglichkeit, um deine täglichen Fortschritte festzuhalten. Nach deiner täglichen Lernphase hältst du darin fest, welche Aufgaben du heute geübt hast, welche Aufgaben gut gelaufen sind und welche Aufgaben dir Probleme bereitet haben. Am besten solltest du schon von Beginn an mit dem Lerntagebuch arbeiten. Das hat mehrere positive Effekte: Zum einen erfährst du damit, welche Aufgaben du noch intensiver wiederholen musst. Zum anderen hältst du bewusst fest, welche Aufgaben du kannst und steigerst damit dein Selbstbewusstsein. Wenn du über eine längere Zeit mit dem Lerntagebuch deine Ergebnisse festhältst, wirst du immer mehr Aufgaben unter dem Punkt „Beherrsche ich" verbuchen können. Mit der Zeit sind es immer weniger Aufgaben, die unter dem Punkt „Bereitet mir Probleme" zu finden sind. Mit einem Lerntagebuch kannst du dir deine Fortschritte immer wieder vor Augen führen. Damit wird dir nach und nach bewusst, dass du immer mehr Aufgabentypen beherrschst.

Mentale Vorbereitung auf deinen Einstellungstest

Nun sehen wir uns einige Prinzipien aus der Psychologie an, die uns bei der Vorbereitung auf Prüfungen behilflich sein können. Probiere die im Folgenden genannten Tipps einmal in der Praxis aus und finde heraus, welche Technik dir am besten hilft.

Mit welcher Einstellung gehst du an den Justiz-Einstellungstest heran? Die allermeisten Bewerber sehen ihn als notwendige Hürde auf ihrem Weg zum Ziel: der Einstellung in der Justiz/JVA. Du kannst diesen Test jedoch auch als Chance sehen. Der Einstellungstest ist deine Chance, dich von deinen Mitbewerbern abzuheben und durch ein Top-Ergebnis aus der Masse an Bewerbern herauszustechen. Ein gutes Ergebnis bringt dich deinem Ziel einen Riesenschritt näher! Der Einstellungstest ist für dich, der sich mit diesem Buch gezielt und intensiv vorbereiten wird, eine Chance zu zeigen, was du kannst. Du musst dir bewusst werden, dass sich die Vorbereitung lohnt, da dir mit einem guten Ergebnis der Weg zu einer vielseitigen Ausbildung in der Justiz/JVA offen steht. Genau mit dieser inneren Einstellung solltest du an die Vorbereitung herantreten. Am Ende wirst du dich sogar noch auf den Prüfungstag freuen, weil du jetzt endlich allen anderen zeigen kannst, was du gelernt hast.

Eine weitere hervorragende Technik, die dich mental auf den Test einstimmt, ist die Simulation der Prüfungssituation. So solltest du etwa zu der Tageszeit lernen, zu der auch dein Test stattfindet. Da dein Test vermutlich vormittags stattfinden wird, kannst du den Samstag- und Sonntagvormittag für deine Lerneinheiten verwenden. Wenn du dann in der Prüfung sitzt, wirst du dich leichter mit der Situation zurechtfinden, da du geistige Arbeit zu dieser Tageszeit bereits gewohnt bist.

Neben der Tageszeit spielt auch dein Prüfungsoutfit eine Rolle. Wähle bereits Wochen vor dem Test die Klamotten aus, die du am Tag der Prüfung anziehen möchtest. Diese oder ähnliche Kleidung solltest du nun auch während deiner Lernphasen tragen. Wenn du dich zu Hause mit Stoffhose und weißem Hemd an den Schreibtisch setzt und deine Lektionen abarbeitest, wird dir schon früh die Ernsthaftigkeit der Prüfungssituation bewusst. Am Prüfungstag ist es dann für dich nichts Besonderes mehr, diese Kleidung zu tragen und währenddessen einen Test abzulegen. Im Test machst du es deinem Gehirn damit leichter, den gelernten Stoff abzurufen.

Eine weitere Möglichkeit, die Prüfungssituation zu simulieren, ist das Arbeiten unter Zeitdruck. Setze dir eine feste Zeit für eine gewisse Anzahl an Aufgaben und stelle dir zum Beispiel den Wecker auf deinem Smartphone, um dich selbst zu überprüfen. Wie lautet das Ergebnis? Hast du alle Aufgaben bearbeiten können? Von zahlreichen Bewerbern wissen wir, dass Behörden immer wieder die Zeit stoppen und für einzelne Aufgabenteile oder Arbeitsblätter einen bestimmten Zeitrahmen setzen. Kandidaten, die diese Situation nicht kennen, verunsichert diese Taktik und sie schneiden dadurch schlechter ab. Wenn du bereits zu Hause unter Beachtung der Zeit trainiert hast, schenkst du der Stoppuhr der Prüfer weniger Aufmerksamkeit. Das Ziel ist es, dass du dich durch solche Umstände nicht ablenken lässt. Derartige Maßnahmen haben unter anderem auch das Ziel, die Kandidaten unter Stress zu setzen.

Hast du schon einmal etwas vom Cliffhanger-Effekt gehört? Dieser besagt, dass sich dein Unterbewusstsein auch noch Stunden später mit nicht erledigten und ungelösten Aufgaben beschäftigt. Dieses Prinzip kannst du dir für deine Vorbereitung auf den Einstellungstest zunutze machen. Am

Ende deiner täglichen Lernphase solltest du dich daher mit einem schwierigen Aufgabentyp beschäftigen, der dir zu diesem Zeitpunkt noch Probleme bereitet. Versuche, diese Aufgabe zu lösen und blicke anschließend nicht in die Lösung. Erst Stunden später oder am nächsten Tag schaust du dir die Lösung an. Dies ist eine gute Möglichkeit, um in seinen Schwächen-Aufgaben besser zu werden.

Der richtige Umgang mit Prüfungsangst

Deine Stimmung am Prüfungstag ist von entscheidender Bedeutung für dein Abschneiden im Einstellungstest. Prüfungsangst kann dich blockieren und dafür sorgen, dass du, obwohl du dich hervorragend vorbereitet hast, nicht so gut abschneidest, wie du eigentlich könntest. Sie hindert dich daran, dein volles Potenzial auszuschöpfen. Ein Einstellungstest ist eine neue Situation für dich. Es ist sehr wahrscheinlich, dass dein Test an einem für dich unbekannten, neuen Ort stattfindet, wie zum Beispiel in einem Raum in der Behörde. Dabei triffst du auf zahlreiche neue Menschen, wie Prüfer und andere Bewerber. Es ist völlig normal, dass du an diesem Tag nervös bist. Ein gewisser Grad an Nervosität ist sogar hilfreich für dein Abschneiden, da du dich besser auf die Aufgaben konzentrieren kannst. Prüfungsangst, die kurz vor oder während deines Tests auftritt, ist jedoch kontraproduktiv. Mit diesem Abschnitt möchten wir all jenen Bewerbern, die unter Prüfungsangst leiden, helfen. Wir möchten dir nun ein paar praktische Tipps mit an die Hand geben, die dir im Umgang mit deiner Prüfungsangst helfen können.

Wenn du erfahrungsgemäß kurz vor oder während einer Prüfung in einen Stresszustand fällst, solltest du dich einige Tage oder Wochen vor der Prüfung zu Hause mit einem Stift und einem Blatt Papier an den Schreibtisch setzen und deine Gedanken zu Papier bringen. Wovor hast du Angst? Hier einige häufige Antworten von Bewerbern:

- Ich habe Angst, in dem Test zu versagen, weil ich den Stoff nicht ausreichend vorbereitet habe.
- Die Themen zur Vorbereitung auf den Einstellungstest sind so umfangreich. Ich kann mir das niemals alles merken.
- Wenn ich den Einstellungstest nicht gut bestehe, werde ich mein Ziel, die Ausbildung in der Justiz/JVA, nicht erreichen.

Nun bist du an der Reihe! Schreibe deine Ängste auf. Wie lautet dein Ergebnis? Sind deine Ängste ähnlich zu den oben genannten? Egal, wie deine Ängste konkret aussehen, du hast nun mehrere Möglichkeiten, wie du mit diesen aufgeschriebenen Gedanken umgehst:

Möglichkeit 1: Du nimmst dieses Blatt Papier und legst es in einen Schub in deinen Schreibtisch. Bereits das Aufschreiben dieser Gedanken kann befreiend wirken. Allein die Tatsache, dass du dich aktiv mit deinen Gedanken auseinandersetzt, kann dieser Angst den Wind aus den Segeln nehmen.

Möglichkeit 2: Falls du noch einen Schritt weitergehen möchtest, kannst du deine soeben zu Papier gebrachten Prüfungsangst-Gedanken umformulieren. Nimm dir dafür ein zweites Blatt Papier und formuliere deine negativen Gedanken um. Wir zeigen dir nun, wie du die oben genannten Gedanken umformulieren könntest:

- So denke ich anfangs immer. In vergangenen Prüfungen habe ich dann doch immer den Stoff ausreichend vorbereitet und habe schon zahlreiche Prüfungen mit Erfolg bewältigt.
- Ich beginne jetzt damit, eine Lektion nach der anderen in diesem Buch abzuarbeiten. Täglich werde ich mindestens 30 Minuten in meine Vorbereitung investieren und mir dadurch auf Dauer das nötige Wissen aneignen.
- Ich werde alles tun, um das Einstellungsverfahren mit Erfolg zu bestehen. Ich werde alle Tipps umsetzen und mich täglich auf meinen Test vorbereiten.

Wenn du deine Gedanken aufschreibst, sollte dir bewusst werden, dass die allermeisten davon irrationale Befürchtungen sind, die in der Realität (in der du den Einstellungstest mit Bravour bestehen wirst) nicht eintreten werden.

Denke zurück an all die Prüfungen und Schulaufgaben, die du schon erfolgreich bewältigt hast. Eigentlich sind wir alle schon längst Profis, wenn es um Prüfungen geht. Ab dem Grundschulalter sehen wir uns regelmäßig Prüfungssituationen ausgesetzt. In Stegreif- und Schulaufgaben, Präsentationen und Referaten werden wir getestet. Wir gehen zur Schule, absolvieren eine Ausbildung und unterziehen uns dabei laufend Prüfungen.

Der Einstellungstest in der Justiz/JVA ist eine weitere Prüfung, die du mit Erfolg bestehen wirst. Er bietet darüber hinaus noch einen bedeutenden Vorteil: Er ist vorhersehbar! Trainiere mit diesem Buch, bis du dich in allen Prüfungsaufgaben sicher fühlst.

Der Tag der Prüfung

Da Lucas selbst an einem Einstellungstest in der öffentlichen Verwaltung teilgenommen hat, möchte er dir an dieser Stelle noch einige praktische Hinweise für den Prüfungstag mit an die Hand geben. Lucas rät dir, bei deiner Anreise zum Prüfungsort 30 Minuten mehr Zeit einzuplanen. Es ist angenehmer, am Prüfungsort noch zu warten, weil man zu früh dran ist, also gerade noch rechtzeitig oder erst nachdem die Bearbeitungszeit begonnen hat, am Prüfungsort anzukommen. In den meisten Fällen darfst du bereits vor Beginn der Bearbeitungszeit den Prüfungsraum betreten. Manchmal werden Platzkarten vergeben und man weist dir einen festen Platz zu. Bei anderen Behörden wiederrum darfst du dir deinen Platz frei auswählen. Kläre für deine Anreise bitte die folgenden Fragen:

- Welche Bahn- oder Buslinie nehme ich?
- Welche Route muss ich nehmen, wenn ich mit dem PKW anreise?
- Gibt es Parkplätze am Prüfungsort?

Wenn du am Morgen des Prüfungstags bei der Behörde ankommst, wird man dich bereits erwarten. Die Prüfer geben den Bewerbern zu Beginn alle relevanten Informationen und erläutern die Prüfungsbedingungen, unter denen der Test geschrieben wird. Lass dich zu keinem Zeitpunkt von anderen Kandidaten ablenken. Ab dem Beginn der Bearbeitungszeit zählt für dich nur noch die Aufgabenstellung.

Lucas empfiehlt dir, zunächst alle Aufgabenstellungen zu bearbeiten, die dir erfahrungsgemäß keine Probleme bereiten. Wenn du gleich zu Beginn des Tests Aufgabe für Aufgabe lösen kannst, baust du schnell ein gewisses Selbstvertrauen auf. Dieses hilft dir später, wenn du Aufgaben bearbeitest, die dir Schwierigkeiten bereiten. Außerdem arbeitet es sich leichter, wenn man bei den vorangegangenen Aufgaben ein gutes Gefühl hat.

Das Vorstellungsgespräch in der Justiz

Das Vorstellungsgespräch ist die letzte Hürde auf deinem Weg zur Einstellung in der Justiz. Zugleich ist es nochmal ein großer Schritt, den künftigen Kollegen beziehungsweise Vorgesetzten zum ersten Mal persönlich gegenüberzusitzen. Bekanntlich liegen bei solch einem Termin die Nerven blank. Umso besser, dass wir nun einige Tipps für dich an der Hand haben, mit denen du dein Vorstellungsgespräch in der Justiz und JVA mit Erfolg meisterst. Wenn man es genauer betrachtet, gibt es einen bestimmten Ablauf für ein solches Gespräch. Wer diesen Ablauf kennt, kann sich besser auf sein Vorstellungsgespräch vorbereiten.

Sowohl in der öffentlichen Verwaltung wie auch in Unternehmen der freien Wirtschaft arbeitet man gerne nach dem Multimodalen Interview (MMI) nach Heinz Schuler. Dies ist ein Verfahren zur Personalauswahl. Es ist ein gutes Mittel, um ein Vorstellungsgespräch so zu gestalten, dass man am Ende auch tatsächlich den am besten geeigneten Kandidaten findet. Dies wird dadurch ermöglicht, dass das Verhalten des Bewerbers in den einzelnen Gesprächsabschnitten mit Punkten bewertet wird. Im Voraus werden Kriterien festgelegt, die mit einem bis fünf Punkten bewertet werden. So hat man zum Beispiel im Gesprächsabschnitt „Selbstvorstellung des Bewerbers", den wir dir später noch genauer erläutern werde, das Kriterium „Ausdrucksweise". Ein Bewerber, der mit eloquenter Wortwahl seinen bisherigen Lebensweg kurz zusammenfassen kann, erhält hier fünf Punkte.

Der Bewerber, der am Ende die meisten Punkte in allen Bereichen hat, bekommt die Zusage. Dadurch wird das Auswahlverfahren objektiver. Das Gespräch gliedert sich dabei in acht Gesprächsabschnitte, die wir dir genauer vorstellen möchten:

1. Gesprächsbeginn

Die gute Nachricht vorneweg: In dieser Phase findet keine Bewertung statt. Dieser Abschnitt läuft ab dem Zeitpunkt, an dem du den Raum betrittst. Zunächst werden dich die Interviewpartner begrüßen und dir ein paar einleitende Fragen stellen. Das Ziel in diesem Abschnitt ist, eine angenehme Situation zu schaffen. Möglicherweise bietet man dir ein Glas Wasser an oder fragt dich, ob du eine angenehme Anreise hattest.

2. Selbstvorstellung des Bewerbers

Nachdem man sich vorgestellt hat und die Formalitäten geklärt sind, wird man dich wahrscheinlich auffordern, etwas über dich zu erzählen. Du hast nun die Möglichkeit, dich kurz vorzustellen. Du startest mit einigen persönlichen Daten, die auch deinem Lebenslauf zu entnehmen sind und erzählst daraufhin etwas über deine schulische beziehungsweise berufliche Laufbahn, insofern du schon eine Ausbildung gemacht hast und über Berufserfahrung verfügst. Deine Interviewpartner lassen dir in diesem Gesprächsabschnitt freies Spiel. Du solltest darauf achten, nicht ausschweifend über dein Privatleben zu erzählen, sondern deinem Gegenüber prägnante Informationen zu geben, die deine Persönlichkeit ausmachen und für die zu besetzende Stelle relevant sind.

3. Freies Gespräch

In diesem Gesprächsabschnitt stellt dir der Interviewer Fragen, die sich aus deiner soeben erfolgten Selbstvorstellung sowie deinen Bewerbungsunterlagen ergeben. Indem du gerade ein paar Minuten über dich erzählt hast, lieferst du dem Interviewpartner einige Informationen, die er nun verwenden kann, um dir Fragen zu stellen. Konkret sieht dies so aus, dass man ein paar Punkte, die du soeben noch in deiner Selbstvorstellung aufgeführt hast, aufgreift und dazu Fragen stellt.

4. Organisationswahl

Nun möchte man von dir wissen, warum du dich in der Justiz beworben hast. Wie bist du auf die ausgeschriebene Stelle aufmerksam geworden? Für die Behörden ist es interessant zu wissen, weshalb sich Bewerber ausgerechnet bei ihnen beworben haben. Wir raten dir, dass du dich vor dem Vorstellungsgespräch auf der jeweiligen Website über die wichtigsten Daten informierst und recherchierst, womit diese öffentliche Stelle Mitarbeiter anwirbt. Möglicherweise gibt es im Haus eine bestimmte Personalkultur, die gelebt wird? Was unterscheidet diese Stelle von anderen? Finde es durch Recherche heraus und benenne die Alleinstellungsmerkmale dieser Behörde in deinem Vorstellungsgespräch.

5. Biografische Fragen

Dein Gesprächspartner hat sich bereits im Voraus deinen Lebenslauf genauer angesehen und wird dir jetzt einige Fragen zu den einzelnen Stationen stellen. Falls du noch Schüler bist und direkt nach deiner Schulzeit ein Studium oder eine Ausbildung in der Justiz oder JVA anstrebst, ist dein Lebenslauf noch überschaubar. Hier können höchstens Fragen zu deinen schulischen Leistungen gestellt werden. Anders sieht es aus, wenn du bereits studiert oder eine Ausbildung in einem anderen Bereich absolviert hast und schon Berufserfahrung gesammelt hast. An dieser Stelle ein Tipp: Kenne deinen Lebenslauf besser als dein Gegenüber! Stelle dich darauf ein, dass Fragen zu den einzelnen Stationen kommen werden, und überlege dir im Vorfeld geeignete Antworten.

6. Realistische Tätigkeitsinformationen

In diesem Gesprächsabschnitt erfährst du alle relevanten Informationen rund um die zu besetzende Stelle. In welchem Sachgebiet/Team wirst du später tätig sein? Wie gestalten sich die Praktikumsphasen während der Ausbildung? Wie sieht der künftige Arbeitsalltag aus? Du hast nun die Möglichkeit, Fragen zu deinem künftigen Berufsalltag zu stellen, die dir wichtig erscheinen. Wenn du hier die richtigen Fragen stellst, kannst du vieles in Erfahrung bringen. Dieser Abschnitt bietet dir die Chance, die wichtigste Frage von allen zu beantworten: Passt die zu besetzende Stelle zu mir?

7. Situative Fragen

Jetzt schildert man dir eine fiktive Problemsituation aus deinem künftigen Arbeitsalltag. Man erwartet von dir, dass du innerhalb kurzer Zeit eine passende Lösung für dieses Problem findest. Meist schildert man dir eine Situation, in der es zwischenmenschliche Probleme gibt und du als dritte Partei in diesem Streit eine Lösung finden musst. Es ist sehr schwer, sich effektiv auf diesen Gesprächsteil vorzubereiten, da es unendlich viele Situationen gibt, die dir hier begegnen können. Hier ein Beispiel:

Interviewpartner:	Okay, Herr Meier, ich schildere Ihnen nun eine Situation aus Ihrem künftigen Arbeitsalltag. Ich möchte von Ihnen, dass Sie mir anschließend sagen, wie Sie in dieser Situation reagieren würden. Sind Sie bereit?
Herr Meier:	Ja, ich bin bereit.

Interviewpartner:	Gut! Nun stellen Sie sich Folgendes vor: Sie sind stellvertretender Sachgebietsleiter in unserer Verwaltung. Die Sachbearbeiterin Frau Müller bringt regelmäßig ihren Hund mit ins Büro, obwohl dies gemäß einer Dienstanweisung in der gesamten Behörde untersagt ist. Von den anderen Kollegen wird dieses Verhalten geduldet, obwohl sie sich davon gestört fühlen. Um das angenehme Klima im Sachgebiet nicht zu stören, sprach Frau Müller bislang niemand auf dieses Verhalten an. Als stellvertretender Sachgebietsleiter haben Sie jedoch eine Vorbildfunktion und sind dafür verantwortlich, rechtmäßige Zustände herzustellen. Vergessen Sie nicht, dass der Hund die anderen Kollegen bei der Arbeit stört. Wie würden Sie hier reagieren?

Du wirst feststellen, dass es in diesen Situationen kein einfaches „Richtig" oder „Falsch" gibt. In diesem Beispiel wäre es jedoch sicherlich von Vorteil, wenn du in deiner Antwort ausführen würdest, dass dir als stellvertretendem Sachgebietsleiter sowohl das gesunde Klima im Team sowie auch die Leistungsfähigkeit dieses Teams wichtig ist. Am Ende muss eine rechtmäßige Sachbearbeitung gewährleistet sein. Die Verwaltungsaufgaben müssen schnell und richtig bearbeitet werden. Demnach ist es richtig, Frau Müller in höflicher Form auf die Dienstanweisung aufmerksam zu machen. Man muss klarstellen, dass sich die Anwesenheit des Hundes negativ auf die Arbeitsleistung der Kollegen auswirkt. Dies wirkt sich wiederum negativ auf die Tätigkeit von Frau Müller aus, da sie als Teammitglied auf die Arbeitsleistung ihrer Kollegen angewiesen ist.

8. Gesprächsabschluss

Sollte es noch offene Fragen geben, so werden sie in diesem abschließenden Gesprächsabschnitt geklärt. Ansonsten verabschieden sich die Parteien voneinander und klären das weitere Vorgehen ab.

Es gibt keine Garantie, dass die Behörde, die dich zum Vorstellungsgespräch eingeladen hat, nach diesem Muster verfährt. Dennoch empfehlen wir dir, dich gründlich auf ein solches Gespräch vorzubereiten, da viele öffentliche Stellen danach verfahren. Selbst wenn deine Behörde nicht danach verfährt, finden sich Teile des Multimodalen Interviews auch in anderen Einstellungsgesprächen wieder. Deine Vorbereitung ist damit niemals umsonst!

Strategien und Techniken im Vorstellungsgespräch

Es gibt einige grundsätzliche Regeln für dein Verhalten im Vorstellungsgespräch. In einem Vorstellungsgespräch in der Justiz oder JVA solltest du die Gesprächsführung defensiv gestalten. Dies bedeutet, dass du nicht versuchen solltest, mit Gegenfragen zu kontern oder andere in einer Gruppendiskussion zu unterbrechen.

Es gibt einige sehr bedeutende Fragen beziehungsweise Aufforderungen in einem Vorstellungsgespräch. Die folgenden zwölf Aussagen zählen zu den am häufigsten gestellten Fragen in einem solchen Gespräch. Du solltest dir schon einige Zeit vor dem Gespräch Gedanken darüber machen, wie du darauf antworten möchtest:

- „Erzählen Sie uns bitte etwas über sich."
- „Warum denken Sie, dass Sie für diese Ausbildung in der Justiz geeignet sind?"
- „Warum bewerben Sie sich gerade bei uns?"
- „Wie kamen Sie auf die Idee, sich in der Justiz zu bewerben?"
- „Was erhoffen Sie sich von Ihrer Ausbildung und der künftigen Tätigkeit?"
- „Wo sehen Sie sich in fünf Jahren?"
- „Was sind Ihre Stärken und Schwächen?"
- „Erzählen Sie uns bitte etwas über Ihren bisher größten schulischen oder beruflichen Erfolg!"
- „Was erwarten Sie von Ihren künftigen Kollegen?"
- „Wie stehen Sie zu Teamarbeit?"
- „Welche Fragen haben Sie an uns?"
- „Können Sie sich vorstellen, künftig auch Führungsaufgaben zu übernehmen?"

Überlege dir Antworten auf diese Fragen und sei dir schon vorab bewusst, dass Nach- und Konkretisierungsfragen gestellt werden können. Wenn man dich nach deinen Stärken und Schwächen fragt, ist es von Vorteil, wenn du hinsichtlich deiner Stärken persönliche Eigenschaften nennst, die von großer Bedeutung im Berufsleben sind. Hierzu zählen Ehrgeiz, Zielstrebigkeit, oder Beharrlichkeit. Wenn du auch Schwächen aufzählen sollst, kannst du gerne harmlose, private Schwächen nennen, die sich nicht auf eine berufliche Tätigkeit auswirken. Sollte man dich direkt auf berufliche Schwächen ansprechen, darfst du offensichtliche Schwächen nennen, die sich aus deinem Lebenslauf ergeben. Als junger Bewerber kann man hier etwa die mangelnde Berufserfahrung nennen.

Das Vorstellungsgespräch ist für dich als Bewerber auch deshalb eine Chance, weil du hier vieles über deine künftige Ausbildung und deinen Arbeitgeber erfährst. Der Interviewpartner wird dir vieles erzählen und dabei darfst du ihn gerne unterstützen. Lass ihn ruhig erzählen und falle ihm keinesfalls ins Wort. Durch die Techniken des aktiven Zuhörens kannst du deinen Gesprächspartner darin bestätigen, seinen Vortrag fortzuführen. Die bekanntesten Techniken sind bestätigendes Nicken, Blickkontakt, kurze Zwischenbemerkungen wie „ich verstehe“ oder auch verbale Signale wie „mhm“, „aha“, „okay“ oder „ja“.

Das Assessment Center

Einige Justizbehörden und zahlreiche Justizvollzugsanstalten laden ihre Bewerber nach dem Einstellungstest zu einem sogenannten Assessment Center ein. Ein Assessment Center umfasst oft einen halben, zum Teil auch einen ganzen Tag. Zu einem solchen Training werden mehrere Kandidaten gleichzeitig eingeladen. Die Personalverantwortlichen suchen sich die Kandidaten mit einem guten Testergebnis heraus und stellen diese vor verschiedene Aufgaben. Die häufigsten Aufgaben im Assessment Center sind die Selbstvorstellung, die Gruppendiskussion und das Rollenspiel. Darüber hinaus ist häufig ein Vorstellungsgespräch in das Assessment Center integriert. Wer zu einem solchen Auswahlverfahren eingeladen wird, der muss sich auch auf ein persönliches Gespräch mit den Prüfern einstellen.

Die einzelnen Stationen des Assessment Center kann man in Einzel-, und Gruppenaufgaben unterteilen. Die Selbstvorstellung und das persönliche Gespräch mit den Prüfern sind Einzelaufgaben. Die Gruppendiskussion und das Rollenspiel sind Partneraufgaben. Alle Stationen dieses Bewerbertrainings werden vor den Prüfern durchgeführt, die das Verhalten der Kandidaten beobachten und bewerten. Meistens werden zu einem solchen Assessment-Training zwischen vier und acht Bewerber eingeladen.

Die Selbstvorstellung

Im Kern ist die Selbstvorstellung ein Referat über sich selbst. Hier erhältst du die Aufgabe, dich in einer vorgegebenen Zeit selbst vorzustellen. Dazu bekommst du meist eine Aufgabenstellung mit einigen Anhaltspunkten/Stationen aus deinem Leben, die du ansprechen sollst. So kann man dich etwa dazu auffordern, etwas über deine schulische Laufbahn zu erzählen, oder, falls du noch Schüler bist, über aktuelle schulische Projekte zu berichten. Außerdem können Fragen wie „Warum hast du dich bei uns beworben?" oder „Was macht den Justizvollzugsdienst für dich attraktiv?" als Zusatzfragen auftreten.

Gerne wird folgende Zusatzaufgabe in die Selbstpräsentation mit aufgenommen: Zur Aufgabenstellung legt man einen Ausschnitt aus einem Gesetz bei, zum Beispiel einen einzelnen Paragrafen, und fragt dich anschließend, was diese Norm aussagt. Hier müssen die Bewerber den Gesetzestext in eigenen Worten wiedergeben. Die Selbstpräsentation kann also mit weiteren Aufgaben verknüpft werden.

Die Gruppendiskussion

Wenn es an die Gruppendiskussion geht, werden die Bewerber in Dreier- oder Vierer-Gruppen eingeteilt. Deiner Gruppe wird eine Aufgabenstellung vorgelegt und euch werden in der Regel zwei bis drei Themen zur Auswahl gegeben. In der Gruppe müsst ihr euch nun kurz darauf einigen, über welches Thema ihr diskutieren möchtet. Anschließend habt ihr fünf bis zehn Minuten Zeit, um euch Argumente zu dem ausgewählten Thema zu überlegen. Bei den Themen handelt es sich um aktuelle politische oder gesellschaftliche Themen.

Die Gruppendiskussion ist zum einen eine Übung, die zeigen soll, wie du dich in einer Diskussion mit Mitmenschen verhältst. Dein soziales Verhalten wird auf die Probe gestellt. Es geht schließlich auch darum, sich in der Gruppe zu präsentieren. Zum anderen solltest du die Gruppendiskussion jedoch auch als Teamaufgabe begreifen. Das Ziel muss sein, dass jeder in der Gruppe zu Wort kommt und seine Argumente ausführen kann. Zeige, dass du auf die Belange anderer eingehst, indem du die Positionen der anderen Gruppenmitglieder wiederholst und dich dazu äußerst.

Beispielthemen für die Gruppendiskussion sind die Vor- und Nachteile von Homeschooling, E-Mobilität, öffentlicher Personennahverkehr und der Verkehr der Zukunft oder weitergehende Umweltthemen wie Plastikmüll. Ebenso wurde in vergangenen Assessment Center bereits die Sicherheit von Kindern im Straßenverkehr, Digitalisierung in den Schulen oder Industrie 4.0 behandelt und diskutiert.

Mache dir keine Sorgen, falls dir nicht sofort Argumente zu dem Thema einfallen, auf das sich deine Gruppe geeinigt hat. Während der Diskussion werden sich aufgrund der Argumente der anderen Gruppenmitglieder noch ausreichend Punkte ergeben, die du aufgreifen kannst. Folgende drei Punkte sind für ein positives Abschneiden in der Gruppendiskussion wichtig:

- Spiele den anderen Gruppenmitgliedern den Ball zu.
- Höre den anderen Gruppenmitgliedern aufmerksam zu.
- Gehe auf die Argumente anderer ein.

Das Rollenspiel

Im Rollenspiel werden die Kandidaten des Assessment Center in Zweier-Teams eingeteilt. Du und dein Teamkollege erhalten eine Aufgabenstellung, in der eine fiktive Situation aus eurem künftigen Berufsalltag geschildet wird. Euch wird eine Vorbereitungszeit gegeben, um euch mit der Situation vertraut zu machen und euch zu überlegen, wie ihr nun diese (meist konflikthaltige) Aufgabe lösen möchtet.

Das Besondere am Rollenspiel ist, dass du das Gespräch nicht planen kannst. Erst während des Gesprächs wird sich zeigen, welche Argumente dein Partner vorbereitet hat. Während der Vorbereitungszeit dürfen du und dein Partner euch nur getrennt voneinander Argumente und Lösungen für die Problemsituation überlegen. Eine vorherige Absprache findet nicht statt.

Im Rollenspiel kommt es darauf an, Konfliktfähigkeit zu beweisen und in einer schwierigen Situation die Nerven zu behalten. Argumentiere daher ruhig und sachlich und suche gemeinsam mit deinem Partner nach einer Lösung für die Konfliktsituation.

Das Vorstellungsgespräch

In den meisten Fällen ist im Assessment Center ein Vorstellungsgespräch integriert. Das bedeutet, dass du, wenn du dich auf das Assessment Center vorbereitest, immer auf ein persönliches Gespräch mit den Prüfern gefasst sein musst.

Da die Prüfer während der Selbstvorstellung sowie den anderen Stationen des Assessment-Trainings bereits zahlreiche Informationen über dich gesammelt haben, werden im persönlichen Gespräch nur noch vereinzelt Fragen gestellt. Folgende Fragen sind wichtig für das integrierte Vorstellungsgespräch:

- Fragen zur Motivation (Warum interessierst du dich für die Justiz? Weshalb möchtest du eine Ausbildung in einer JVA beginnen? Was macht den öffentlichen Dienst für dich attraktiv?)
- Fragen zu persönlichen Stärken und Schwächen
- Fragen zur Behörde (Leitung/Präsident, Anzahl der Mitarbeiter, Außenstellen, Geschichte, übergeordnete Behörde, Aktuelles)

Psychologischer Test für Bewerber im allgemeinen Vollzugsdienst

Im Rahmen des Assessment Center für die Bewerber im allgemeinen Vollzugsdienst werden den Kandidaten regelmäßig psychologische Fragen gestellt, welche die geistige Eignung der Bewerber feststellen sollen. Im allgemeinen Vollzugsdienst können derartige Fragen als Sicherheitsmechanismen in das Auswahlverfahren eingebunden werden, um zu sehen, ob der Bewerber psychisch für den späteren Arbeitsalltag geeignet ist. Das Ergebnis des psychologischen Tests ist damit auch für dich sehr wichtig. Wenn es möglich ist, solltest du darum bitten, dass man dir das Ergebnis des Tests mitteilt. Du hast hier die einmalige Chance, einen Einblick beziehungsweise eine Analyse deiner Persönlichkeit zu erlangen.

Als Bewerber musst du zwar mit solchen Fragen rechnen, jedoch brauchst du keine Angst vor diesem Teil des Assessment Center zu haben. Eine Vorbereitung im Sinne von „Übe diese Fragen und antworte mit ..." hat hier keinen Sinn. Die psychologischen Fragen, die wir im Folgenden auflisten, sind nur als Beispiele gedacht – es existiert keine Musterlösung. Die Schemata und Mechanismen, die bei der Auswertung im Hintergrund ablaufen, sind komplex und bedürfen eines ausgebildeten Psychologen. Je mehr du über die Hintergründe von solchen psychologischen Fragen Bescheid weißt, desto weniger nervös bist du im Test – und desto mehr kannst du dich auf das restliche Vorstellungsgespräch konzentrieren, auf das du dich sehr gut vorbereiten kannst.

Überlege im psychologischen Fragebogen oder im persönlichen Gespräch mit Psychologen nicht lange, welche Antwort die Prüfer hier wohl gerne hören möchten, sondern antworte stets geradeheraus und ehrlich. Im Laufe der Befragung oder des Fragebogens treten Fragen in ähnlicher Form mehrmals auf. Wenn du nicht ehrlich antwortest, wirst du dir selbst im Laufe des Tests widersprechen und zeigst den Prüfern damit, dass du nicht integer bist. Das ist ein Ausschlusskriterium.

Psychologischer Fragebogen: Berufliche Stressbelastung
Im Folgenden zeigen wir dir einige Fragen, die beispielhaft in einem psychologischen Test zur Feststellung der beruflichen Stressbelastung vorkommen können. Aus diesem Stresstest kann man herauslesen, ob du gegebenenfalls vom Burnout-Syndrom gefährdet bist. Dieser Test richtet sich an Bewerber, die bereits Berufserfahrung gesammelt haben.

1. *Wie viel Stunden haben Sie im Durchschnitt in den vergangenen drei Monaten pro Woche gearbeitet oder mit schulischen beziehungsweise studentischen Aufgaben verbracht?*
2. *Fühlen Sie sich mit der Zeit, die Sie wöchentlich für die Schule, das Studium, den Beruf oder die Berufsausbildung investieren, überfordert?*
3. *Legen Sie großen Wert auf einen krisensicheren Arbeitsplatz?*
4. *Belastet es Sie, wenn Sie an einem Tag länger als gewohnt arbeiten müssen?*
5. *Wie verschaffen Sie sich einen Ausgleich zu einem stressigen Arbeitsalltag oder stressigen schulischen Alltag?*

6. *Gehen Sie in Ihrer Freizeit einer sportlichen Betätigung nach?*
7. *Gehen Sie in Ihrer Freizeit einer ehrenamtlichen Tätigkeit nach?*
8. *Ist Ihnen ein enger persönlicher Kontakt mit Arbeitskollegen oder Mitschülern sehr wichtig?*
9. *Standen Sie in Ihrem bisherigen beruflichen oder schulischen Alltag häufig unter Zeitdruck?*
10. *Machen Sie sich oftmals Gedanken über die Verantwortung, die Sie in Ihrem Beruf tragen?*
11. *Denken Sie nach Feierabend oft an Ihren heutigen Arbeitstag zurück?*
12. *Haben Sie nach einem stressigen Tag Probleme beim Einschlafen?*
13. *Wie haben Sie reagiert, als Sie von einem Vorgesetzten oder einem Lehrer unter Druck gesetzt wurden?*
14. *Würden Sie von sich selbst behaupten, dass Sie sich für Ihren Beruf aufopfern?*
15. *Hat Ihr Beruf schon einmal Ihr Privatleben beeinträchtigt?*
16. *Trifft die Aussage „Wenn ich etwas in der Arbeit nicht geschafft habe, lässt mich das nicht los" auf Sie zu?*
17. *Fühlen Sie sich regelmäßig aufgrund von Ereignissen in der Schule, in der Ausbildung, im Studium oder im Beruf unter Druck gesetzt?*
18. *Würden Sie von sich selbst behaupten, dass Sie einen kühlen Kopf in hitzigen Situationen bewahren können?*
19. *Ist Ihnen ein gutes Verhältnis zu Kollegen wichtig?*
20. *Bemühen Sie sich im beruflichen Alltag, in der Schule, in der Ausbildung oder im Studium, stets das Bestmögliche zu erreichen?*

Die hier gezeigten Fragen befassen sich alle mit einem Thema. Dies wird auch im Assessment-Center so sein. Im Laufe des Fragebogens kommen Fragen, die du in ähnlicher Form schon beantwortet hast.

Psychologischer Fragebogen: Test zur Stressbelastung
Anhand der folgenden Fragen können Psychologen das Ausmaß deiner Stressbelastung bestimmen. Um herauszufinden, ob sich dein künftiger Arbeitsalltag auf dein Wohlbefinden auswirkt, wirft man hier einen

kritischen Blick auf deine Befindlichkeit. Gerne wird in Tests zur Stressbelastung nach Verhaltensauffälligkeiten gefragt, die innerhalb der letzten Wochen aufgetreten sind. Hier einige Beispiele:

1. *Neigen Sie bei Stress zu einem erhöhten Alkoholkonsum?*
2. *Hatten Sie bislang einen stressigen Arbeits- oder Schulalltag über eine längere Zeit hinweg? Wie gingen Sie mit dem anhaltenden Druck um?*
3. *Konnten Sie schon einmal nicht einschlafen, weil Ihnen der heutige Arbeits- oder Schultag noch durch den Kopf ging?*
4. *Haben Ihnen finanzielle Ängste in der Vergangenheit Unsicherheiten bereitet?*
5. *Fühlen Sie sich manchmal aufgrund des Leistungsdrucks am Arbeitsplatz, in der Schule, im Studium oder in der Ausbildung überfordert?*
6. *Fühlen Sie sich aufgrund der Ansprüche Ihrer Familie, Ihres Freundeskreises oder Ihres Partners überfordert?*
7. *Machen Sie sich manchmal Sorgen, in Zukunft an gesundheitlichen Problemen zu leiden?*
8. *Glauben Sie, dass Sie zu hohe Erwartungen an sich selbst haben?*
9. *Traten in den vergangenen Wochen negative Ereignisse ein? Fühlten Sie sich aufgrund dieser Ereignisse überlastet?*
10. *Machen Sie sich gelegentlich Sorgen, dass Sie Ihren Partner verlieren könnten?*
11. *Haben Sie konkret festgelegte Lebensziele, deren Erreichen für Sie besonders wichtig ist?*
12. *Machen Sie sich gelegentlich Sorgen, dass Sie wichtige Lebensziele nicht erreichen?*
13. *Würden Sie von sich selbst behaupten, dass Sie gut mit Stress umgehen können?*
14. *Würden Sie von sich selbst behaupten, dass Sie gut mit Stress umgehen können?*

Psychologischer Fragebogen: Selbsteinschätzung und Optimismus

Dieser Fragebogen befasst sich mit deiner Selbsteinschätzung und deinem Optimismus. Hier ein paar Beispiele:

1. *Empfinden Sie Probleme als Herausforderung?*
2. *Würden Sie sich selbst als durchsetzungsstark bezeichnen?*

3. *Stellen Sie Ihre Stärken gerne vor anderen zur Schau?*
4. *Glauben Sie, dass Probleme auch Chancen bieten können?*
5. *Würden Sie sich selbst als neugierig bezeichnen?*
6. *Haben Sie schon einmal über einen längeren Zeitraum an einer persönlichen Krise gelitten? Was hat Ihnen dabei geholfen, diese Krise zu überwinden?*
7. *Wie schätzen Sie Ihre Hilfsbereitschaft ein?*
8. *Glauben Sie, dass gewisse Dinge im Leben vorbestimmt sind?*
9. *Trifft die Aussage „In allen schlechten Dingen sehe ich eine Chance" auf Sie zu?*

Erfolgreich bewerben in der Justiz

Um eine Einladung zum Einstellungstest zu erhalten, musst du eine aussagekräftige Bewerbung aufsetzen. Die wichtigsten Dokumente deiner Bewerbung sind das Anschreiben und der Lebenslauf. Hier gibt es gerade beim Anschreiben einige Punkte, die du bei einer Bewerbung in der Justiz beachten solltest. Im folgenden Abschnitt möchten wir dir einen Leitfaden mit an die Hand geben und dir Schritt für Schritt zeigen, wie du ein gelungenes, individuelles Anschreiben verfasst und worauf es bei der Erstellung eines Lebenslaufs ankommt.

Das Anschreiben

Auf den ersten Blick fordern Behörden Bewerbungsunterlagen an, die auch von privaten Unternehmen angefordert werden. Dazu zählt der Lebenslauf, Schulzeugnisse und natürlich das Anschreiben. Es gibt Behörden, die Online-Bewerbungsportale bedienen, andere setzen auf die klassische Methode und lassen sich die Unterlagen auf dem Postweg zukommen. Manche Behörden bieten dir beides an. Auf dein Anschreiben möchten wir im Folgenden genauer eingehen, da es hier ein paar Punkte zu beachten gibt.

Ein ansprechendes Anschreiben zu formulieren ist gar nicht so leicht. Bevor du beginnst, dein Schreiben aufzusetzen, solltest du dir die folgende Frage stellen: „Warum bewerbe ich mich jetzt für diese Stelle bei diesem Dienstherrn beziehungsweise bei diesem Arbeitgeber in der Justiz?" In dieser Frage findest du vier wesentliche Merkmale, auf die du in deinem Anschreiben unbedingt eingehen solltest. Diese sind:

- „ich“
- „jetzt“
- „diese Stelle“
- „bei diesem Dienstherrn/bei diesem Arbeitgeber“

Daraus ergibt sich ein erster Aufbau deines Anschreibens: Zu Beginn stellst du deine Person vor. Dabei nennst du ein paar Daten aus dem Lebenslauf und gehst auf deine schulische Laufbahn ein. Daraufhin machst du klar, warum du dich ausgerechnet jetzt bewirbst. In der Regel liegt dies daran, dass du entweder die Schule abgeschlossen hast und nun eine Ausbildung oder ein duales Studium beginnen möchtest. Oder du möchtest dich nach einem anderen Studium oder nach einer anderen Ausbildung neu orientieren und schätzt die Vorteile des öffentlichen Dienstes.

Als dritten Schritt in diesem Aufbau machst du klar, was die ausgeschriebene Stelle beziehungsweise die jeweilige Ausbildung oder das Studium für dich ausmacht. Zum Schluss solltest du noch angeben, was den Arbeitgeber, bei dem du dich bewirbst, so attraktiv für dich macht. Mit diesen vier Schritten hast du nun ein Muster an der Hand, an dem du dich beim Anfertigen deines Anschreibens orientieren kannst.

Du kannst dich jedoch auch einer der folgenden Methoden bedienen, um mit mehr Struktur an diese Sache heranzugehen. Die im Folgenden beschriebenen Methoden hat Lucas, einer der Autoren dieses Buches, selbst angewandt, um sein Anschreiben zu formulieren. Entscheide selbst, welche Methode dir mehr zusagt.

<u>Erste Herangehensweise: Ein Stichpunkt – ein Absatz</u>

Formuliere zu den folgenden Stichpunkten jeweils einen Absatz:

- Vorstellung deiner Person und der wichtigsten Stationen deines bisherigen Werdegangs (Schule und gegebenenfalls Ausbildung beziehungsweise Studium)
- deine bisherigen Praktika und deine bisherige Berufserfahrung
- wichtige Eigenschaften, die du für die zu besetzende Stelle mitbringst
- Aus welchen Gründen bewirbst du dich für die ausgeschriebene Stelle?
- abschließende Worte, Schlussformulierung

Zweite Herangehensweise: Brainstorming mit System

Diese Herangehensweise besteht aus zwei Schritten: Zunächst begibst du dich auf unsere Webseite www.beamtentest-vorbereitung.de/sollte-ich-beamter-werden/. Anhand dieser Checkliste können Bewerber feststellen, ob der öffentliche Dienst als Arbeitgeber für sie infrage kommt. Du liest dir die neun Punkte dieser Checkliste durch und legst zwei bis drei davon fest, die am besten auf dich zutreffen. Diese Punkte wirst du anschließend in dein Anschreiben einbauen. Im zweiten Schritt nimmst du dir ein Blatt Papier und schreibst darauf die folgenden vier Fragen:

- Wer bin ich?
- Was kann ich?
- Warum bewerbe ich mich bei diesem Arbeitgeber?
- Wo will ich hin?

Schreibe nun zu jedem dieser Stichpunkte deine Gedanken auf. Schreibe alles auf, was dir einfällt. Schreibe auch ruhig Gedanken nieder, die dir spontan einfallen. Dies wird lediglich eine Mind Map und noch nicht das Anschreiben, daher kannst du dich ruhig austoben. Anschließend streichst du Punkte, die du für ungeeignet hältst. Wenn du mit dieser Methode arbeitest, fallen dir insbesondere unter dem Punkt „Was kann ich?" persönliche Eigenschaften ein, die dir sonst wohl nicht klar geworden wären. Diese Vorgehensweise hilft dir dabei, dich von anderen Bewerbern abzusetzen. Unter dem dritten Stichpunkt gehst du auf die Punkte aus dem Beamten-Check ein, die dich besonders ansprechen. Jeder dieser vier Stichpunkte stellt einen Absatz deines künftigen Anschreibens dar. Jeder Gedanke, den du unter einem dieser Stichpunkte festgehalten hast, wird in einem Satz ausformuliert. So wird aus einer wilden Mind Map ein schickes Anschreiben.

Der Lebenslauf

Gemeinsam mit dem Anschreiben bildet der Lebenslauf das Herzstück deiner Bewerbung. Oftmals wird das Anschreiben nur dann gelesen, wenn der Lebenslauf den Personaler überzeugen konnte. Für dich bedeutet dies, dass du in die Erstellung deines Lebenslaufs mindestens so viel Energie und Aufwand wie in das Anschreiben investieren solltest. Der Lebenslauf dient als Aushängeschild für deine Person. Zunächst möchten wir mit dir einige Formalitäten klären, die du bei der Erstellung deines Lebenslaufs beachten musst:

- Verwende in deinem Lebenslauf dieselbe Schriftgröße und Schriftart wie in deinem Anschreiben.
- Dein Lebenslauf darf ein- bis zwei Seiten umfassen.
- Verwende für die Erstellung deines Lebenslaufs einen tabellarischen Aufbau.
- Achte bei der Erstellung deines Lebenslaufs für den öffentlichen Dienst beziehungsweise die Justiz/JVA auf ein schlichtes Design.
- Schließe deinen Lebenslauf mit der Angabe deines vollständigen Namens, deiner eigenhändigen Unterschrift sowie Angabe des Datums ab.
- Nach Fertigstellung deines Lebenslaufs lässt du dieses Dokument von mindestens einer weiteren Person gegenlesen und auf Rechtschreib- und Grammatikfehler hin überprüfen.

Dein Lebenslauf muss Informationen zu folgenden Punkten beinhalten:

- *Persönliche Daten*: Darunter fallen dein vollständiger Name, Anschrift, Kontaktdaten wie E-Mail oder Telefonnummer und der Familienstand.
- *Berufliche Erfahrung* (falls vorhanden): Angabe aller bisherigen Stationen und dazugehörigen Zeiträume deines beruflichen Werdegangs, alternativ kannst du hier auch Praktika angeben
- *Theoretische und praktische Ausbildung*: Angaben über deine Schulbildung, die besuchte Hochschule, erworbene Abschlüsse, eventuelle Schwerpunkte sowie jeweiliger Zeitraum
- *Praktika*: Angabe des Betriebs oder der Behörde sowie der Abteilung, in der du eingesetzt warst, sowie des Zeitraums, über den sich das Praktikum erstreckt hat
- *Weiterbildungen*: Solltest du neben der Schule oder während deines bisherigen Berufslebens Weiterbildungen oder Seminare besucht haben, die für deine künftige Tätigkeit im öffentlichen Dienst nützlich sind, kannst du diese hier angeben und wenn möglich die Nachweise über die Teilnahme als Anhang zu deiner Bewerbung beifügen.

- *Ehrenämter*: Falls du in deiner Freizeit ein Ehrenamt ausübst, darfst du dies gerne in deinem Lebenslauf aufführen.
- *Fähigkeiten und (Sprach-)Kenntnisse*: Hierunter fallen Kenntnisse in den Anwendungen von Microsoft wie Word, Excel, PowerPoint und Access sowie Kenntnisse in Fremdsprachen.
- *Hobbys*: Ein Hobby kann jede Aktivität sein, die du gerne machst, auch wenn du sie nur ein paar Mal im Jahr ausführst.

Chancen auf eine Einstellung erhöhen

Im Folgenden möchten wir dir zwei Möglichkeiten vorstellen, mit denen du deine Chancen auf eine Einstellung erhöhen kannst. Das Ziel ist, aus dem Meer an Bewerbern herauszustechen und einen positiven Eindruck in der Personalverwaltung zu hinterlassen. Wie ist das möglich?

Ein überzeugender erster Eindruck
Bevor du deine Bewerbung verschickst, kannst du in der Behörde anrufen und in einem telefonischen Erstgespräch mit der Personalverwaltung zunächst ein paar grundsätzliche Fragen klären. Wenn du dir vorab zwei bis drei gute Fragen zur Ausbildung oder dem Einstellungsverfahren überlegst, kannst du durch ein solches Gespräch gleich von Beginn an mit einem guten Eindruck punkten. Damit zeigst du, dass du dich für die angebotene Ausbildung interessierst. Lies dir die Stellenausschreibung und die Ausschreibung auf der Homepage genau durch, da du ja keine Fragen stellen möchtest, die sich ohnehin bereits aus der Anzeige oder dem Internetauftritt ergeben.

Das Ziel dieses Erstgesprächs ist es, Interesse an deiner Person zu wecken. Während du telefonierst, solltest du lächeln, da deine Stimme dadurch freundlicher klingt und du sympathischer wirkst. Außerdem macht es einen sehr guten Eindruck, wenn du deinen Gesprächspartner von Beginn an beim Namen nennst. Recherchiere hierzu einfach im Voraus auf der Website der Behörde, welcher Sachbearbeiter welche Aufgaben wahrnimmt. Die für die Ausbildung und Anwärter zuständige Person ist dein Ansprechpartner. Sollte die Behörde kein derartiges Personenverzeichnis auf ihrer Homepage veröffentlicht haben, kannst du zunächst die Zentrale anrufen und dich weiterverbinden lassen.

Vor dem Gespräch solltest du dir einen Gesprächsleitfaden erstellen. Darin legst du fest, wie das Gespräch ablaufen soll. Ein Leitfaden dient dazu, die wichtigsten Fragen zu formulieren. Beim Verfassen deines Leitfadens darfst du ruhig etwas ausführlicher werden. Schreibe dir alle Fragen auf, die du klären möchtest. Insgesamt sollten es jedoch nicht mehr als vier Fragen sein, da dieses Gespräch lediglich dazu dient, einzelne Stichpunkte zu klären, die sich nicht explizit aus der Anzeige beziehungsweise dem Internetauftritt ergeben. Sofern die Behörde nicht schon in der Stellenanzeige darüber informiert, können denkbare Fragen für ein telefonisches Erstgespräch lauten:

- Welche Justizakademie besuche ich während der Ausbildung?
- Welche Fächer werden in der theoretischen Ausbildung unterrichtet?
- In welchen Positionen kann man nach der Ausbildung in der konkreten Behörde eingesetzt werden?
- Welche Bewerbungsunterlagen werden angefordert?
- Wird die schriftliche Bewerbung oder eine Bewerbung per E-Mail bevorzugt?
- Ist die Bewerbung an eine bestimmte Person im Haus zu adressieren?
- Wie sieht der künftige Arbeitsalltag in der Behörde aus?
- Welche täglichen Aufgaben erwarten mich?
- Welche persönlichen Voraussetzungen werden gefordert?

Obwohl wir wissen, dass man kurz vor und während eines solchen Gesprächs angespannt sein kann, möchten wir dir dennoch raten, während des Gesprächs locker zu bleiben, um einen souveränen Eindruck zu hinterlassen. Sieh deinen Gesprächspartner als jemanden, der dir wertvolle Informationen über die Ausbildung zur Verfügung stellt und erkenne den Mehrwert, den er dir bietet.

Am Ende des Gesprächs bedankst du dich für die Zeit, die sich dein Gesprächspartner für die Beantwortung deiner Fragen genommen hat. Der Gesprächsabschluss könnte folgendermaßen lauten: „Vielen Dank, dass Sie sich Zeit für die Beantwortung meiner Fragen genommen haben. Das Ganze hört sich nach wie vor sehr interessant an. Ich werde meine

Bewerbung in Kürze abschicken und freue mich schon auf Ihre Rückmeldung."

Das Dankschreiben
Ein Dankschreiben verfasst man ein bis zwei Tage nach dem Vorstellungsgespräch. In diesem Schreiben bedankst du dich für das freundliche und informative Gespräch und bekräftigst deinen Wunsch, diese Ausbildung anzutreten. Das Schreiben kann genauso als E-Mail verfasst werden. Du solltest dich mit der E-Mail direkt an deinen Ansprechpartner in der Personalverwaltung der Behörde wenden. Die Voraussetzung für ein gelungenes Dankschreiben ist jedoch, dass das zuvor stattgefundene Vorstellungsgespräch erfolgreich verlief. Das Dankesschreiben erzeugt eine größere Wirkung, wenn vorher ein angenehmes persönliches Gespräch stattgefunden hat. Im Wesentlichen bedankst du dich in deinem Schreiben für die Zeit und das Interesse, das dir im Vorstellungsgespräch entgegengebracht wurde. Darüber hinaus hast du in diesem Schreiben noch einmal die Möglichkeit, deine persönlichen Eigenschaften zu nennen, die dich für die zu besetzende Stelle besonders geeignet machen. Dabei muss es sich um persönliche Eigenschaften handeln, die du mitbringst und die in der Ausbildung und der danach zu besetzenden Stelle besonders wertvoll sind. Abschließend darfst du noch eine weitere Fähigkeit von dir nennen, auf die du vielleicht im persönlichen Interview gar nicht eingegangen bist. Hier ein Beispiel für ein Dankschreiben per E-Mail:

Sehr geehrter Herr Müller,

ich möchte mich auf diesem Weg nochmals recht herzlich für das informative und angenehme Gespräch in Ihrem Haus bedanken. Das Gespräch hat mich in dem Wunsch bekräftigt, diese Ausbildung in Ihrer Behörde zu beginnen. Zugleich hoffe ich, dass auch Sie dieses Gespräch positiv in Erinnerung behalten. Nachdem Sie mir Genaueres über die Ausbildung in Ihrem Hause erzählt haben, bin ich mir sicher, dass ich mit meiner Kontaktfähigkeit sowie meiner Flexibilität Ihr Team sehr gut verstärken könnte.

Sollten Ihrerseits noch Rückfragen offenstehen, können Sie mich gerne kontaktieren. Ich freue mich auf Ihre Rückmeldung.

Mit freundlichen Grüßen
Lisa Muster

Wie du mit diesem Buch arbeiten solltest

Wir haben dir bereits gezeigt, wie du einen Lernplan aufstellen kannst, mit dem du dich täglich 30 bis 45 Minuten auf deinen Einstellungstest vorbereiten kannst. Die Aufgaben, die du an den jeweiligen Tagen übst, findest du in diesem Buch. Mit diesem Buch an der Hand hast du den Vorteil, dass du genau solche Aufgaben übst, die für deinen Einstellungstest in der Justiz und JVA relevant sind. Dieser erste theoretische Teil dieses Buches zeigt dir fernab der einzelnen Aufgaben, worauf es bei dieser Prüfung ankommt. Unser Ziel ist es, dir einen Überblick über das gesamte Einstellungsverfahren zu geben. Bewerber, die mehr über das Einstellungsverfahren wissen, sind in der Praxis im Vorteil!

Dieses Buch dient dir als Leitfaden für das gesamte Einstellungsverfahren. Die Übungen im folgenden praktischen Teil bereiten dich ideal auf alle Aufgaben in deinem Einstellungstest vor. Du übst hier mit Aufgaben, die von tatsächlicher Relevanz für diesen Test sind. Die Ausführungen in diesem theoretischen Teil sollen dir das nötige Zusatzwissen vermitteln, welches du benötigst, um das Einstellungsverfahren für dich zu entscheiden.

Wenn du möchtest, dass der Einstellungstest in der Justiz und JVA zum Erfolg für dich wird, musst du regelmäßig mit diesem Buch arbeiten. Alles, was du für deine ideale Vorbereitung benötigst, steht auf den folgenden Seiten. Arbeite regelmäßig hiermit und erhöhe damit deine Chancen auf eine Einstellung. Schon im letzten Abschnitt haben wir dir gezeigt, dass es sehr sinnvoll ist, einen Lernplan zu erstellen, mithilfe dessen du dich die Wochen vor dem Einstellungstest vorbereiten kannst.

Eines möchten wir dahingehend noch einmal betonen: Es ist wesentlich sinnvoller, sich durch stetiges Lernen und Wiederholen auf eine Prüfung vorzubereiten, als den Lernstoff in ein paar Tagen in sich „hineinzuprügeln“. Mithilfe dieses Buches kannst du das für dich bestmögliche Ergebnis erzielen. Dies ist aber nur unter einer Bedingung möglich: Du musst regelmäßig damit arbeiten. Setze dich hin und erstelle deinen wöchentlichen Lernplan. Setze deine Lernziele so, dass du sie realistisch erreichen kannst. Plane täglich oder zumindest jeden zweiten Tag mindestens 30 Minuten ein, in denen du Tests aus diesem Buch übst. Integriere diese täglichen Übungseinheiten in deinen Alltag. Wie auch feste Trainingszeiten in einem Sportverein deiner Woche eine klare Struktur geben, so sollen auch die von dir selbst festgelegten Übungszeiten für die Vorbereitung auf den Einstellungstest deine Wochenplanung beherrschen.

Korrigiere dich selbst nicht zu großzügig, sondern aus der objektiven Sicht eines unabhängigen Prüfers. Nur so kannst du deinen aktuellen Wissensstand realistisch einschätzen. Gerade in den Aufgaben zur Textgestaltung und der Darstellung eines Sachverhalts solltest du nicht zuerst einen Blick in die Musterlösung werfen, um zu sehen, welche Richtung diese vorgibt, sondern die Aufgabe so bearbeiten, wie du sie in der Prüfung bearbeiten würdest. Bei einigen solcher Aufgaben geht es darum, mehrere Zeilen oder einen ganzen Text zu verfassen. Wenn du zuerst in die Musterlösung blickst, läufst du Gefahr zu denken, dass du eine solche oder zumindest eine ähnliche Antwort ohnehin zu Papier gebracht hättest. Dies bestärkt dich zwar kurzfristig in deinem Selbstvertrauen, bringt dich aber keinen Schritt weiter, da du somit keine Fehler machst und keine Lernerfahrung daraus ziehst. Sieh dieses Buch nicht nur als Mittel zur Vorbereitung auf deinen Einstellungstest, sondern als ständigen Begleiter im gesamten Einstellungsverfahren in der Justiz und JVA.

Wir hoffen sehr, dass wir dir auf den vorangegangenen Seiten wertvolles Zusatzwissen vermitteln konnten, das dich auf deinem Weg zur Einstellung in der Justiz und JVA weiterbringen wird. Im Folgenden findest du nun viele Übungsaufgaben und -tests, die dich ideal auf den Einstellungstest vorbereiten werden. Jetzt liegt es an dir, fleißig mit diesem Buch zu üben, die von uns genannten Tipps in die Tat umzusetzen und das für dich bestmögliche Ergebnis in diesem Test herauszuholen. Vergiss nicht: Das Ergebnis im Einstellungstest ist ein wichtiges Einstellungskriterium. Nur die Bewerber, die hier ein gutes Ergebnis erzielen, haben die Möglichkeit, die vielfältigen beruflichen Möglichkeiten in der Justiz und JVA wahrzunehmen. Nutze diese Chance für deine Zukunft in der Justiz oder JVA. Weitergehende Informationen zu den einzelnen Ausbildungen und den dualen Studiengängen im öffentlichen Dienst findest du auf unserer Website www.beamtentest-vorbereitung.de.

Erfahrungsbericht eines Justizvollzugbewerbers in NRW

Ich habe mich für den Bereich des Allgemeinen Vollzugsdienstes beworben. Eingeladen wurde ich mit zirka einem Monat Vorlauf, wobei ich aber einer der wenigen war. Ein paar haben sogar erst zwei Tage vorher Post bekommen für das Verfahren.

Der Eignungstest – Tag 1

Treffpunkt war um 06:30 Uhr. Die Gruppe bestand aus 20 Personen, wovon sogar alle berufstätig waren. Nach kurzer Wartezeit wurden wir in den Prüfungsraum geführt. Hier warteten der Personalleiter sowie eine Psychologin. Die Psychologin war für den Deutschtest verantwortlich.

Deutschtest
Nach der Instruktion wurde das Diktat vorgelesen. Das Thema war „Ist Fußball eine Religion?" mit zirka 180 Wörtern. Die Sprechgeschwindigkeit war sehr zuvorkommend langsam, erst den kompletten Satz, dann Teilstücke und dann noch einmal Satzwiederholung. Bei Verständnisproblemen wurden auch nicht verstandene Wörter wiederholt. Priorität wurde hier auf die Grammatik gelegt. Fehler wurden sehr streng bewertet.

Nach dem Diktat wurden wir in eine kurze Pause geschickt. Als die Ersten aufgerufen wurden, war klar, dass schon mit wenigen Fehlern aussortiert wurde. Die ersten fünf Bewerber wurden nach Hause geschickt. Das setzte einen hohen Stresslevel an die Verbleibenden, da man jederzeit wegen Flüchtigkeitsfehlern ausscheiden konnte.

Nach dieser Ausschlusswahl wurden alle Verbliebenen in den Raum gerufen und es kam der Aufsatz dran. Zur Auswahl standen drei Themen, zwei davon waren stark politisch angehaucht (Erdogans Pläne und Taten) und eines offensichtlich einfach formuliert. Bis auf einen Bewerber wurde das einfache Thema gewählt: „Sollen ehemalige Häftlinge auf dem Arbeitsmarkt mitwirken?" Es gab insgesamt eineinhalb Stunden Zeit für den Aufsatz, wobei keine Länge vorgeschrieben wurde. Kernpunkt war auch hier wieder Grammatik in freien Texten und Ausdrucksform.

Die Fehler wurden zusammen mit dem Diktat aufsummiert, wer über der Grenze war, wurde auch hier wieder hart aussortiert. Hier wurden die nächsten acht Bewerber nach Hause geschickt. Im Vergleich zu anderen von mir absolvierten Bewerbungsverfahren war der Stresspegel unüblich hoch und penetrant.

Assessment-Center
Die übrigen sieben Bewerber durften jetzt einen Assessment-Test machen. Hierzu gab es ein Heft aus zehn Blöcken, wovon wir aber nur acht machen mussten. Pro Block hatte man zirka zehn Minuten Zeit (es variierte je nach Deutsch und Mathematik). Die Aufgaben waren nach Schwierigkeit von 1 = sehr leicht bis 30 = fordernd geordnet.

Angefangen hat dieser Test wieder mit Deutsch, wobei hier das Sprachverständnis im Vordergrund stand. So waren Wortzusammenhänge gefragt wie zum Beispiel: *Welche Begriffe können einem Oberbegriff zugeordnet werden? Hund Katze Maus Haus*

Der Mathematiktest war für mich absolut einfach. Dieser Bestand aus:

- Formeln vervollständigen, zum Beispiel: x + 8 = 8 + x
- Kettenrechnungen, zum Beispiel: 4 + 5 + 8 + 3 + 5 + 5 + 5 – 20
- Bruchrechnung, zum Beispiel: ⅔ × ⅘

Der letzte Teil des Assessment-Tests war die räumliche Vorstellung, mein Knackpunkt, da es mir schwer viel, mich auf so etwas vorzubereiten. Hierzu musste man Faltvorlagen richtig deuten, Würfel drehen und bestimmen sowie nachher Figuren zusammensetzen.

Alles in allem sind hier weitere fünf Bewerber gescheitert, womit ich und zwei weitere Bewerber übrigblieben. In der Ausschlussmethode des Assessment-Tests wurden nachher sogar noch die Fehler aus den vorigen Deutschtests hinzugezogen. Sollten die Fehler aufsummiert zu hoch sein, wurde man ausgeschlossen. Mit rasendem Puls und kleiner Erleichterung, dass ich zu den letzten Drei gehörte, ging es dann nach 20 Minuten auf zum Sporttest.

Sporttest
Es kam der im Internet präsentierte Parcours vor. Die komplette Turnhalle war dafür als Fläche vorgesehen. Man musste eine kurze Runde laufen, über zwei Bänke hüpfen, dann über einen Kasten springen (der Kasten durfte egal wie überwunden werden, also kein Problem mit

Berührungen), schnell von da aus zum Mattenwagen (150 kg schwer), diesen von A nach B schieben, dann schnell zu den Medizinbällen und drei Bälle von Matte A auf Matte B platzieren. Wichtig hierbei ist auch die korrekte Aufnahme der Bälle, um Unfällen vorzubeugen. Dann kam die zirka 60 kg schwere Puppe, welche man nur am Arm nach Punkt B ziehen musste, und ein kurzer Sprint Richtung Anfangspunkt. Diese Prozedur muss drei Mal innerhalb von 3:30 Min. absolviert werden, was sich lächerlicher anhört, es ist aber sehr hart. Ich habe es mit so lala Vorbereitung in 3:11 Min. geschafft und war somit zirka 14 Sekunden schneller als die beiden anderen. Wir letzten Drei haben somit auch den Sporttest bestanden. Kleiner Tipp zum Sporttest: Eine gute Vorbereitung ist Intervalltraining mit Sprints und Sprüngen, da hier viel Kraft und Ausdauer gefordert ist.

Persönlichkeitstest

Übrig war für den ersten Tag noch der Persönlichkeitstest, worin 210 Fragen enthalten waren, die nur auf Situationen im Berufsalltag abzielen. Zum Beispiel: *Mein Kollege schüttet mir den Kaffee weg, ich schreie ihn an. Skala 1-6: Wie sehr trifft diese Aussage auf Sie zu?*

Es gab keine falsche Antwort, außer natürlich die extreme. Wichtig ist, so ehrlich zu sein, wie es geht, da es sonst Komplikationen mit Fangfragen geben kann. Ich habe mich zum Beispiel eher als Einzelkämpfer eingeschätzt, da das mein derzeitiger Beruf für mich vorsieht. Nach diesem Fragebogen wurde ich auch aufgerufen mit der sofortigen Entwarnung, es soll heute keiner mehr ausgeschlossen werden.

Psychologisches Gespräch

Dann kam das psychologische Gespräch zusammen mit einer Psychologin und dem Personalleiter. Es wurden die Noten für die ganzen Tests vorgelesen und ein paar Verständnisfragen gestellt. Außerdem haben die beiden immer wieder versucht, die Schattenseiten so hervorzuheben, dass man ohne Vorbereitung wahrscheinlich denken würde, okay, ich will weniger gern hier anfangen. Aber abschließend wurde noch darauf aufmerksam gemacht, was in dem morgigen Gespräch gern abgefragt wird und was man besser wissen sollte. Darunter viel zum Beispiel die Internetseite, Minister in NRW, Funktionen von diesen und so weiter. Erledigt und komplett ausgelaugt ging es sofort ins Bett und der Folgetag versprach dann ein Abschlussgespräch vor dem Gremium.

Der Eignungstest – Tag 2

Frisch gewieft ging es am nächsten Tag um 07:30 Uhr los. Wir wurden zum Hauptverwaltungsgebäude der Anstalt gerufen. Es verging gut eine halbe Stunde, bis der Erste aufgerufen wurde.

Abschlussgespräch
Das Gespräch vor dem Gremium bestand aus insgesamt sieben Personen, davon vertreten waren unter anderem die Psychologin, Personalleitung, Fachabteilungsleiter, Anstaltsleiter, Gleichstellungsbeauftragte.

Hier wurde noch einmal der Einzelne auf Herz und Nieren geprüft, wieso er sich für die Anstalt entschieden hat, welche Fähigkeiten man für die Anstalt mitbringt, die verschiedenen Aufgabenbereiche und noch ein paar persönliche Fragen.

Das ganze Gespräch war zwar schon etwas bedrängend, jedoch war die Runde relativ angenehm, da nicht auf Panik und Stressfragen gezielt wurde, sondern nur die ehrliche Einstellung und Absicht getestet wurde. Das Gespräch dauerte zirka 45 Minuten. Zum Abschluss kam verständlicherweise noch die entscheidende Frage: „Haben Sie noch Fragen?"

Wichtig war für mich auf jeden Fall das weitere Vorgehen. Hierzu wurde nur gesagt, dass sich nach Abschluss aller Gespräche die Parteien zusammensetzen und beraten, ob und wie viele Bewerber übernommen werden. Zu meiner Verwunderung kam schon wenige Stunden nach dem Gespräch der erfreuliche Anruf: Wir wurden alle übernommen und werden im Mai den Dienst antreten. Ich hoffe, dass ich mit meinem ausführlichen Bericht über mein Erlebnis einige Gemüter erleichtern konnte und wünsche jedem viel Erfolg.

Es handelt sich hierbei um einen echten Erfahrungsbericht eines Bewerbers. Bitte bedenke, dass sich Einstellungstests ändern können und somit keine Gewähr für die Richtigkeit der Inhalte übernommen werden kann.

Online-Bewerber-Training

Bestehe deinen Einstellungstest mit der Plakos-Einstellungstest-App!

Bestehe deinen Einstellungstest mit der Plakos-Einstellungstest-App! Mit der Plakos-App hebst du deine Einstellungstest-Vorbereitung auf ein neues Level! Du profitierst von Lösungswegen und ausführlichen Erklärungen zu jeder Aufgabe. Am Ende bekommst du eine Auswertung deiner Ergebnisse. Sichere dir jetzt deinen Vorteil gegenüber anderen Mitbewerbern! Wähle die gewünschte Berufsgruppe aus und melde dich mit deinen Zugangsdaten aus dem Mitgliederbereich der Plakos Akademie an. Es werden dir dann die passenden Übungen für den Einstellungstest angezeigt.

Plakos-Online-Testtrainer – die optimale Vorbereitung für dich!

Strukturierter Ablauf, Lösungswege und Kernfortschrittsanzeigen

Kurse und Lektionen abgestimmt auf den jeweiligen Beruf

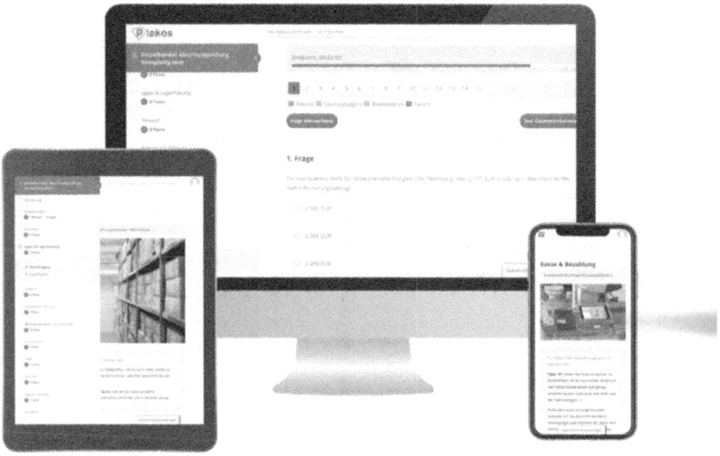

Lern- und Erklärvideos sowie Experten-Tipps

Tausende Bewerber üben jährlich ganz konkret mit den Plakos-Online-Testtrainings. Sie gehen anschließend mit mehr Selbstbewusstsein und Wissen in ihr Auswahlverfahren.
Die Online-Testtrainer gibt es in verschiedenen Preiskategorien für zahlreiche Berufe wie zum Beispiel im öffentlichen Dienst, im Bereich Gesundheit, Pflege und Soziales oder für technische und kaufmännische Berufe.

Da du bereits dieses Buch erworben hast, möchten wir dir an dieser Stelle einen **Gutschein für unsere Online-Programme in Höhe von 15 Euro** schenken. Die folgende Kurzanleitung beschreibt dir, wie du den Gutschein einlösen kannst:

1. Öffne den Browser auf deinem Smartphone, Tablet oder deinem Desktopcomputer.
2. Scanne den QR-Code oder gib die folgende URL in die Adresszeile ein oder: plakos-akademie.de/produkt/app-testtrainer-vollversion-15/

3. Mit dem Produkt „Testtrainer App“ hast du Zugriff auf fünf unserer Kurse: Testtrainer, Allgemeinwissen, Konzentration, Logik und Sprache.
4. Gib am Ende des Bestellprozesses den folgenden Gutscheincode ein. Bitte beachte, dass mit dem Gutscheincode in der Testtrainer App nicht alle Plakos-Akademie-Kurse freischaltet sind.

verwaltungsbuchrabatt15

Bei Fragen kannst du gerne eine E-Mail an support@plakos.de senden. Antworten auf häufig gestellte Fragen findest du auf der Webseite plakos-akademie.de/kundenservice/. Eine Übersicht zu allen Lern-Apps von Plakos findest du unter plakos-akademie.de/kundenservice-apps/.

Fachwissen

Ergänzend zum Allgemeinwissen stellen potenzielle Arbeitgeber häufig Wissensfragen zum jeweiligen Fachgebiet. So hoffen sie, Rückschlüsse ziehen zu können, ob ein ernsthaftes Interesse an der Ausbildung und am Arbeitgeber selbst besteht.

Wer sich für eine Stelle in der Justiz oder im Justizvollzugsdienst interessiert, der kann sich an die Gerichte oder Justizvollzuganstalten als mögliche Arbeitgeber wenden. Mitarbeiter beispielsweise im Justizvollzugsdienst profitieren von ihrem Beamtenstatus. Beamte erhalten aufgrund ihrer Loyalität dem „Dienstherrn" gegenüber gewisse Vorzüge. Dazu zählen eine lebenslange Versorgungsgarantie, hoher Kündigungsschutz, soziale Absicherung hinsichtlich eines krisensicheren Arbeitsplatzes oder auch der Wegfall von Arbeitslosen- und Rentenversicherungsbeiträgen.

Der öffentliche Dienst umfasst vier verschiedene Laufbahnen, vom einfachen bis zum höheren Dienst mit jeweils unterschiedlichen Grundvoraussetzungen:

- **Einfacher Dienst**: Grundvoraussetzung ist der Hauptschulabschluss.
- **Mittlerer Dienst**: Grundvoraussetzung ist die mittlere Reife oder ein Hauptschulabschluss mit einschlägiger Berufsausbildung.
- **Gehobener Dienst:** Grundvoraussetzung ist die Fachhochschulreife.
- **Höherer Dienst**: Grundvoraussetzung ist ein abgeschlossenes Hochschulstudium und neuerdings, dank des Bologna-Systems, auch mit einem Mastertitel einer akkreditierten Fachhochschule möglich.

Für jede Laufbahn muss ein Auswahlverfahren bestritten werden. Jedes Verfahren beinhaltet auch immer einen Einstellungstest. Der Schwierigkeitsgrad und der Umfang des Tests sind an die Level der vier Laufbahnen angepasst, jedoch sind die Kerngebiete und Grundlagenkenntnisse vergleichbar miteinander.

Fachspezifische Aufgaben zum öffentlichen Dienst

1. Wer wählt in Deutschland den Präsidenten des Deutschen Bundestages?
a) Bundesrat
b) das deutsche Volk
c) Bundesversammlung
d) Bundestag
e) Bundespräsident

2. Eine Bundeskanzlerin hat gegenüber den Bundesministern
a) ein höheres Stimmrecht.
b) ein Entscheidungsrecht in Pattsituationen.
c) ein Weisungsrecht.
d) ein Bestimmungsrecht.

3. Wie viele Regierungsperioden darf eine Bundeskanzlerin regieren?
a) unbegrenzt
b) einmal
c) viermal
d) zweimal

4. Wem wird das Bundesverdienstkreuz bei Amtsantritt verliehen?
a) Bundeskanzlerin
b) Bundestagspräsident
c) Präsident des Bundesverfassungsgerichts
d) Bundespräsident

5. Wo sitzt der Europäische Rechnungshof?
a) Karlsruhe
b) Brüssel
c) Straßburg
d) Luxembourg
e) Den Haag

6. Wo ist der Hauptsitz des Europäischen Parlaments?
a) Karlsruhe
b) Brüssel
c) Straßburg
d) Luxemburg
e) Den Haag

7. Wer bildet den Europäischen Rat?
a) die Staats- und Regierungschefs der EU
b) Abgeordnete als Vertreter der EU-Länder
c) die Präsidenten der EU-Verfassungsorgane
d) die EU-Bürger

8. Was steht hinter dem Begriff „kommunal“?
a) staatlich
b) eine Gemeinde oder einen Landkreis betreffend
c) eigenständig
d) gesetzlich
e) monetär

9. Innerhalb der deutschen Bundesländer sind die nächstgrößeren Verwaltungseinheiten die ...
a) Landkreise.
b) Städte.
c) Bezirke / Regierungsbezirke.
d) Gemeinden.

10. Gewaltenteilung meint die
a) Trennung von Polizei und Bundeswehr.
b) Aufteilung des Staates in einzelne Bundesländer.
c) hierarchische Gliederung der Verwaltung.
d) Aufteilung der Bundesregierung in Bundestag und Bundesrat.
e) Trennung der Gesetzgebung von der Rechtsprechung und Verwaltung.

11. Mit der Weimarer Republik wurde erstmals in der deutschen Geschichte die ... eingeführt.
a) parlamentarische Demokratie
b) konstitutionelle Monarchie
c) absolute Monarchie
d) autoritäre Diktatur

12. Das Ziel der Nato ist es, die
a) Grenzen Europas vor dem islamischen Staat zu schützen.
b) Mitglieder mit nötigen Waffen und Soldaten auszustatten.
c) Sowjetunion und den Islam zu bekämpfen.
d) Freiheit und Sicherheit der Mitglieder zu gewähren.

13. Welches Land ist kein Mitglied der politischen Vereinigung „Europäische Union“?
a) Norwegen
b) Finnland
c) Rumänien
d) Litauen

14. Was bedeutet der Begriff „Mehrparteienprinzip“?
a) Kennzeichen für einen demokratischen Staat, in dem es mehrere Parteien gibt, die bei Wahlen von stimmberechtigten Staatsangehörigen gewählt werden
b) ein politisches System, bei dem eine Partei langfristig die alleinige Regierungsgewalt innehat und keine Oppositionsparteien zulässt
c) Kennzeichen für einen demokratischen Staat, in dem sich im Wesentlichen zwei Parteien als Regierungsparteien abwechseln
d) Kennzeichen für einen demokratischen Staat, in dem es mehrere Parteien gibt; die Abgeordneten der Parteien wählen das Staatsoberhaupt

15. Wie heißt die Vereinigung von Abgeordneten einer Partei im Parlament?
a) Fraktion
b) Koalition
c) Opposition
d) Mandat

16. Wie heißt das höchste deutsche Gericht?
a) Oberlandesgericht Karlsruhe
b) Bundesgerichtshof
c) Bundesanwaltsgericht
d) Bundesverfassungsgericht

17. Welcher Begriff kann Deutschland nicht zugeordnet werden?
a) Bundesstaat
b) Rechtsstaat
c) Sozialstaat
d) Einheitsstaat

18. Welche Interessen werden in der Landespolitik vertreten?
a) Bund
b) Landkreis und Gemeinde
c) Bundesländer
d) Europäische Gemeinschaft

19. Welches Beamtenverhältnis gibt es nicht?
a) Beamtenverhältnis auf Probe
b) Beamtenverhältnis auf Fertigstellung
c) Beamtenverhältnis auf Zeit
d) Beamtenverhältnis auf Lebenszeit
e) Beamtenverhältnis auf Widerruf

20. Welcher Aufgabe darf ein Beamter nicht nachgehen?
a) kollektive Arbeitsniederlegung
b) Pflicht zur Amtsverschwiegenheit
c) hoheitliche Aufgaben
d) Diensteid ablegen

21. Was passiert bei einer Inflation?
a) Die Preise steigen, während die Kaufkraft sinkt.
b) Die Preise sinken, während die Kaufkraft steigt.
c) Die Preise und die Kaufkraft sinken gleichermaßen.
d) Die Preise und die Kaufkraft steigen gleichermaßen.

22. In welchem Land wird mit dem Euro gezahlt?
a) Norwegen
b) Schweiz
c) Bulgarien
d) Slowakei
e) Polen

23. Wofür steht der Begriff Oligopol?
a) eine Marktform, bei der viele Nachfrager vielen Anbietern gegenüber stehen

b) eine Marktform, bei der viele Nachfrager wenigen Anbietern gegenüber stehen
c) eine Marktform, bei der ein Nachfrager einem Anbieter gegenübersteht
d) eine Marktform, bei der viele Nachfrager einem Anbieter gegenüber stehen

24. Welche Währung wurde seit der Reichsgründung 1871 nicht genutzt?
a) Rentenmark
b) Silbermark
c) Reichsmark
d) Deutsche Mark

25. Welche Wirtschaftsordnung hat die Bundesrepublik Deutschland?
a) Zentralverwaltungswirtschaft
b) Zentralplanwirtschaft
c) freie Marktwirtschaft
d) soziale Marktwirtschaft
e) Keine Antwort ist richtig.

26. Was ist das Bruttonationaleinkommen?
a) Summe aller erbrachten Leistungen, Güter und Dienstleistungen einer Volkswirtschaft, in einem Jahr zur Verwendung
b) Differenz aller erbrachten Leistungen, Güter und Dienstleistungen in einem Jahr, einer Volkswirtschaft zum Vorjahr
c) Differenz aller erbrachten Leistungen, Güter und Dienstleistungen in einem Jahr, einer Weltwirtschaft zum Vorjahr
d) Summe aller erbrachten Leistungen, Güter und Dienstleistungen in einem Jahr, der Weltwirtschaft zur letzten Verwendung

27. Ein föderalistischer Staat ...?
a) versucht den Übergang von Planwirtschaft zu Marktwirtschaft.
b) verfolgt das Ziel, Exporte zu maximieren.
c) besteht aus einzelnen Teilstaaten, die relativ eigenständig sind.
d) wird von einer Partei oder einer Person regiert.

28. Was bedeutet Preisdiskriminierung?
a) Preispolitik von Anbietern, die heterogene Produkte zu unterschiedlichen Preisen fordern
b) Preispolitik von Anbietern, die homogene Produkte zu unterschiedlichen Preisen fordern
c) Preispolitik von Anbietern, die homogene Produkte zu gleichen Preisen fordern
d) Preispolitik von Anbietern, die heterogene Produkte zu gleichen Preisen fordern

29. In einem Markt mit vollständiger Konkurrenz ...
a) ist ein Anbieter in der Lage, den Preis eines Produkts maßgeblich zu beeinflussen.
b) ist mindestens ein Kartell vorhanden.
c) ist nur ein Nachfrager vertreten.
d) stehen viele Nachfrager vielen Anbieter gegenüber.

30. Was sagt der Realzins aus?
a) Zinssatz, der von der Zentralbank eines Währungsgebietes festgesetzt wird
b) Zinssatz, der jährlich für ein Kredit fällig wird
c) Zinssatz, der jährlich für ein Darlehen fällig wird
d) Zinssatz, der die Wertänderung eines Vermögens unter Berücksichtigung der Inflation angibt
e) Keine der Antworten ist richtig.

31. Wo liegt der Sitz der INTERPOL?
a) Bonn
b) Genf
c) Lyon
d) Den Haag

32. Wofür steht die Abkürzung SEK?
a) Spezialeinsatzkommando
b) Sondereinsatzkommando
c) Sicherung einer Kommune
d) Schnelles Einsatzkommando

33. Was zählt nicht zu den Aufgaben der Polizei?
a) Gefahrenabwehr
b) Strafverfolgung
c) Überwachung des Verkehrs
d) Ausstellen von Haftbefehlen

34. Welche Gefahrenart gibt es im Bereich der Gefahrenabwehr nicht?
a) erhebliche Gefahr
b) latente Gefahr
c) abstrakte Gefahr
d) maximale Gefahr

35. Was ist eine Schleierfahndung?
a) verdachtsunabhängige Personenkontrolle
b) Ermittlungsmethode zur Identitätsfeststellung bei Demonstrationen
c) inzwischen illegale Ermittlungsmethode aus der DDR
d) Fahndung nach verschleierten Personen

36. Wo wird die Versammlungsfreiheit garantiert?
a) im Bürgerlichen Gesetzbuch (BGB)
b) im Grundgesetz (GG)
c) im Polizeigesetz (PolG)
d) im Sozialgesetzbuch (SGB)

37. Unter welcher Kurzbezeichnung ist eine auf Englisch „European Police Office“ genannte, für Polizeiaufgaben zuständige EU-Agentur bekannt?
a) Interpol
b) Europol
c) Europäische Justizbehörde
d) Europäische Strafverfolgungsbehörde

38. Seit wann ist die 112 die europäische Notrufnummer?
a) 2001
b) 1995
c) 2000
d) 1991

Lösungen: Fachwissen öffentlicher Dienst

1. d)	14. a)	27. c)
2. c)	15. a)	28. b)
3. a)	16. d)	29. d)
4. d)	17. d)	30. d)
5. d)	18. c)	31. c)
6. c)	19. b)	32. a)
7. a)	20. a)	33. d)
8. b)	21. a)	34. d)
9. c)	22. d)	35. a)
10. e)	23. b)	36. b)
11. a)	24. b)	37. b)
12. d)	25. d)	38. d)
13. a)	26. a)	

Fachspezifische Aufgaben zum Justizvollzug

1. Welches Hauptziel verfolgt der Strafvollzug neben dem Schutz der Allgemeinheit vor weiteren Straftaten?
a) Rächen begangenen Unrechts
b) Resozialisierung der Insassen
c) Demonstration staatlicher Macht
d) Wiederherstellen der Opferwürde

2. Wer ist für den Betrieb einer JVA zuständig?
a) die jeweilige Kommune
b) das jeweilige Bundesland
c) die Bundesrepublik Deutschland
d) die Bundesrepublik, das jeweilige Bundesland und die jeweilige Kommune gemeinsam

3. Was versteht man darunter, wenn eine Person auf Bewährung verurteilt wird?
a) Er kann die Vollstreckung einer verhängten Strafe abwenden, wenn er sich eine bestimmte Zeit nichts zuschulden kommen lässt.
b) Er kann in einem bestimmten Zeitraum seine Unschuld beweisen und die Vollstreckung einer verhängten Strafe dadurch abwenden.
c) Er kann die Vollstreckung einer verhängten Strafe gegen Zahlung einer Kaution abwenden.
d) Er wird in Abwesenheit verurteilt, da er nicht ausfindig gemacht werden konnte.

4. Die Justizverwaltungen und deren Vollzugsanstalten sind Bestandteil der ...
a) Legislative.
b) Judikative.
c) Exekutive.

5. Welche Aussage zum typischen Haftalltag in einer JVA ist zutreffend?
a) Es gibt feste Essens- und Ruhezeiten, ansonsten sind die Gefangenen sich selbst überlassen.
b) Jeder Gefangene kann seinen Tagesablauf individuell gestalten und aus verschiedenen Angeboten wählen.
c) Der Tagesablauf der Gefangenen ist straff organisiert.
d) Es ist den Gefangenen weitgehend untersagt, irgendwelchen Aktivitäten nachzugehen.

6. Ein Beschuldigter wird vorübergehend inhaftiert, damit er sich dem Strafverfahren nicht entziehen oder es beeinflussen kann. Um welche Maßnahme handelt es sich?
a) Bewährungsstrafe
b) Warnschussarrest
c) Sicherheitsverwahrung
d) Untersuchungshaft

Lösungen: Fachwissen Justizvollzug

1. b)	3. a)	5. c)
2. b)	4. c)	6. d)

Allgemeinwissen

In Einstellungstests bekommst du häufig Fragen zum Thema Allgemeinwissen gestellt. Da sich Aufgaben aus diesem Bereich nicht durch logisches Denken lösen lassen, ist entsprechendes Vorwissen sehr wichtig.

Welche Fragen und Aufgaben kommen dran?

Wie auch in anderen Bereichen des Einstellungstests kann Allgemeinwissen nicht von einem auf den anderen Tag erlernt werden. Allgemeinwissen muss kontinuierlich aufgebaut, aktualisiert und erweitert werden.

Beispiel
Wie kannst du dich nun optimal auf diesen Teil vorbereiten, wenn dir wenig Zeit bleibt? Es gibt sehr viele Fragen, die immer wieder in Einstellungstests gestellt werden. Zum einen handelt es sich dabei um Fragen zu historischen Themen, zum Beispiel „Wann war die Wiedervereinigung?“, und zum anderen werden Fragen zum aktuellen Zeitgeschehen gestellt.

Beispiel: „Wer ist aktuell Justizminister?“

Wir empfehlen dir für deine Vorbereitungen die folgenden Multiple-Choice-Fragen akribisch durchzuarbeiten und am besten täglich Zeitung zu lesen.

Das Segment „Allgemeinwissen" wird hier thematisch unterteilt. Die Aufgaben unterscheiden sich in zwei Aufgabentypen. Dir wird entweder ein Satz vorgegeben, welcher durch a), b), c) oder d) ergänzt werden muss, oder es muss eine Frage richtig beantwortet werden. Es gibt zu jeder Aufgabe nur eine richtige Lösung. Die Lösungen und Lösungshinweise zu den Aufgaben findest du jeweils am Ende des Unterkapitels.

Recht

Es kann vorkommen, dass du im Einstellungstest für den öffentlichen Dienst Rechtsfälle bearbeiten musst. Dabei sind entweder einfache Fälle des Zivilrechts (BGB) oder beispielsweise EU-Richtlinien Inhalt des Tests. Du musst keine Paragrafen auswendig lernen. Alle Normen, die von Belang sind, werden im Testbogen abgedruckt. Eine besondere juristische Ausbildung oder Vorkenntnisse sind nicht erforderlich. Es hilft aber enorm, sich mit den Grundprinzipien des BGB vertraut zu machen. Zum Beispiel wie ein Kaufvertrag zustande kommt: nämlich durch zwei übereinstimmende, wirksam abgegebene Willenserklärungen (das Angebot und dessen Annahme). Diese können schriftlich, mündlich oder elektronisch erfolgen. Die Grundlagen des BGB findest du auf der Webseite www.juracademy.de/bgb-allgemeiner-teil1/zustandekommen-vertrag.html.

1. Die sogenannte Judikative ist die ...
a) ausführende Gewalt.
b) richterliche Gewalt.
c) gesetzgebende Gewalt.
d) gesetzliche Gewalt.

2. Für wen hat der Gesetzgeber im Strafrecht eigens eine besondere Regelung eingeführt?
a) Kronzeuge
b) Kronprinz
c) Kronleuchter
d) Kronkorken

3. Welchen Zweck verfolgen die Grundrechte primär?
a) den Schutz von Bürgern untereinander
b) den Schutz des Bürgers vor juristischen Personen
c) den Schutz des Bürgers vor Eingriffen des Staates
d) den Schutz des Staates vor den Bürgern
e) Keine Antwort ist richtig.

4. Welche Bedeutung hat die Abkürzung „StPO"?
a) Strafpolizeiordnung
b) Steuerpolizeiordnung
c) Strafprozessordnung
d) Straßenverkehrsordnung
e) Staatspolizeiorganisation

5. Ab welchem Alter ist man grundsätzlich durch die Grundrechte geschützt?
a) Geburt
b) acht
c) 14
d) 21
e) 18

6. Welche Frage wirft der Begriff der Rechtsgeltung auf?
a) die Frage der Wiedergutmachung durch Gesetze
b) die Frage nach der Gültigkeit von Gesetzen
c) die Frage nach der Verurteilung aufgrund von Gesetzen

7. Welches Gericht wird grundsätzlich bei Streitigkeiten auf dem Gebiet des öffentlichen Rechts angerufen?
a) Zivilgericht
b) Verwaltungsgericht
c) Keine Antwort ist richtig.
d) Schiedsgericht
e) Strafgericht

8. Ein Kaufvertrag verpflichtet den Verkäufer zur ...
a) Rechnungstellung.
b) Begleichung des Kaufpreises.
c) Aushändigung eines Lieferscheins.
d) Übergabe der Kaufsache.

9. Welche der folgenden Tatbestände beschreibt eine Körperverletzung?
a) auf die Schulter klopfen
b) das Abschneiden der Haare im Schlaf
c) im Schulunterricht andere Schüler mit Papierkügelchen bewerfen
d) angewiderter Blick

10. Was bedeutet die Gewaltenteilung?
a) historischer Begriff für eine Militärdiktatur
b) Mittel zur Machtbegrenzung und Sicherung von Freiheit und Gleichheit
c) Gesetz, das jedem Bundesbürger untersagt, alleine Gewalt anzuwenden
d) Prinzip, nach dem Polizeibeamte bei gewalttätigen Eingriffen vorgehen müssen

11. Wo hat der Europäische Gerichtshof für Menschenrechte seinen Sitz?
a) Den Haag
b) Straßburg
c) Brüssel
d) Luxemburg

12. Was besagt der sogenannte „Taschengeldparagraph"?
a) Minderjährigen ist ein Taschengeld von den Eltern zu gewähren.

b) Keine Antwort ist richtig.
c) Minderjährige können Taschengeld vom Staat verlangen.
d) Grundsätzlich muss kein Taschengeld bezahlt werden.
e) Ein Minderjähriger kann grundsätzlich mit seinem Taschengeld einen wirksamen Vertrag schließen.

13. Was ist ein positives Recht?
a) ein Gesetz, das negative Auswirkungen hat
b) ein vom Menschen gesetztes Recht
c) ein von der Natur gesetztes Recht
d) ein Gesetz, das positive Auswirkungen hat

14. Was ist soziologisch gesehen keine Funktion eines funktionierenden Rechtssystems?
a) Gerechtigkeit
b) Frieden
c) Freiheit
d) Kontrolle

15. Mit welchem Alter gilt man in Deutschland als unbeschränkt geschäftsfähig im Sinne des Bürgerlichen Gesetzbuches?
a) mit Vollendung der Geburt
b) mit 14 Jahren
c) mit sieben Jahren
d) mit 18 Jahren
e) mit 21 Jahren

16. Die Polizei ist Teil der ...
a) Judikative.
b) Exekutive.
c) Legislative.

17. Wer oder was wird auch als „Hüter der Verfassung" bezeichnet?
a) Bundeskriminalamt
b) Bundespräsident
c) Bundesrat
d) Bundeskanzler
e) Bundesverfassungsgericht

18. Wann wurde das Grundgesetz der Bundesrepublik Deutschland verkündet?
a) 23.05.1949
b) 17.08.1945
c) 01.01.1990
d) 01.01.1946

19. Wie bezeichnet man das Gegenteil von absolutem Recht?
a) finales Recht
b) ungefähres Recht
c) relatives Recht
d) fiktives Recht

20. Wie heißt die Personifikation der Gerechtigkeit?
a) Minerva
b) Justitia
c) Diana
d) Juno

21. Welche Bedeutung hat die Abkürzung „AGB“?
a) allgemeine Gewerkschaft Berlin
b) Arbeitsgemeinschaft der Behörden
c) Archiv für Geschichte des Buchwesens
d) allgemeine Geschäftsbedingungen

22. Wann erlischt das Urheberrecht?
a) 50 Jahre nach der Veröffentlichung
b) 30 Jahre nach der Veröffentlichung
c) 70 Jahre nach dem Tod des Urhebers
d) 50 Jahre nach dem Tod des Urhebers

23. Was versteht man unter einer Konventionalstrafe?
a) richterliche Strafe
b) Vertragsstrafe
c) Verzugszins
d) Freiheitsstrafe

24. Welche der folgenden Kategorien gehört nicht zum öffentlichen Recht?
a) Steuerrecht
b) Urheberrecht
c) Sozialrecht
d) Verwaltungsrecht

25. Ein Notar ist zuständig für ...?
a) Strafverteidigungen.
b) arbeitsgerichtliche Verfahren.
c) Beurkundungen.
d) Klagen vor dem Oberverwaltungsgericht.

26. Wie nennt man den obersten Beamten der Staatsanwaltschaft beim Bundesgerichtshof?
a) Staatsoberanwalt
b) Generalbevollmächtigter
c) Staatssekretär
d) Generalbundesanwalt

27. Was steht in Artikel 1, Abs. 1 des Deutschen Grundgesetzes?
a) die Meinungsfreiheit
b) die Unantastbarkeit der Würde des Menschen
c) das Recht auf Bildung
d) die Versammlungsfreiheit

28. Bei welchem Recht handelt es sich um kein Grundrecht nach dem Deutschen Grundgesetz?
a) Versammlungsfreiheit
b) Asylrecht
c) das Recht, CDs und DVDs für private Zwecke zu kopieren
d) Unverletzlichkeit der Wohnung

Lösungen: Recht

1. b)	11. b)	21. d)
2. a)	12. e)	22. c)
3. c)	13. b)	23. b)
4. c)	14. a)	24. b)
5. a)	15. d)	25. c)
6. b)	16. b)	26. d)
7. b)	17. e)	27. b)
8. d)	18. a)	28. c)
9. b)	19. c)	
10. b)	20. b)	

Politik und Gesellschaft

1. Der Bundesrat ...
a) hat die Ablösung der Regierung als Ziel.
b) hat eine Gesetzgebungsfunktion.
c) besteht aus Bundestagsabgeordneten.
d) vertritt die Bundesländer im Bund.

2. Aus welchem Land kamen die ersten Gastarbeiter in die Bundesrepublik Deutschland?
a) Italien
b) Spanien
c) Portugal
d) Türkei

3. Volkssouveränität bedeutet,
a) wichtige Beschlüsse kommen durch einen Volksentscheid zustande.
b) die Würde des Volkes ist unantastbar.
c) die Staatsgrenzen dürfen von anderen Völkern nicht verletzt werden.
d) alle Gewalt geht vom Volk aus.

4. Wie heißt die Wirtschaftsordnung der Bundesrepublik Deutschland?
a) freie Zentralwirtschaft
b) soziale Planwirtschaft
c) soziale Marktwirtschaft
d) freie Marktwirtschaft

5. Wofür steht die Abkürzung NATO?
a) North Atlantic Treaty Organization
b) North American Tactical Operations
c) North Atlantic Trade Organization
d) North American Trade Organization

6. Wer war Begründer der modernen Evolutionstheorie?
a) Jean-Baptiste de Lamarck
b) Francis Crick
c) Gregor Mendel
d) Charles Robert Darwin

7. Welcher Partei gehörte der erste Bundespräsident der Bundesrepublik Deutschland an?
a) CSU
b) CDU
c) FDP
d) SPD

8. Was besagt das Schengener Abkommen?
a) Teil der Verfassung der Europäischen Union
b) Aufhebung der Zoll- und Grenzkontrollen zwischen Ländern

c) Abkommen, das alle Mitglieder der Europäischen Union unterschreiben müssen
d) Verordnung der Europäischen Kommission zur Vereinheitlichung der Grenzübergänge

9. Wer ist oberster Dienstherr der Polizei in einem Bundesland?
a) Justizminister
b) Innenminister
c) Kultusminister
d) Finanzminister

10. Wer wählt die Bundeskanzlerin?
a) Bundestag
b) Volk
c) Bundesrat
d) Bundespräsident

11. Ab welchem Alter dürfen deutsche Staatsbürger bei der Bundestagswahl wählen?
a) 18 Jahre
b) 14 Jahre
c) 21 Jahre
d) 16 Jahre

12. In Deutschland gibt es keinen Vizepräsidenten. Wer muss die Vertretung übernehmen, falls der Bundespräsident verhindert ist?
a) der Bundesratspräsident
b) ein vom Bundespräsidenten bestellter Vertreter
c) der Zweitgereihte der letzten Wahl
d) die Bundeskanzlerin

13. Die Anzahl der Stimmen eines Bundeslandes im Bundesrat hängt ab von ...
a) der Gesamtzahl der Stimmen.
b) der Fläche des Bundeslandes.
c) der Einwohnerzahl des Bundeslandes
d) der Wahlbeteiligung der Bürger im jeweiligen Bundesland.

14. Von wem stammt der Text der deutschen Nationalhymne?
a) Johann Wolfgang von Goethe
b) Ludwig van Beethoven
c) Friedrich Schiller
d) August Heinrich Hoffmann von Fallersleben

15. Was bedeutet Demokratie wörtlich?
a) Herrschaft der Regierung
b) Herrschaft des Volkes
c) Herrschaft der Mehrheit
d) Herrschaft der Menschen

16. Die Richter des Bundesverfassungsgerichts werden
a) Keine Antwort ist richtig.
b) vom Bundespräsidenten und vom Bundestag gewählt.

c) vom Bundestag und vom Bundesrat gewählt.
d) vom Volk gewählt.

17. Wie setzt sich die deutsche Bundesregierung zusammen?
a) Kanzlerin und Bundesminister
b) Kanzlerin und Bundespräsident
c) Bundestag und Bundesrat
d) Bundesrat und Bundespräsident

18. Wer hat keine Befugnis, einen Gesetzesentwurf einzubringen?
a) Bundestag
b) Bundespräsident
c) Bundesrat
d) Bundesregierung

19. Wie viele deutsche Bundesländer gibt es?
a) 15
b) 16
c) 22
d) 11

20. Wie heißt die Zusammenarbeit von Parteien zur Bildung einer Regierung?
a) Koalition
b) Ministerium
c) Fraktion
d) Koordination

21. Wie wird das deutsche Regierungssystem bezeichnet?
a) konstitutionelle Monarchie
b) parlamentarische Demokratie
c) Präsidialregime
d) Militärdiktatur

22. Wer war im Jahr 2018 Präsident der Europäischen Kommission?
a) Herman Van Rompuy
b) Martin Schulz
c) Jean-Claude Juncker
d) José Manuel Barroso

23. Welches Land hatte im Jahr 2016 keinen Status als Beitrittskandidat der Europäischen Union?
a) Türkei
b) Ukraine
c) Serbien
d) Albanien

24. Wie hieß der erste Bundespräsident der Bundesrepublik Deutschland?
a) Richard von Weizsäcker
b) Roman Herzog
c) Theodor Heuss
d) Gustav Heinemann

25. Mit welchem Politiker war die britische Premierministerin Margaret Thatcher eng befreundet?
a) Ronald Reagan

b) Helmut Kohl
c) Michail Gorbatschow
d) Winston Churchill

26. Welche Maximalsumme erhalten die Parteien insgesamt jährlich aus staatlichen Zuwendungen?
a) 31 Millionen Euro
b) 63 Millionen Euro
c) 133 Millionen Euro
d) 280 Millionen Euro

27. Was versteht man unter einem „passiven Wahlrecht"?
a) Ausschluss vom Wahlrecht
b) das eigene Wahlrecht durch eine Vertrauensperson ausüben zu lassen
c) per Briefwahl wählen zu können
d) das Recht, bei einer Wahl selbst gewählt zu werden

28. Welche regelmäßigen Massenproteste in der DDR gingen der deutschen Wiedervereinigung voraus?
a) Frühjahrsproteste
b) Montagsdemonstrationen
c) Freitagsbewegung
d) Ostermärsche

29. Welche Tageszeitung hat in Deutschland die höchste Auflage?
a) Süddeutsche Zeitung
b) Frankfurter Allgemeine Zeitung
c) Bild
d) Die Welt

30. Wer war kein deutscher Bundeskanzler?
a) Willy Brandt
b) Walter Scheel
c) Helmut Kohl
d) Gerhard Schröder

31. Wie viele Sterne hat die Europaflagge?
a) 9
b) 12
c) 17
d) 20

32. Wie heißt das Verfahren, das seit 2009 die Verteilung der Mandate nach der Bundestagswahl berechnet?
a) d'Hondt
b) Holl-Neuberger
c) Sainte-Laguë
d) Hare-Niemeyer

33. Seit wann hat Deutschland eine eigene Armee, die heutige Bundeswehr?
a) 1949
b) 1955
c) 1968
d) 1980

34. Welcher Philosoph hatte maßgeblichen Einfluss auf die Verfassung liberaler Staaten?
a) John Locke
b) Jean-Jacques Rousseau
c) Thomas Hobbes
d) Georg Wilhelm Friedrich Hegel

35. Wie hoch war die Arbeitslosenquote in Deutschland im Jahr 2019 im Jahresdurchschnitt?
a) 4,8 %
b) 5 %
c) 6,4 %
d) 7,1 %

Lösungen: Politik und Gesellschaft

1. d)	13. c)	25. a)
2. a)	14. d)	26. c)
3. d)	15. b)	27. d)
4. c)	16. c)	28. b)
5. a)	17. a)	29. c)
6. d)	18. b)	30. b)
7. c)	19. b)	31. b)
8. b)	20. a)	32. c)
9. b)	21. b)	33. b)
10. a)	22. c)	34. a)
11. a)	23. b)	35. b)
12. a)	24. c)	

Wirtschaft

1. Wie wird ein Rabatt auf den Rechnungspreis genannt, welcher bei Zahlung innerhalb einer bestimmten Zahlungsfrist gewährt wird?
a) Agio
b) Storno
c) Skonto
d) Just in Time Rabatt

2. Das ökonomische Prinzip besagt, dass ...
a) alle Mittel vernünftig eingesetzt werden müssen, aufgrund von Güterknappheit.
b) wir mit gegebenen Mitteln das größtmögliche Ergebnis erzielen müssen.
c) wir mit minimalen Mitteln das vorgegeben Ziel erfüllen müssen.
d) wir das maximale Ergebnis mit minimalen Mitteln erzielen sollen.

3. Eine Hypothek ist nichts anderes als ...
a) ein sehr hoher Scheck.
b) ein Zahlungsversprechen.
c) eine Tilgungsrate.
d) eine Sicherheit bei Darlehen für Immobilien.

4. Eine Handelsvollmacht mit Rechten und Pflichten bezeichnet man als ...
a) Validität.
b) Satura.
c) Magister.
d) Prokura.

5. Subventionen sind eine Form von ...
a) indirekten Steuern.
b) Schutzzöllen.
c) Investitionsabgaben für Unternehmen.
d) staatlichen Zuschüssen.

6. Als Sozialprodukt bezeichnen wir ...
a) eine gesamtwirtschaftliche Größe der produzierten Sachgüter und Dienstleistungen in einem Jahr.
b) alle Sozialleistungen sowie Ausgaben des Staates und der Haushalte in einer Periode.
c) alle Wertschöpfungsprozesse in einem Unternehmen.
d) Güter und Dienstleistungen, die von Unternehmen den Haushalten zur Verfügung gestellt werden.

7. Das gegensätzliche Wirtschaftssystem zur Planwirtschaft ist die ...
a) Zentralverwaltungswirtschaft.
b) soziale Marktwirtschaft.
c) sozialistische Marktwirtschaft.
d) freie Marktwirtschaft.

8. Welcher CDU-Politiker, der von 1949 bis 1963 das Bundeswirtschaftsministerium leitete, wurde als „Vater des Wirtschaftswunders“ berühmt?
a) Ludwig Erhard
b) Konrad Adenauer
c) Kurt Georg Kiesinger
d) Willy Brandt

9. Was löste der New Yorker Börsencrash Ende Oktober 1929 aus?
a) eine Weltwirtschaftskrise
b) einen Zusammenbruch des Tulpenmarktes
c) Das Aufstreben der Nazis in Deutschland
d) Neuwahlen in den USA

10. Was ist unter der Liquidität eines Unternehmens zu verstehen?
a) das Barvermögen
b) Einnahmen des Unternehmens
c) die Kreditwürdigkeit
d) die Zahlungsfähigkeit des Unternehmens

11. In welchem europäischen Staat war 2018 die Wirtschaftskraft pro Kopf am höchsten?
a) Schweden
b) Norwegen
c) Luxemburg
d) Deutschland

12. Welches sind die wichtigsten Einnahmequellen öffentlicher Haushalte?
a) Sozialabgaben und Steuern
b) Spenden
c) Bußgelder
d) Gebühren

13. Welche Länder waren die zwei wichtigsten Handelspartner der Europäischen Union im Jahr 2018?
a) China, USA
b) Indien, Brasilien
c) Schweiz, Norwegen
d) Russland, Saudi-Arabien

14. Wofür lassen sich in der Regel hohe Renditen erwirtschaften?
a) hohe Anlagebeträge
b) lange Investitionszeiten
c) hohe Risiken
d) hohe Gebühren

15. Insolvenz bedeutet, dass ein Unternehmen ...

a) zahlungsunfähig ist.
b) verkauft worden ist.
c) kreditwürdig ist.
d) gegen Regulierungen verstoßen hat.

16. Welche ist die häufigste Unternehmensform in Deutschland?
a) Einzelunternehmen
b) GmbH
c) AG
d) KG

17. Wo befindet sich der Sitz der Europäischen Zentralbank?
a) Frankfurt am Main
b) Brüssel
c) Den Haag
d) Straßburg

18. Welche Aufgabe hat der Leitzinssatz?
a) Er ist das zentrale Element zur Steuerung der Geldpolitik.
b) Damit kann der Konsument Kreditangebote von Banken vergleichen.
c) Er dient der Finanzierung des Europäischen Stabilitätsmechanismus.
d) Er regelt die Ausschüttung von Renditen.

19. Was versteht man unter Derivaten?
a) festverzinsliche Wertpapiere
b) Finanzinstrumente
c) inländische Geldscheine
d) Anleiheformen

20. Wer gilt als Schöpfer des World Wide Web „www"?
a) Mark Zuckerberg
b) Steve Jobs
c) Tim Berners-Lee
d) Bill Gates

21. Welche Staaten gehören dem Freihandelsabkommen NAFTA an?
a) USA, Mexiko und Kanada
b) China, Russland und USA
c) USA, Kanada und EU
d) Russland, USA und Deutschland

22. Wie nennt man fallende Kurse an der Börse?
a) Hausse
b) Ground
c) Down
d) Baisse

23. Wie heißt der Index, der die Aktien mittelgroßer deutscher Unternehmen zusammenfasst?
a) DAX
b) MDAX
c) XETRA
d) NEMAX

24. Welche Institution regelt Handelskonflikte der EU mit den USA?
a) NATO

b) OPEC
c) WTO
d) UN

25. Welches Tarifmodell gilt bei der Einkommenssteuer?
a) Stufenmodell
b) regressives Modell
c) progressives Modell
d) proportionales Modell

26. In welcher Stadt befindet sich das Bundeskartellamt?
a) Bonn
b) Frankfurt am Main
c) München
d) Berlin

27. Wird der Markt von nur einem Anbieter oder Nachfrager beherrscht, nennt man dies ...?
a) Kartell
b) Monopol
c) Oligopol
d) Oligarchie

28. Welches deutsche Unternehmen hat den größten Umsatz? (Stand: 2019)
a) BMW AG
b) Deutsche Telekom AG
c) Allianz
d) Volkswagen

Lösungen: Wirtschaft

1. c)	11. c)	21. a)
2. a)	12. a)	22. d)
3. d)	13. a)	23. b)
4. d)	14. c)	24. c)
5. d)	15. a)	25. c)
6. a)	16. a)	26. a)
7. d)	17. a)	27. b)
8. a)	18. a)	28. d)
9. a)	19. b)	
10. d)	20. c)	

Geografie

1. Welches Land ist flächenmäßig das zweitgrößte Land der Welt?
a) China
b) Australien
c) Kanada
d) USA

2. Die Hauptstadt von Island heißt ...
a) Helsinki.
b) Dublin.
c) Färöer.
d) Reykjavík.

3. Wo befindet sich der Suezkanal?
a) Panama
b) Israel
c) Papua-Neuguinea
d) Ägypten

4. In welchem lateinamerikanischen Land ist Spanisch NICHT die Amtssprache?
a) Argentinien
b) Brasilien
c) Chile
d) Ecuador

5. Wie heißt die Hauptstadt von Ghana?
a) Kairo
b) Accra
c) Antananarivo
d) Mombasa

6. Welches ist das kleinste Land in Europa?
a) Liechtenstein
b) Vatikanstadt
c) Monaco
d) San Marino

7. In welchem US-Bundesstaat befindet sich das Silicon Valley?
a) Kalifornien
b) Florida
c) New York
d) Washington

8. Welcher Kontinent der Welt ist der bevölkerungsreichste und zugleich auch flächenmäßig der Größte?
a) Asien
b) Australien
c) Amerika
d) Afrika

9. Welcher ist der höchste Berg Europas?
a) Mont Blanc
b) Zugspitze
c) Dufourspitze
d) Großglockner

10. Welcher ist der längste Fluss, der komplett auf französischem Boden verläuft?
a) Seine
b) Loire

c) Garonne
d) Marne

11. Welches Land ist flächenmäßig das größte der Welt?
a) China
b) Australien
c) Russland
d) USA

12. Welche sind sämtliche Nachbarländer, mit denen die Bundesrepublik Deutschland eine Landgrenze teilt?
a) Dänemark, Polen, Tschechische Republik, Österreich, Schweiz, Frankreich, Luxemburg, Belgien, Niederlande
b) Dänemark, Polen, Tschechische Republik, Slowakei, Schweiz, Fürstentum Liechtenstein, Frankreich, Luxemburg, Niederlande
c) Dänemark, Schweden, Polen, Tschechische Republik, Österreich, Schweiz, Frankreich, Luxemburg, Belgien
d) Dänemark, Polen, Russland, Tschechische Republik, Österreich, Schweiz, Frankreich, Belgien, Niederlande

13. Welches der folgenden Länder hat die meisten Einwohner?
a) Indonesien
b) Indien
c) USA
d) Brasilien

14. Welche Fläche hat Deutschland?
a) etwa 420.000 km^2
b) etwa 210.000 km^2
c) etwa 500.000 km^2
d) etwa 360.000 km^2

15. Wie heißt die Hauptstadt von Argentinien?
a) Bogotá
b) São Paulo
c) Buenos Aires
d) Salvador da Bahia

16. Wie heißt die Hauptstadt von Indien?
a) Neu-Delhi
b) Kolkata (Kalkutta)
c) Mumbai (Bombay)
d) Bangalore

17. Welche Metropolregion hat die meisten Einwohner?
a) New York
b) Tokio
c) Jakarta
d) Shanghai
e) Mexiko-Stadt

18. Welcher Ozean ist flächenmäßig der größte?
a) Pazifischer Ozean
b) Atlantischer Ozean
c) Indischer Ozean

d) Arktischer Ozean
e) Antarktischer Ozean

19. Welche Stadt ist die Hauptstadt von Serbien?
a) Skopje
b) Belgrad
c) Sarajevo
d) Pristina
e) Ljubljana

20. Die Atmosphäre ist in mehrere Schichten aufgeteilt. Bis zu welcher Höhe spricht man von der Troposphäre?
a) 50 bis 100 Kilometer
b) 0 bis 15 Kilometer
c) 15 bis 50 Kilometer
d) 100 bis 500 Kilometer

21. Welcher See ist der größte der Erde?
a) Kaspisches Meer
b) Victoriasee
c) Baikalsee
d) Michigansee

22. Welches Land gehört nicht zum südostasiatischen wirtschaftlichen und politischen supranationalen Verbund ASEAN (Association of Southeast Asian Nations), der manchmal als südostasiatisches Gegenstück zur Europäischen Union bezeichnet wird?
a) Volksrepublik China
b) Indonesien
c) Thailand
d) Philippinen

23. An welchem Fluss liegt die Stadt Budapest?
a) Oder
b) Moldau
c) Weichsel
d) Donau

24. Wo liegt die Insel Madagaskar?
a) im Pazifik
b) im Indischen Ozean
c) im Atlantik
d) im Japanischen Meer

25. Welchem Staat ist die richtige Hauptstadt zugeordnet?
a) Spanien / Barcelona
b) Kolumbien / Medellín
c) Kanada / Ottawa
d) Brasilien / Rio de Janeiro

26. Zu welchem Staat gehören die Azoren?
a) Niederlande
b) Portugal
c) Frankreich
d) Spanien

27. Österreich ist wie Deutschland eine Bundesrepublik und ein föderaler Staat, der aus Bundesländern besteht. Wie viele Bundesländer gibt es in Österreich?
a) 16

b) 5
c) 9
d)11

28. Welche Stadt in den USA hat die meisten Einwohner?
a) New York City
b) Chicago
c) Los Angeles
d) Philadelphia

29. Welcher Fluss ist der längste der Erde?
a) Nil
b) Amazonas
c) Jangtsekiang
d) Mississippi

30. Wie heißt die Insel, auf der Tokio liegt?
a) Honshu
b) Hokkaido
c) Shikoku
d) Fukuoka

31. Wie heißt der berühmte Berg bei Kapstadt?
a) Zuckerhut
b) Moco
c) Tafelberg
d) Mont Blanc

Lösungen: Geografie

1. c)	13. b)	25. c)
2. d)	14. d)	26. b)
3. d)	15. c)	27. c)
4. b)	16. a)	28. a)
5. b)	17. b)	29. a)
6. b)	18. a)	30. a)
7. a)	19. b)	31. c)
8. a)	20. b)	
9. a)	21. a)	
10. b)	22. a)	
11. c)	23. d)	
12. a)	24. b)	

Interkulturelles Wissen

1. Die häufigste Infektionskrankheit der Welt ist ...
a) Aids.
b) Malaria.
c) die Grippe.
d) Tuberkulose.

2. Der sogenannte Schalttag fällt immer auf das Datum ...
a) 31. Januar.
b) 31. April.
c) 29. Februar.
d) 31. Juni.

3. Wobei handelt es sich um ein Notsignal im internationalen Funkverkehr?
a) Mayday
b) Down Town
c) Jetset
d) Flower-Power

4. Was haben viele Menschen – völlig unabhängig von ihren finanziellen Verhältnissen?
a) Fax-Sparbuch
b) SMS-Zinsen
c) Twitter-Darlehen
d) E-Mail-Konto

5. In welchem Land leben die meisten Vegetarier?
a) Deutschland
b) Japan
c) Angola
d) Indien

6. Was bezeichnet der Begriff Polytheismus?
a) das genaue Befolgen religiöser Ernährungs- und Kleidungsvorschriften
b) das Darbringen von Tieropfern in religiösen Kontexten
c) die Verehrung einer Vielzahl von Göttern
d) den Glauben an die ewige Wiederkehr des Gleichen

7. Welche Sprache hat die meisten Muttersprachler?
a) Spanisch
b) Englisch
c) Mandarin (Hochchinesisch)
d) Hindi
e) Arabisch

8. Der sogenannte Arabische Frühling begann in ...
a) Tunesien.
b) Maghreb.
c) Libyen.
d) Syrien.

9. Wofür steht der Ramadan?
a) für einen altägyptischen König
b) für den indischen Nationalfeiertag
c) für den Fastenmonat der Muslime
d) für ein asiatisches Volksfest

10. In welchem Land befindet sich der größte Tempelkomplex der Welt, Angkor Wat?
a) Kambodscha
b) Thailand
c) Vietnam
d) Bangladesch

11. Welcher Religion ordnet man den Begriff des Nirvanas zu?
a) Islam
b) Hinduismus
c) Buddhismus
d) Shintō

12. Welches jüdische Fest erinnert an den Auszug der Juden aus Ägypten?
a) Pessach
b) Jom Kippur
c) Chanukka
d) Hoschana Rabba

13. In welchem Land befindet sich die muslimische Pilgerstadt Mekka?
a) Saudi-Arabien
b) Iran
c) Türkei
d) Vereinigte Arabische Emirate

14. Wie groß wird die Weltbevölkerung laut Schätzungen im Jahr 2030 sein?
a) etwa achteinhalb Milliarden
b) etwa acht Milliarden
c) etwa neun Milliarden
d) etwa neuneinhalb Milliarden

15. Wie heißt der brasilianische Kampftanz, den ursprünglich afrikanische Sklaven im Lande praktizierten und der noch heute, weiterentwickelt, als akrobatische Kampfkunst ausgeübt wird?
a) Maculelê
b) Capoeira
c) Baile de la Conquista
d) Moringue

16. Wie heißt die keltische Sprache, die in manchen Gebieten Schottlands, vor allem auf den Hebriden-Inseln und im Westen der Highlands, noch heute als Alltagssprache gebräuchlich ist?
a) Galatisch
b) Walisisch
c) Bretonisch
d) Gälisch

17. Aus welchem Land stammte die Chemikerin und Physikerin Marie Curie ursprünglich?
a) Norwegen
b) Polen
c) Deutschland
d) Frankreich

18. Wie heißt in der antiken römischen Mythologie der Gott des Handels?

a) Apollo
b) Mars
c) Merkur
d) Neptun

19. Für welches alljährliche Ritual ist die baskische Stadt Pamplona bekannt?
a) Karnevalsumzug
b) Tomatenschlacht
c) Musikfestival
d) Stierlauf

20. Wodurch zeichnet sich ein Stoiker aus?
a) Egoismus
b) Gelassenheit
c) Niedergeschlagenheit
d) Humor

21. In welchem Jahr verfasste Martin Luther seine 95 Thesen, die die Reformation auslösten?
a) 1517
b) 1418
c) 1483
d) 1617

22. Wie heißt ein japanisches Bühnenspiel?
a) Kimono
b) Sake
c) Kabuki
d) Sushi

23. Wie viele Frauen wurden bislang mit dem Nobelpreis für Physik ausgezeichnet?
a) keine
b) eine
c) zwei
d) drei

24. Wen beschützt die Schweizergarde?
a) den Papst im Vatikan
b) die Staatsgrenzen der Schweiz
c) den Bundespräsidenten der Schweiz
d) den Petersdom in Rom

25. Aus welcher Pflanzenblüte gewinnt man Safran, eines der teuersten Gewürze der Welt?
a) aus Krokuspflanzen
b) aus Mohn
c) aus Orchideenblüten
d) aus Kakteenblüten

26. Wie heißt in der griechischen Mythologie die Ehefrau von Göttervater Zeus?
a) Athene
b) Aphrodite
c) Artemis
d) Hera

27. Was erforscht ein Paläontologe?
a) Fossilien
b) menschliche Frühgeschichte
c) antike Architektur
d) Meerestiere

28. Was bezeichnet man als Talmud?
a) einen religiösen Feiertag
b) ein jüdisches Schriftwerk
c) ein arabisches Gericht
d) ein orientalisches Gewand

29. Was versteht man unter einer Pinakothek?
a) eine Gemäldesammlung
b) eine Sammlung alter Bücher
c) eine Sammlung alter Weine
d) eine Briefmarkensammlung

30. In welcher Stadt befindet sich kein wichtiges Pilgerziel für Muslime?
a) Mekka
b) Kairo
c) Medina
d) Marrakesch

31. Welche antike Stadt entdeckte Heinrich Schliemann?
a) Samaria
b) Ephesos
c) Knossos
d) Troja

Lösungen: Interkulturelles Wissen

1. c)	12. a)	23. d)
2. c)	13. a)	24. a)
3. a)	14. a)	25. a)
4. d)	15. b)	26. d)
5. d)	16. d)	27. a)
6. c)	17. b)	28. b)
7. c)	18. c)	29. a)
8. a)	19. d)	30. d)
9. c)	20. b)	31. d)
10. a)	21. a)	
11. c)	22. c)	

Kunst, Literatur und Musik

1. „Die Botschaft hör ich wohl, allein mir fehlt der ...“?
a) Beweis.
b) Vaterschaftstest.
c) Absender.
d) Glaube.

2. Das Mondrian-Kleid wurde vom Designer ... entworfen.
a) Wolfgang Joop
b) Yves Saint Laurent
c) Christian Dior
d) Tom Ford

3. „Der Turm der blauen Pferde“ ist ein berühmtes Gemälde von ...
a) Pablo Picasso.
b) Franz Marc.
c) Claude Monet.
d) Gustav Klimt.

4. Welcher Kunstrichtung gehörte der Maler Claude Monet an?
a) Barock
b) Gotik
c) Surrealismus
d) Impressionismus

5. Welcher Maler schuf mit dem Gemälde „Guernica“ die erste Anklage gegen den Luftkrieg?
a) Marc Chagall
b) Joan Miró
c) Pablo Picasso
d) Salvador Dalí

6. In welcher Stadt finden die Festspiele zu Ehren des Komponisten Richard Wagner statt?
a) Bayreuth
b) Bamberg
c) München
d) Nürnberg

7. Welcher Komponist erschuf die Oper „Rigoletto“?
a) Wolfgang Amadeus Mozart
b) Richard Strauss
c) Giuseppe Verdi
d) Richard Wagner

8. Wer wurde als der „King of Pop“ bezeichnet?
a) Elvis Presley
b) Mick Jagger
c) Michael Jackson
d) Bob Dylan

9. Welcher amerikanische Autor schrieb „Der alte Mann und das Meer“?
a) Gary Larson
b) Ernest Hemingway
c) Charles Bukowski
d) Jerry Cotton

10. Welche dieser Personen der deutschen Literatur erhielt einen Nobelpreis?
a) Heinrich Böll
b) Hape Kerkeling
c) Alice Schwarzer
d) Martin Walser

11. Wer ist in den Erzählungen von Sir Arthur Conan Doyle der Partner des Meisterdetektivs Sherlock Holmes?
a) Dr. Schiwago
b) Dr. Jekyll
c) Dr. Mabuse
d) Dr. Watson

12. Welches der folgenden Werke stammt von Thomas Mann?
a) Der Tod in Venedig
b) In unserer Zeit
c) Zärtlich ist die Nacht
d) Der Zauberlehrling

13. In welcher Stadt starb Wolfgang Amadeus Mozart 1791?
a) Wien
b) Salzburg
c) München
d) Graz

14. Was ist ein Merkmal des gregorianischen Chorals?
a) Einstimmigkeit
b) Monotonie
c) von Instrumenten begleitet
d) Polyphonie

15. Wer schrieb den Roman „Die unendliche Geschichte“?
a) Cornelia Funke
b) Michael Ende
c) Otfried Preußler
d) Paul Maar

16. Welcher berühmte Komponist litt unter vollständiger Taubheit?
a) Gustav Mahler
b) Richard Wagner
c) Johann Sebastian Bach
d) Ludwig van Beethoven

17. Welches ist kein Saiteninstrument?
a) Bratsche
b) Cello
c) Oboe
d) Kontrabass

18. Mit welchem Musikstück wurde Maurice Ravel einem breiten Publikum bekannt?
a) Boléro
b) Badinerie
c) Die Zauberflöte
d) Valse d’été

19. In welchem Land spielt die Oper „Aida“?
a) China
b) Ägypten
c) Italien
d) Frankreich

20. Welches ist kein Werk von Georg Büchner?
a) Leonce und Lena
b) Woyzeck
c) Maria Stuart
d) Danton

21. Wer malte das berühmte Ölgemälde „Das Mädchen mit dem Perlenohrgehänge"?
a) Jan Vermeer
b) Auguste Renoir
c) Michelangelo
d) Peter Paul Rubens

22. Wie lautet der Fachbegriff, wenn ein Kunstwerk in einem älteren Zustand wiederhergestellt wird?
a) Renovierung
b) Restaurierung
c) Restauration
d) Retaliation

23. Juergen Teller ist ein deutscher ...
a) Architekt.
b) Schriftsteller.
c) Maler.
d) Fotograf.

24. Die Künstler Andy Warhol und Roy Liechtenstein sind Vertreter welcher Kunstrichtung?
a) Expressionismus
b) Konstruktivismus
c) Pop Art
d) Surrealismus

25. In welchem Stil ist die Kathedrale Notre Dame in Paris gebaut?
a) Barock
b) Gotik
c) Romanik
d) Renaissance

26. Wer war Edith Piaf?
a) innovative französische Modeschöpferin
b) schweizerische Begründerin der Sozialpädagogik um 1924
c) populäre französische Chansonsängerin
d) französische Philosophin, verheiratet mit Jean-Paul Sartre

27. Wer schrieb die Novelle „Der Schimmelreiter"?
a) Theodor Fontane
b) Heinrich Böll
c) Hermann Hesse
d) Theodor Storm

28. In welcher Stadt wird jedes Jahr der Deutsche Buchpreis verliehen?
a) Berlin
b) Frankfurt am Main
c) München
d) Leipzig

29. Welche Popgruppe feierte mit „Waterloo" den internationalen Durchbruch?
a) ABBA
b) Bee Gees

c) The Who
d) Beatles

30. Wer schrieb den Jugendroman „Die Wolke“?
a) Wolfgang Herrndorf
b) Christine Nöstlinger
c) Ottfried Preußler
d) Gudrun Pausewang

31. Welcher Maler wurde hauptsächlich durch seine Bildmotive aus der Südsee bekannt?
a) Claude Monet
b) Emil Nolde
c) Paul Gauguin
d) Vincent van Gogh

32. Wer war Käthe Kollwitz?
a) deutsche Grafikerin, Malerin und Bildhauerin
b) Frauenrechtlerin aus der Schweiz
c) deutsche Widerstandskämpferin während der NS-Diktatur
d) österreichische Schriftstellerin im Expressionismus

Lösungen: Kunst, Musik und Literatur

1. d)	12. a)	23. d)
2. b)	13. a)	24. c)
3. b)	14. a)	25. b)
4. d)	15. b)	26. c)
5. c)	16. d)	27. d)
6. a)	17. c)	28. b)
7. c)	18. a)	29. a)
8. c)	19. b)	30. d)
9. b)	20. c)	31. c)
10. a)	21. a)	32. a)
11. d)	22. b)	

Deutschlandkarte

1. Die Hauptstadt von Hessen heißt ...
a) Wiesbaden.
b) Frankfurt am Main.
c) Mainz.
d) Offenbach.

2. Wie viele Städte gibt es in Deutschland?
a) etwa 2.000
b) etwa 3.000
c) etwa 5.000
d) etwa 4.000

3. Welche Abkürzung hat das Bundesland Sachsen-Anhalt?
a) SA
b) SH
c) S
d) ST

4. Welche Sprachen sind in Deutschland auf gesamtstaatlicher Ebene Amtssprachen?
a) Deutsch
b) Deutsch, Englisch
c) Deutsch, Französisch
d) Deutsch, Dänisch

5. Welche Abkürzung hat das Bundesland Brandenburg?
a) BG
b) B
c) BB
d) BR

6. Welches der folgenden Bundesländer grenzt nicht an ein Nachbarland Deutschlands?
a) Sachsen
b) Thüringen
c) Saarland
d) Nordrhein-Westfalen

7. Wo befindet sich Deutschlands größter Hafen?
a) Duisburg
b) Hamburg
c) Bremen
d) Köln

8. Welcher Fluss legt die meisten Kilometer innerhalb Deutschlands zurück?
a) Donau
b) Elbe
c) Weser
d) Rhein

9. Wie lang sind Deutschlands Grenzen?
a) etwa 3.600 Kilometer
b) etwa 2.000 Kilometer
c) etwa 1.700 Kilometer
d) etwa 4.100 Kilometer

10. Wie lang sind Deutschlands Küsten?
a) etwa 700 Kilometer
b) etwa 2.400 Kilometer
c) etwa 1.100 Kilometer
d) etwa 1.800 Kilometer

11. Welche Insel im Mittelmeer wird manchmal scherzhaft als das „17. Bundesland" der Bundesrepublik Deutschland bezeichnet, weil dort so viele Bundesbürger wohnen?
a) Sardinien
b) Sylt
c) Kreta
d) Mallorca

12. In welchem deutschen Bundesland liegt das Mittelgebirge Hunsrück größtenteils?
a) Rheinland-Pfalz
b) Bayern
c) Thüringen
d) Hessen

13. An welchem Fluss liegt die Stadt Bremen?
a) Ems
b) Oder
c) Rhein
d) Weser

14. Wie heißt die Landeshauptstadt von Thüringen?
a) Dresden
b) Erfurt
c) Weimar
d) Magdeburg

15. Welches ist das flächenmäßig größte deutsche Bundesland?
a) Baden-Württemberg
b) Mecklenburg-Vorpommern
c) Bayern
d) Nordrhein-Westfalen

16. In welcher Klimazone befindet sich Deutschland?
a) kalte Zone
b) gemäßigte Zone
c) subpolare Zone
d) Subtropen

17. Welches Land grenzt nicht an Deutschland?
a) Liechtenstein
b) Luxemburg
c) Belgien
d) Dänemark

18. Welches Bundesland hat die wenigsten Einwohner?
a) Saarland
b) Mecklenburg-Vorpommern
c) Bremen
d) Hamburg

19. Welche Landeshauptstadt hat die wenigsten Einwohner?
a) Schwerin
b) Erfurt
c) Potsdam
d) Saarbrücken

20. Wie viele Einwohner hatte Berlin im Jahr 2018?
a) etwa 2,5 Millionen
b) etwa 3,3 Millionen
c) etwa 3,6 Millionen
d) etwa 4,3 Millionen

21. Welches ist das höchste Bauwerk Deutschlands?
a) Commerzbank Tower, Frankfurt am Main
b) Olympiaturm, München
c) Europaturm, Frankfurt am Main
d) Fernsehturm, Berlin

Lösungen: Deutschlandkarte

1. a)	8. d)	15. c)
2. a)	9. a)	16. b)
3. d)	10. b)	17. a)
4. a)	11. d)	18. c)
5. c)	12. a)	19. a)
6. b)	13. d)	20. c)
7. b)	14. b)	21. d)

Geschichte

1. Zu den Siegermächten des Zweiten Weltkriegs gehörten Russland, USA, Großbritannien und ...
a) China.
b) Frankreich.
c) Niederlande.
d) Italien.
e) Spanien.

2. Wann fiel die Berliner Mauer?
a) 9./10. November 1989
b) 3. Oktober 1989
c) 3. Oktober 1990
d) 5. Oktober 1989

3. Die nördlichste Grenze zwischen BRD und DDR verlief in unmittelbarer Nähe von ...
a) Rügen.
b) Rostock.
c) Travemünde.
d) Kiel.

4. Welches Land gehörte NIEMALS zum Staatsgebiet der ehemaligen „Jugoslawischen Sozialistischen Föderativen Republik“?
a) Bulgarien
b) Montenegro
c) Kroatien
d) Serbien

5. Der Name „Europa“ leitet sich aus dem Altgriechischen ab und bedeutet so viel wie ...
a) die Frau mit der weiten Sicht.
b) der Wolf mit dem starken Willen.
c) der dunkelblaue Horizont.
d) der führende Stier.

6. Rom ist auch als die ...
a) „Ewige Stadt“ bekannt.
b) „Weite Stadt“ bekannt.
c) „Goldene Stadt“ bekannt.
d) „Stadt der Wölfe“ bekannt.

7. Die Insel, auf welche Napoleon bis zu seinem Lebensende verbannt wurde, heißt
a) St. Helena.
b) St. Marie.
c) St. Martin.
d) St. Peter Ording.

8. Die Französische Revolution (1789–1799) stand unter dem Motto...
a) Freiheit, Einheit, Brüderlichkeit.
b) Freiheit, Gleichheit, Brüderlichkeit.
c) Einheit, Gleichheit, Freiheit.
d) Einheit, Gleichheit, Brüderlichkeit.

9. Das heutige Judentum gibt es seit etwa dem ...
a) 5. Jahrhundert v. Chr.
b) 8. Jahrhundert v. Chr.
c) 20. Jahrhundert v. Chr.
d) 2. Jahrhundert n. Chr.

10. Der Islam ist eine Religion, welche seine Wurzeln hat im ...
a) 3. Jahrhundert n. Chr.
b) 7. Jahrhundert n. Chr..
c) 6. Jahrhundert v. Chr.
d) 10. Jahrhundert v. Chr.

11. Die Anfänge des römischen Reichs gehen geschichtlich zurück bis ins ...
a) 1. Jahrhundert v. Chr.
b) 7. Jahrhundert n. Chr.
c) 6. Jahrhundert n. Chr.
d) 8. Jahrhundert v. Chr.

12. Apollo 13 alarmierte die Bodenstation mit dem legendären Funkspruch: Houston, wir haben ...?
a) Husten.
b) Whitney entführt.
c) ein Problem.
d) Klingonen an Bord.

13. Wie hieß die Reform, die Gorbatschow in der ehemaligen Sowjetunion einleitete?
a) Dafainoika
b) Kolchose
c) Afganoika
d) Perestroika

14. In welchem Jahr wurde die heutige Hauptstadt Berlin durch eine Mauer getrennt?
a) 1948
b) 1961
c) 1952
d) 1972

15. Wer war der erste Mensch im Weltraum?
a) Alan Shepard
b) Juri Gagarin
c) Neil Armstrong
d) Alexei Leonow

16. Die Antibabypille hieß in der DDR ...
a) Kinderlospille.
b) Babywegpille.
c) Kinderwegpille.
d) Kinderwunschpille.

17. Der Euro ist in der Bundesrepublik Deutschland am
a) 1. Januar 2011 als Bargeld eingeführt worden.
b) 1. Januar 1999 als Bargeld eingeführt worden.
c) 1. Februar 2001 bei Banken als Währungseinheit eingeführt worden.
d) 1. Januar 2002 als Bargeld eingeführt worden.

18. Die Bundesrepublik Deutschland wurde im Jahr ...
a) 1948 gegründet.
b) 1961 gegründet.
c) 1990 gegründet.
d) 1949 gegründet.

19. Mit Hellenismus ist gemeint?
a) Epoche im antiken Griechenland
b) kultureller Einfluss des Islams
c) Sittlichkeit der katholischen Mönche
d) griechische Alphabetisierung

20. Wer waren die Hugenotten?
a) eine Sektenbewegung aus dem Mittelalter
b) Orden der Anhänger des Hugo von Cluny
c) ein Volksstamm im Süden Afrikas
d) Anhänger des Calvinismus in Frankreich

21. Wo fanden die Punischen Kriege statt?
a) in Asien
b) in Amerika
c) in Afrika
d) im Mittelmeerraum

22. Welcher amerikanische Präsident appellierte 1987 für die Öffnung des Brandenburger Tores?
a) Ronald Reagan
b) John F. Kennedy
c) Bill Clinton
d) George Bush

23. Womit beschäftigte sich die Gauck-Behörde?
a) mit ethischen Fragen
b) mit Stasi-Unterlagen
c) mit Unterlagen aus der Nazi-Zeit
d) mit der Wiedervereinigung

24. Der deutsche Reichskanzler Otto von Bismarck war unter anderem bekannt für ...
a) seine Kriege gegen Napoleon.
b) die Einführung des Sozialversicherungssystems.
c) den schnellen Einmarsch in Polen.
d) die Gründung der Weimarer Republik.

25. Wie hieß der erste römische Kaiser?
a) Nero
b) Caligula
c) Augustus
d) Caesar

26. Aus welchem Adelsgeschlecht stammte Friedrich I., genannt Barbarossa?
a) Hohenzollern
b) Habsburger
c) Staufer
d) Wittelsbach

27. Welcher antike Feldherr überschritt mit einem Heer und Kriegselefanten die Alpen in Richtung Rom?
a) Julius Cäsar
b) Attila
c) Alexander der Große
d) Hannibal

28. Wie hieß der Mongolenherrscher, der im 13. Jahrhundert ein Weltreich eroberte?
a) Dschingis Kahn
b) Güyük Khan
c) Timur Khan
d) Batu Khan

29. Welchen US-Präsidenten stürzte die Watergate-Affäre?
a) John F. Kennedy
b) Ronald Reagan
c) Richard Nixon
d) Bill Clinton

30. In welcher Stadt fand das Attentat auf den österreichisch-ungarischen Thronfolger statt, das den Ersten Weltkrieg auslöste?
a) Zagreb
b) Sarajevo
c) Belgrad
d) Budapest

31. In welchem Zeitraum bestand die Weimarer Republik?
a) 1871 bis 1918
b) 1871 bis 1933
c) 1918 bis 1933
d) 1933 bis 1945

32. Welches Land hatte im Zweiten Weltkrieg die meisten Toten zu beklagen?
a) Sowjetunion
b) Deutschland
c) Frankreich
d) Großbritannien

33. Seit wann gibt es in Deutschland keinen Kaiser?
a) 1871
b) 1914
c) 1918
d) 1933

34. Mit welchem Vertrag wurde die Besatzung Westdeutschlands beendet?
a) Deutschlandvertrag
b) Staatsvertrag
c) Vertrag der Bundesrepublik Deutschland
d) Freiheitsvertrag

35. Wann wurde die Teilsouveränität des Saarlands aufgehoben?
a) 1947
b) 1955
c) 1956
d) 1959

Lösungen: Geschichte

1. b)	13. d)	25. c)
2. a)	14. b)	26. c)
3. c)	15. b)	27. d)
4. a)	16. d)	28. a)
5. a)	17. d)	29. c)
6. a)	18. d)	30. b)
7. a)	19. a)	31. c)
8. b)	20. d)	32. a)
9. a)	21. d)	33. c)
10. b)	22. a)	34. a)
11. d)	23. b)	35. c)
12. c)	24. b)	

Grundbegriffe der EDV

1. Welches der im Folgenden genannten Geräte ist kein Eingabegerät?
a) Tastatur
b) Maus
c) Lautsprecher
d) Mikrofon.

2. Die Abkürzung CPU steht für
a) Computer Unit.
b) Central Program Unit.
c) Certain Personal Unit.
d) Central Processing Unit.

3. Was ist der RAM-Speicher?
a) der Speicherplatz einer externen Festplatte
b) der gesamte Speicherplatz eines Computers
c) der Speicher des Papierkorbs
d) der Arbeitsspeicher des Computers

4. Welche Abkürzung wird vereinfachend für das Wort „Application“ verwendet?
a) Apl
b) App
c) Apc
d) Alc

5. Welche ist keine Aufgabe eines Betriebssystems?
a) Dateiverwaltung
b) Schnittstelle zum Benutzer bilden
c) Benutzer- und Rechteverwaltung
d) Update des Virenschutzprogramms

6. Für welches Wort wird die Abkürzung SSD gerne verwendet?
a) Arbeitsspeicher
b) Festplatte
c) Bildschirm
d) Grafikkarte

7. Als „operating system“ oder „OS“ wird was bezeichnet?
a) Betriebssystem
b) Datenschutzprogramm
c) Virenschutzprogramm
d) Festplatte

8. Wofür steht die Bezeichnung „LAN“?
a) Long Area Network
b) Local Area Network
c) Light Area Network
d) Lang-Antennen-Netzwerk

9. Welche sind die beiden zentralen Bestandteile eines Rechners?
a) Tastatur und Maus
b) Prozessor und Arbeitsspeicher
c) Tower und Bildschirm
d) Grafikkarte und Betriebssystem

10. Aus welchen Bestandteilen besteht die Zentraleinheit (CPU)?
a) Grafikkarte und Arbeitsspeicher
b) Rechenwerk, Steuerwerk, Register
c) Lüfter und Festplatte
d) Speicher- und Dialoggeräte

11. Wofür steht der Begriff „Software"?
a) Speicherplatz
b) Benutzeroberfläche
c) Programme
d) Schnittstellen

12. Welche der folgenden Eigenschaften trifft NICHT auf den Arbeitsspeicher zu?
a) Speicherung von Programmen während ihrer Ausführung
b) Speicherung zugehöriger Programmdaten ab Beginn der Programmausführung
c) Nach Beendigung der Programmausführung wird sein Inhalt gelöscht.
d) Seine Hauptaufgabe liegt in der Verarbeitung von Befehlen.

13. Was versteht man unter „Freeware"?
a) eine als Download heruntergeladene Software
b) alle Dokumente, die auf dem Arbeitsspeicher abgelegt sind
c) das Betriebssystem
d) Software, die kostenlos weitergegeben wird

14. Welche Aussage zu einem Byte trifft zu? Ein Byte ist eine Gruppe von ...
a) 8 Bits
b) 12 Bits
c) 16 Bits
d) 24 Bits

15. Welche Aussage zu Betriebssystemen trifft nicht zu?
a) Sie bringen den Computer "zum Laufen".
b) Sie organisieren die Kopplung von Hardware und Anwenderprogrammen.
c) Sie verwalten die Prozesse und Speicher.
d) Ausführen von Rechnungen

Lösungen: Grundbegriffe der EDV

1. c)	6. b)	11. c)
2. d)	7. a)	12. d)
3. d)	8. b)	13. d)
4. b)	9. b)	14. a)
5. d)	10. b)	15. d)

Zu 2.: d) Die Central Processing Unit (CPU), auch Zentraleinheit oder Zentralprozessor genannt, führt die Anweisungen eines Betriebssystems aus und ist das zentrale Element eines Computers.

Zu 3.: d) Der Arbeitsspeicher, oder Hauptspeicher eines Computers (RAM-Speicher) enthält die Daten für die gerade auszuführenden Programme. Der RAM-Speicher ist eine Komponente der Zentraleinheit.

Zu 6.: b) Die Abkürzung SSD kommt aus dem Englischen und steht für „Solid State Drive“ oder auch „Solid State Disc“ und bezeichnet einen nichtflüchtigen Datenspeicher der Computertechnologie. Vereinfachend bezeichnet man die SSD auch als Festplatte.

Zu 8.: b) Ein LAN-Netzwerk ist ein lokales Netzwerk, das mehrere Computer in z. B. einem Gebäude umfasst und miteinander verbindet.

Zu 14.: a) Das Byte ist eine Maßeinheit in der Informatik, die für eine binäre Folge von acht Bits steht.

Physik

1. Was bedeutet der Energieerhaltungssatz?
a) Die Gesamtenergie eines abgeschlossenen Systems ändert sich nicht.
b) Energie bleibt nur eine gewisse Zeit erhalten.
c) Energie kann nur durch Arbeit erzeugt werden.
d) Die Gesamtenergie eines Systems verändert sich permanent.
e) Keine der genannten Antworten ist richtig.

2. Woraus bestehen die meisten Atome?
a) Neutronen und Megatronen
b) Protonen und Photonen
c) Elektronen, Neutronen und Protonen
d) Elektronen, Photonen und Neutronen

3. Mit welcher Formel wird die Höhenenergie beschrieben?
a) $E = m \times v$
b) $E = m \times c$
c) $E = m \times g \times h$
d) Keine der Antworten ist richtig.

4. Wofür steht die Formel $F = m \times a$?
a) m steht für Masse, a steht für die Beschleunigung. Das Gesetz stellt die Kraft in Abhängigkeit zu Masse und Beschleunigung dar, wenn die Masse gleich und die Beschleunigung konstant bleibt.
b) m steht für Masse, a steht für Ampere. Das Gesetz stellt die Kraft in Abhängigkeit zu Masse und Strom dar, wenn die Masse gleich und der Strom konstant bleibt.
c) Das Gesetz gibt die potenzielle Energie an und setzt die Höhe einer Masse in Abhängigkeit zur Energie.
d) Keine der Antworten ist richtig.

5. Was bedeutet Leistung aus physikalischer Sicht?
a) Die Leistung wird über die Geschwindigkeit und die Zeit berechnet.
b) Die Leistung ist eine physikalische Größe, die den Strom in einer bestimmten Zeit auf den Widerstand in einer Schaltung bezieht.

c) Die Leistung ist eine physikalische Größe, welche den Aufwand von Arbeit beschreibt.
d) Die Leistung ist eine physikalische Größe, welche in einer bestimmten Zeitspanne die eingesetzte Energie auf diese Zeitspanne bezieht.

6. Die Beschleunigung eines Autos beträgt 5 m/s^2. Das Auto beschleunigt aus dem Stand über eine Dauer von 10 Sekunden. Wie schnell fährt das Auto nach den 10 Sekunden?
a) 5 m/s
b) 25 m/s
c) 50 m/s
d) 100 m/s

7. Wie heißt die Einheit von Arbeit?
a) Joule
b) Newton
c) Leistung
d) Photon

8. Bitte nenne drei verschiedene Arten von Energie.
a) Bewegungsenergie, Leergutenergie, Lageenergie
b) Bewegungsenergie, chemische Energie, Höhenenergie
c) Betreuungsenergie, potenzielle Energie, Höhenenergie
d) Lageenergie, potenzielle Energie, elektrische Energie

9. Das dritte newtonsche Gesetz beschreibt das Wechselwirkungsprinzip. Wie wird dieses Prinzip häufig umschrieben?
a) actio gleich reactio
b) actio nicht reactio
c) actio non reactio
d) solo gleich actio

10. Wie hoch ist die Fallbeschleunigung auf der Erde?
a) zirka 57 m/s^2
b) zirka. 2 m/s^2
c) zirka 9,81 m/s^2
d) Keine der Antworten ist richtig.

11. Womit beschäftigt sich das Archimedische Prinzip?
a) mit Reibung
b) mit Rotation
c) mit Auftrieb
d) mit Hebeln

12. Wie schnell breitet sich Schall im Vakuum aus?
a) überhaupt nicht
b) zirka 300 m/s
c) zirka 1.200 m/s
d) zirka 12 km/s

13. Was versteht man unter Kondensation?
a) Eindicken einer dünnflüssigen Flüssigkeit
b) Gefrieren von Ölen

c) Übergang eines Stoffes vom gasförmigen in den flüssigen Aggregatzustand
d) Senkung oder Erhöhung von elektrischer Spannung

14. Welches Material leitet Wärme am besten?
a) Kunststoff
b) Glas
c) Metall
d) Holz

15. Für welche moderne Erfindung ist der Bernoulli-Effekt von Nutzen?
a) Mikrowelle
b) Flugzeug
c) Atomuhr
d) Computer

16. Was versteht man unter einem Ion?
a) elektrisch geladenes Atom oder Molekül
b) physikalische Maßeinheit für Elektrizität
c) Messgröße für Volumina
d) chemisches Element

17. Was entdeckte Galileo Galilei?
a) das geozentrische Weltbild
b) die Hebelgesetze
c) das heliozentrische Weltbild
d) das Fernrohr

18. Welches Bauteil ist nicht durchlässig für Gleichstrom?
a) Transistor
b) Kondensator
c) Spule
d) Widerstand

19. Welches Metall ist nicht ferromagnetisch?
a) Kupfer
b) Nickel
c) Eisen
d) Kobalt

20. Wie heiß wird der Draht in der Glühlampe?
a) 100 Grad Celsius
b) 500 Grad Celsius
c) 1.000 Grad Celsius
d) über 2.000 Grad Celsius

21. Was versteht man unter der Brinellhärte?
a) Maß der Härte eines Werkstoffes
b) Maß für die Dichte von Schmucksteinen
c) Maß für die Lichtbrechung
d) Maß für den Abrieb von Reifen

22. Wie heißt die Maßeinheit für die Angabe von Radioaktivität?
a) Ohm
b) Sievert
c) Becquerel
d) Ampere

23. Was enthält ein Transistor?
a) ein Mikroprozessor
b) eine Antenne
c) ein Eisenkern
d) ein Halbleiter

24. Welches Tier steht in einem Gedankenexperiment des Physikers Erwin Schrödinger im Mittelpunkt?
a) ein Affe
b) ein Hund
c) eine Katze
d) eine Maus

25. Was versteht man unter einem Episkop?
a) Messgerät für Erdbeben
b) medizinisches Abhörgerät
c) optisches Gerät zur Projektion von Bildern
d) Gerät zur Untersuchung von Schallwellen

26. Von welchen Einheiten werden alle anderen physikalischen Einheiten abgeleitet?
a) Basiseinheiten
b) Standardeinheiten
c) Normeinheiten
d) Systemeinheiten

Lösungen: Physik

1. a)	10. c)	19. a)
2. c)	11. c)	20. d)
3. c)	12. a)	21. a)
4. a)	13. c)	22. c)
5. d)	14. c)	23. d)
6. c)	15. b)	24. c)
7. a)	16. a)	25. c)
8. b)	17. c)	26. a)
9. a)	18. b)	

Zu 1.: Der Energieerhaltungssatz lautet: „In einem abgeschlossenen System ist die Summe aller Energien konstant. Die Gesamtenergie bleibt erhalten.“. Daher ist Antwort a) richtig.

Zu 2.: c) Unterteilt wird ein Atom in den Atomkern, welcher aus neutral geladenen Neutronen und positiv geladenen Protonen besteht, und in die Atomhülle, in der sich negativ geladene Elektronen auf Kreisbahnen um den Kern bewegen.

Zu 3.: c) ist korrekt. Antwort a) weist auf die kinetische Energie hin, die mit $E = \frac{1}{2} \times m \times v^2$ berechnet wird. Antwort b) gehört zu Albert Einsteins berühmtem Zusammenhang zwischen Masse und Energie: $E = m \times c^2$. Daher kann für die potenzielle Energie nur Antwort c) korrekt sein.

Zu 4.: a) Gefragt ist nach dem 2. newtonschen Gesetz, dem sogenannten Aktionsprinzip: „Wirkt auf einen Körper eine Kraft, so wird er in die Richtung der Kraft beschleunigt. Die Beschleunigung ist der Kraft direkt, der Masse des Körpers umgekehrt proportional."

Zu 5.: d) Die Leistung P wird definiert durch den Quotienten aus aufgewendeter Energie ΔE oder verrichteter Arbeit ΔW und der dazu benötigten Zeit Δt: $P = \Delta E\ \Delta t = \Delta W\ \Delta t$. Gemessen wird die Leistung in Watt.

Zu 6.: c) Die Beschleunigung ergibt sich auf dem Quotienten einer Geschwindigkeit über die benötigte Zeit: $a = v\ t$. Eingesetzt und nach der Zeit aufgelöst ergibt sich eine Geschwindigkeit von:
$v = a \times t = 5\ m/s^2 \times 10\ s = 50\ m/s$.

Zu 8.: b) Die drei richtigen Antworten sind definiert durch:

- Bewegungsenergie: $E = \frac{1}{2}\ m \times v^2$
- Chemische Energie beschreibt die freiwerdende Energie bei Bildung chemischer Bindungen.
- Höhenenergie: $E = m \times g \times h$

Zu 9.: a) Das 3. newtonsche Gesetz besagt: „Besteht zwischen zwei Körpern A und B eine Kraftwirkung, so ist die Kraft welche von A auf B ausgeübt wird, der Kraft, die B auf A ausübt, entgegengesetzt gleich." Umschrieben wird dieses Prinzip deshalb mit actio gleich reactio.

Zu 10.: c) Die Erdbeschleunigung ist definiert durch die Variable g und beträgt zirka $9{,}81\ m/s^2$.

Chemie und Biologie

1. Wie nennt man einen chemischen Vorgang, bei dem man Stoffe zerlegt?
a) Oxidation
b) Reduktion
c) Synthese
d) Analyse

2. Aus wie vielen Knochen besteht das menschliche Skelett?
a) zirka 102
b) zirka 212
c) zirka 252
d) zirka 300

3. Die organische Chemie beschäftigt sich mit ...?
a) Wasser.
b) Kohlenstoffverbindungen.
c) Mineralien.
d) Metallen.

4. Was versteht man unter einem Ökosystem?
a) ein Lebensraum zwischen Menschen, Tieren und Pflanzen
b) die gesamte Tierwelt eines bestimmten Lebensraums
c) Lebensraum einer bestimmten Lebensgemeinschaft von Pflanzen
d) eine Lebensgemeinschaft der Flora und Fauna

5. Ein Schlaganfall ist ...?
a) eine Gehirnblutung.
b) eine Arterienverkalkung der Gefäßwand.
c) eine Störung der Hirnblutversorgung.
d) ein Aussetzen der Herzfunktion.

6. Wo wird das körpereigene Hormon Insulin produziert?
a) in der Bauchspeicheldrüse
b) in der Leber
c) in den Nieren
d) im Gehirn

7. Welches ist das größte menschliche Organ?
a) Darm
b) Haut
c) Gehirn
d) Leber

8. Was passiert bei einer Photosynthese?
a) Nahrungsaufnahme
b) Atmung
c) Stoffumwandlung
d) Zellenspaltung

9. Warum reagieren Stoffe miteinander?
a) um einen stabilen Zustand zu erhalten
b) um die Reaktionszeit zu verlängern
c) um energiereich zu werden
d) um sich gegenseitig abzustoßen

10. Was ist das Endprodukt einer Neutralisation in der Chemie?
a) Pulverisierung
b) Ionenbindung unter Wasser
c) Natriumchlorid und andere Elemente
d) Molekülverbindung und Ionenbindung

11. Wie viel Chromosomen hat die menschliche Zelle?
a) 24
b) 46
c) 64
d) 106

12. Welche Tiere haben Facettenaugen?
a) Insekten
b) Würmer
c) Maulwürfe
d) Schnecken

Lösungen: Chemie und Biologie

1. d)	5. c)	9. a)
2. b)	6. a)	10. b)
3. b)	7. b)	11. b)
4. d)	8. c)	12. a)

Logik

Bewerber reden sich häufig ein, sie seien nicht gut im logischen Denken oder hätten große Defizite im Bereich Mathematik. Die Wahrheit ist aber, dass mit einer guten Vorbereitung niemand Angst vor Tests aus dem Bereich „Logisches Denken" haben muss.

Im Einstellungstest solltest du nicht versuchen, krampfhaft alle Aufgaben nacheinander abzuarbeiten und richtig zu beantworten. Oft gibt es mehr Fragen in den Tests als überhaupt zeitlich zu bewältigen sind. Dadurch soll geprüft werden, wie Bewerber unter Stresssituationen arbeiten. Lass dich nicht aus der Ruhe bringen und bearbeite zunächst die Aufgaben, die du schnell und sicher lösen kannst und überspringe Fragen, bei denen du nicht weiterkommst.

Du wirst sehen, dass du bereits nach wenigen Übungen aus diesem Buch routinierter wirst und Aufgaben schneller und besser lösen kannst. Ziel dieses Kapitels soll es sein, dass du anschließend mit erhöhtem Selbstbewusstsein und mehr Routine in den logischen Teil des Einstellungstests gehen kannst.

Unter der Rubrik „Logik" sind Übungen zusammengefasst, die das abstrakte beziehungsweise schlüssige Denken abfragen. Es geht bei diesen Aufgaben meist darum, eine bestimmte Reihenfolge logisch fortzusetzen oder die richtigen Schlüsse zu ziehen.

Zahlenreihen

Setze die Zahlenreihen logisch fort. Überlege dabei genau, welche Regel sich hinter den Zahlen verbergen könnte.

Beispiel
Das folgende Beispiel soll dir dabei helfen, den Aufgabentyp „Zahlenreihen" besser zu verstehen und die Aufgaben effizient lösen zu können:

Gegeben: 0, 4, 2, 6, 4, 8, ?
Bei dieser Zahlenreihe wurde als Erstes die Zahl 4 addiert: 0 + 4 = 4
Im nächsten Schritt wurde von 4 die Zahl 2 subtrahiert: 4 – 2 = 2
Anschließend wurde wieder die Zahl 4 addiert: 2 + 4 = 6

Wahrscheinlich erkennst du jetzt schon ein Muster. Es wird immer abwechselnd erst 4 addiert und anschließend die Zahl 2 abgezogen. Wenn du diese Regel für die gesamte Zahlenreihe fortführst, kommst du am Ende auf die Zahl 6 als gesuchte Zahl.

Beachte, dass bei Zahlenreihen neben der Addition und Subtraktion auch weitere Rechenoperationen wie Multiplikation oder Division möglich sind. Bei etwas komplexeren Aufgaben können beispielsweise auch Primzahlen eine Rolle spielen. Primzahlen sind Zahlen, die nur durch sich selbst und 1 teilbar sind und größer als 1 sind.

Primzahlen: 2, 3, 5, 7, 11, 13 usw.

Eine etwas komplexere Zahlenreihe könnte beispielsweise folgendermaßen aussehen: 1, 3, 5, 8, 10, 15, 17, 24, 26, ?

Die Zahlenreihe startet mit 1. Um herauszufinden, was die fehlende Zahl ist, schauen wir uns zunächst die Differenz zwischen den gegebenen Zahlen an und versuchen, Muster zu erkennen:

Differenz zwischen 1 und 3 → 2*
Differenz zwischen 3 und 5 → 2
Differenz zwischen 5 und 8 → 3*
Differenz zwischen 8 und 10 → 2
Differenz zwischen 10 und 15 → 5*
Differenz zwischen 15 und 17 → 2

Differenz zwischen 17 und 24 → 7*
Differenz zwischen 24 und 26 → 2

Die Lösung für die gesuchte Zahl ist in diesem Fall 37. Es wird abwechselnd eine Primzahl (siehe mit Stern markierte Differenz) und dann wieder die Zahl 2 addiert.

Dieses Beispiel mag dir im ersten Moment sehr schwierig erscheinen, du wirst aber bereits nach wenigen Zahlenreihen in deiner Lösungsfindung immer schneller werden.

Tipp: Mehr als 200 weitere Aufgaben zu Zahlenreihen findest du in unserer kostenlosen Testtrainer App. Eine Anleitung, wie du die App herunterladen und aktivieren kannst, steht auf Seite 56.

1. Aufgabe
0, 5, 3, 8, 6, ?
a) 9
b) 7
c) 11
d) 8

2. Aufgabe
96, 87, 79, 72, ?
a) 66
b) 67
c) 65
d) 61

3. Aufgabe
13, –21, 34, –55, 89, ?
a) 144
b) –144
c) 123
d) –123

4. Aufgabe
0, 9, 1, 8, 2, 7, 3, ?
a) 5
b) 6
c) 4
d) 10

5. Aufgabe
500, 50, 40, 400, 40, 30, ?
a) 20
b) 200
c) 300
d) 450

6. Aufgabe
35, 42, 49, 56, ?
a) 61
b) 63
c) 70
d) 77

7. Aufgabe
1, 4, 7, 10, 13, ?
a) 15
b) 16
c) 17
d) 18

8. Aufgabe
2, 1, 3, 0, 4, –1, ?
a) 4
b) 5
c) 6
d) 3

9. Aufgabe
11, 22, 15, 30, 23, 46, ?
a) 69
b) 54
c) 57
d) 39

10. Aufgabe
5, 8, 11, 14, ?
a) 16
b) 17
c) 18
d) 19

11. Aufgabe
16, 32, 64, 128, ?
a) 192
b) 196
c) 256
d) 512

12. Aufgabe
2, 1, 3, 9, 8, 10, 30, ?
a) 32
b) 29
c) 15
d) 90

13. Aufgabe
625, 125, 25, ?
a) 5
b) 15
c) 50
d) 75

14. Aufgabe
–3, 4, -5, 2, –7, 0, ?
a) 8
b) -8
c) 9
d) -9

15. Aufgabe
1, 2, 6, 30, 210, ?
a) 1.890
b) 2.310
c) 1.230
d) 3.210

16. Aufgabe
3, 2, 4, 1, 4, –1, ?
a) –2
b) –6
c) 2
d) 6

17. Aufgabe

1	7	15	90	630	622	3.732

a) 26.487 26.143
b) 26.068 26.060
c) 26.124 26.132
d) 27.456 27.423
e) Keine Antwort ist richtig.

18. Aufgabe

2	7	27	34	61	285	346

a) 631 2.931
b) 688 1.356
c) 799 2.867
d) 799 3.476
e) Keine Antwort ist richtig.

19. Aufgabe

28	34	49	70	106	163	256

a) 365 456
b) 398 465
c) 401 649
d) 406 649
e) Keine Antwort ist richtig.

20. Aufgabe

135	108	207	45	36	69	15

a) 13 18
b) 13 19
c) 12 20
d) 12 23
e) Keine Antwort ist richtig.

21. Aufgabe

24	56	284	36	84	426	54

a) 126 639
b) 144 686
c) 198 696
d) 213 696
e) Keine Antwort ist richtig.

22. Aufgabe

8	109	117	234	468	936	187

a) 476 736
b) 56 7
c) 497 809
d) 77 13
e) Keine Antwort ist richtig.

23. Aufgabe

33	46	62	81	103	128	156

a) 187 221
b) 183 249
c) 189 256
d) 206 387
e) Keine Antwort ist richtig.

24. Aufgabe

6	30	15	42	210	105	132

a) 554 594
b) 660 330
c) 678 694
d) 734 783
e) Keine Antwort ist richtig.

25. Aufgabe

11	12	40	63	115	218	396

a) 464 598
b) 461 578

c) 502 623
d) 515 648
e) Keine Antwort ist richtig.

Lösungen: Zahlenreihen

1. c)	10. b)	19. d)
2. a)	11. c)	20. d)
3. b)	12. b)	21. a)
4. b)	13. a)	22. e)
5. c)	14. d)	23. a)
6. b)	15. b)	24. b)
7. b)	16. b)	25. e)
8. b)	17. e)	
9. d)	18. a)	

Zu 1.: c) Die Zahlenreihe folgt dem Muster: + 5, – 2.

Zu 2.: a) Um auf den Wert 66 zu kommen wird von 96 zuerst 9, von diesem Ergebnis 8, anschließend 7 und schlussendlich 6 subtrahiert.

Zu 3.: b) Die Differenz aus den ersten beiden Zahlen wird berechnet, hier 34. So wird von der Zahl 13 die Zahl 34 subtrahiert, um den Folgewert –21 zu erlangen. Wird die Reihe weiter betrachtet, so steht die 34 als folgende Zahl. Damit ist die Lösung jeweils die Differenz zweier aufeinanderfolgender Werte; zu beachten ist, dass die Differenz nach einer positiven Zahl subtrahiert und nach einer negativen Zahl addiert wird.

Zu 4.: b) Das Muster ist: + 9 , – 8, + 7, – 6, + 5, – 4, + 3

Zu 5.: c) Hier lässt sich ein periodisches Muster feststellen: ÷ 10, – 10, × 10

Zu 6.: b) Die Lösung 63 ergibt sich durch wiederholtes Addieren der Zahl 7.

Zu 7.: b) ähnlich wie Aufgabe 6, jedoch durch Addition der Zahl 3

Zu 8.: b) Das Muster ist: – 1, + 2, – 3, + 4, – 5, + 6

Zu 9.: d) Die Zahlenreihe folgt dem Muster: × 2, – 7

Zu 10.: b) siehe Lösung Aufgabe 7

Zu 11.: c) Das Ergebnis 256 erlangt man durch Verdoppelung der Werte.

Zu 12.: b) Das periodische Vorgehen ist definiert durch: – 1, + 2, × 3

Zu 13.: a) Bei jedem Schritt wird durch 5 geteilt.

Zu 14.: d) Die Zahlenreihe folgt dem Muster: + 7, – 9

Zu 15.: b) Die Lösung ist, die ersten fünf Primzahlen jeweils mit dem Ergebnis zuvor zu multiplizieren. So ist 30 × 7 = 210 und 210 × 11 = 2.310.

Zu 16.: b) Hier wird eine Abfolge von Subtraktion und Multiplikation durchgeführt, wobei von der Zahl 1 hochgezählt wird: – 1, × 2, – 3, × 4, – 5, × 6

Zu 17.: e) × 7, + 8, × 6, × 7, – 8, × 6

Zu 18.: a) (Zahl 1 + Zahl 2) × 3 = Zahl 3, Zahl 2 + Zahl 3 = Zahl 4, (Zahl 4 + Zahl 5) × 3 = Zahl 6 usw., jede dritte Zahl × 3

Zu 19.: d) Rechenschritt 1 + Rechenschritt 2 = Rechenschritt 3, R 2 + R 3= R 4

Zu 20.: d) Zahl 1 ÷ 3= Zahl 4, Zahl 2 ÷ 3= Zahl 5 usw.

Zu 21.: a) Zahl 1 x 1,5 = Zahl 4, Zahl 2 x 1,5 = Zahl 5 usw.

Zu 22.: e) addieren aller vorherigen Zahlen

Zu 23.: a) Steigerung in der Additionszeile um 13 + 3 x (Stelle der Zahl – 1)

Zu 24.: b) × 5, ÷ 2, + 27

Zu 25.: e) Zahl 1 + Zahl 2 + Zahl 3 = Zahl 4, Zahl 2 + Zahl 3 + Zahl 4 = Zahl 5 usw.

Figuren und Matrizen

Figurenreihen und Matrizen sind ein beliebtes Mittel, um die logische Denkfähigkeit zu testen. Dabei müssen Figurenreihen entweder ergänzt oder Fehler in der Reihe aufgedeckt werden. Dabei ist zu beachten, wie die Form der Figuren aufgebaut ist, welche Positionen diese haben und welche Farben verwendet wurden.

1. Welche Figur passt nicht in die Reihe?

1

2

3

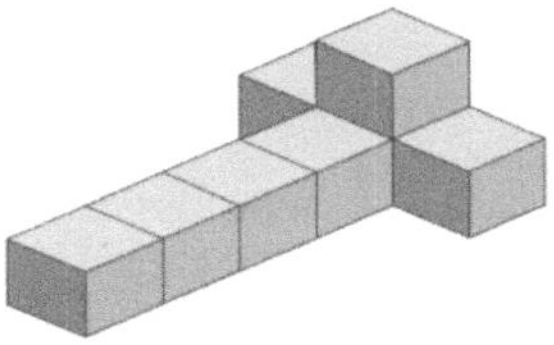

4

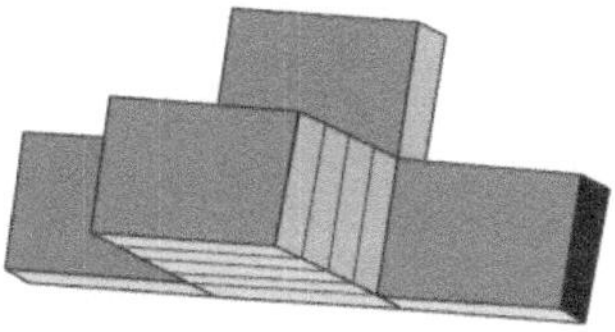

2. Welche Figur passt nicht in die Reihe?

1

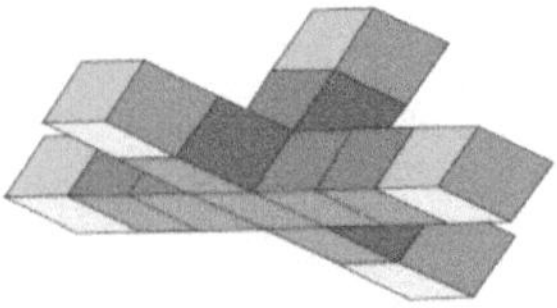

2

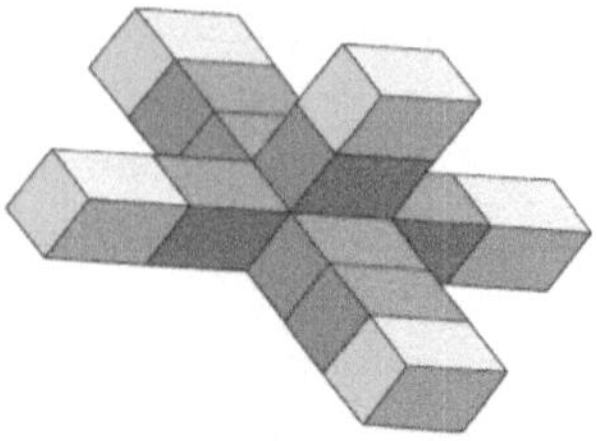

3

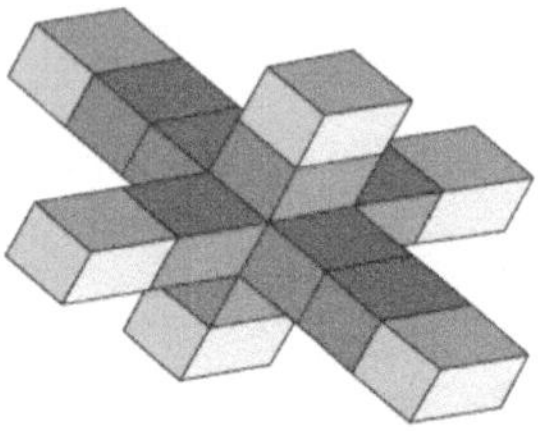

4

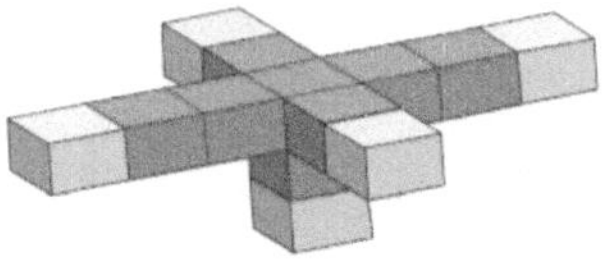

3. Welche Figur passt nicht in die Reihe?

1

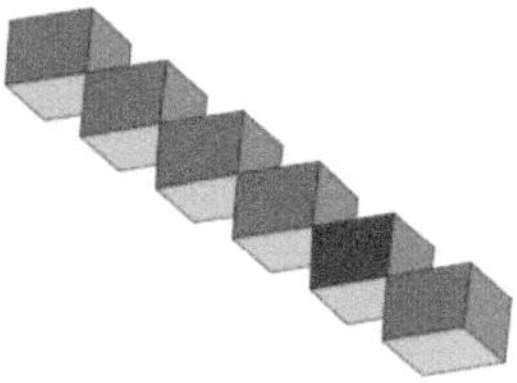

2

3

4

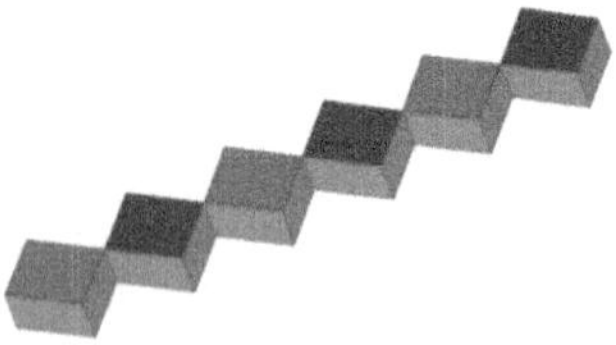

4. Welche Figur passt nicht in die Reihe?

1

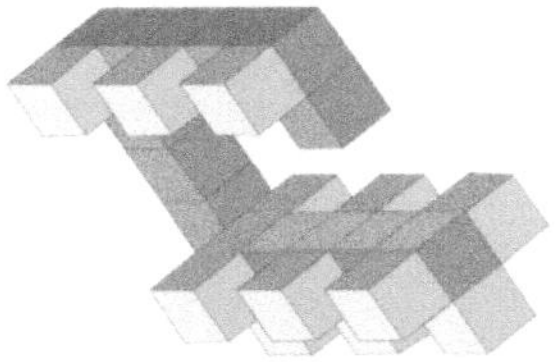

2

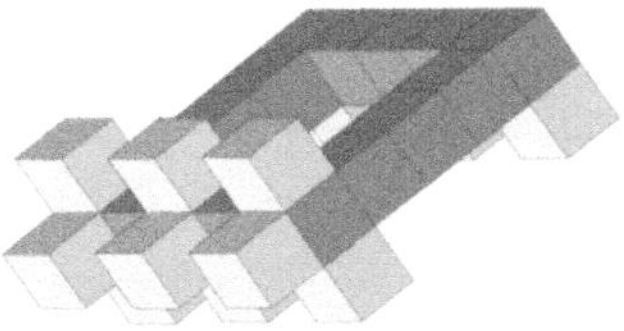

3

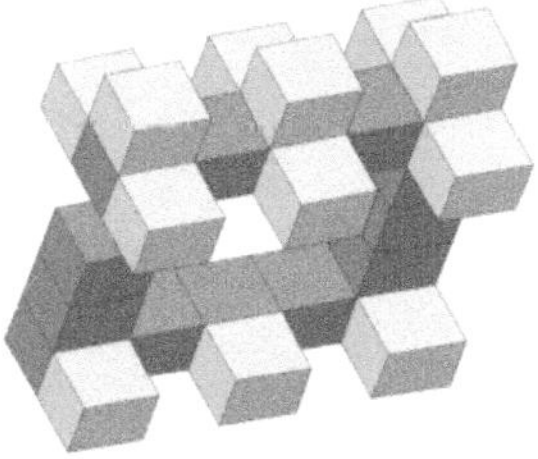

4

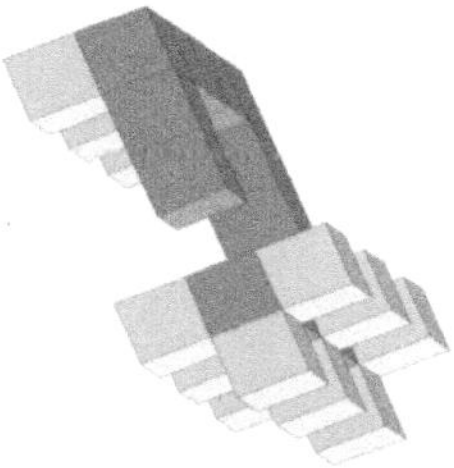

5. Welche Figur passt nicht in die Reihe?

1

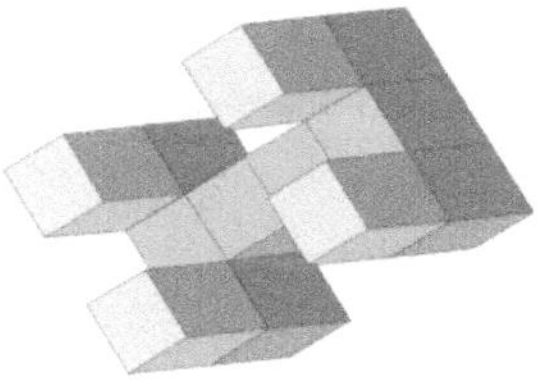

2

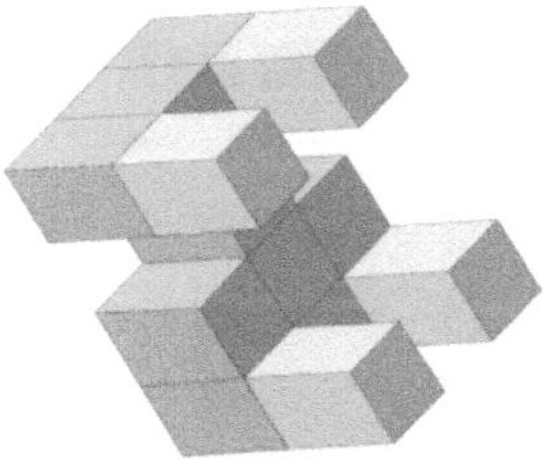

3

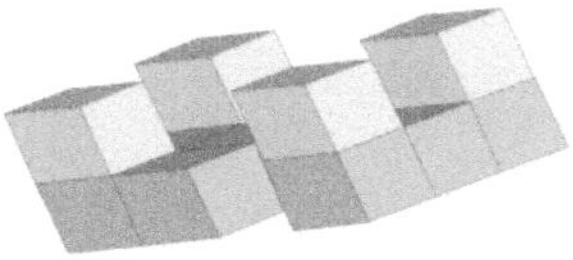

4

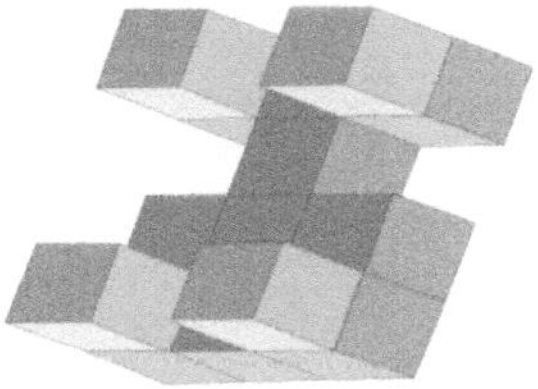

6. Welcher Ausschnitt passt in das leere Feld?

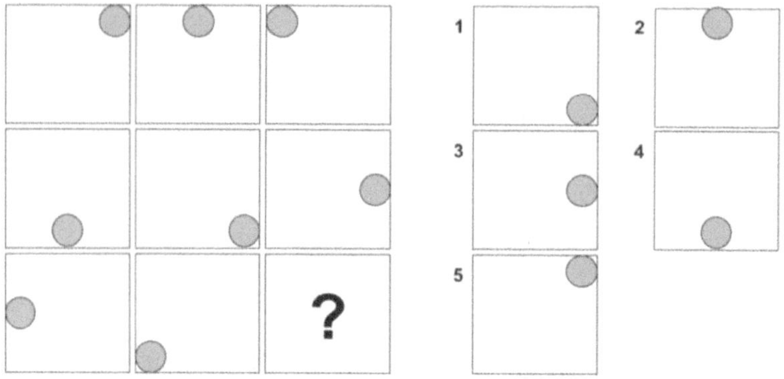

7. Welcher Ausschnitt passt in das leere Feld?

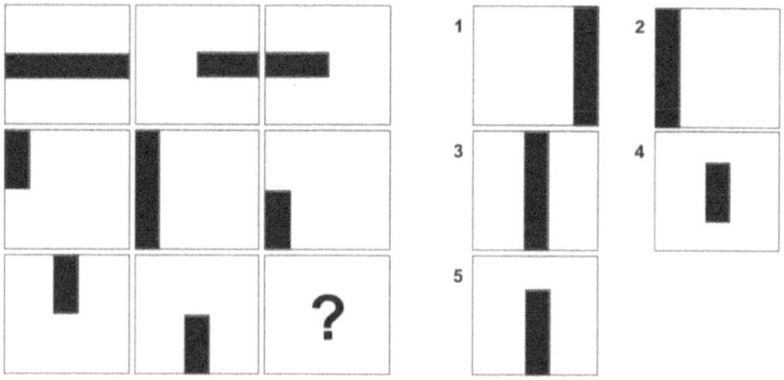

8. Welcher Ausschnitt passt in das leere Feld?

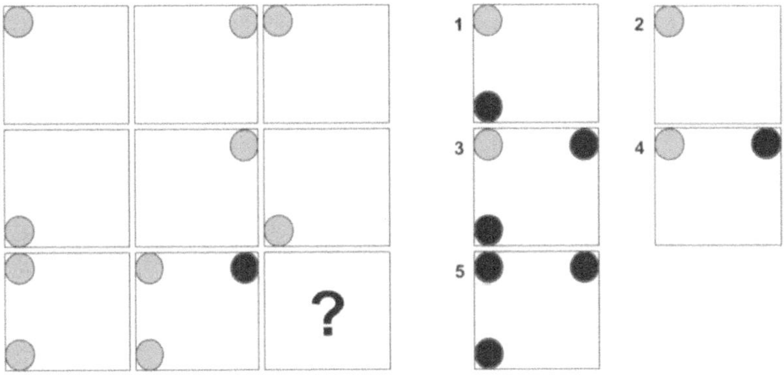

9. Welcher Ausschnitt passt in das leere Feld?

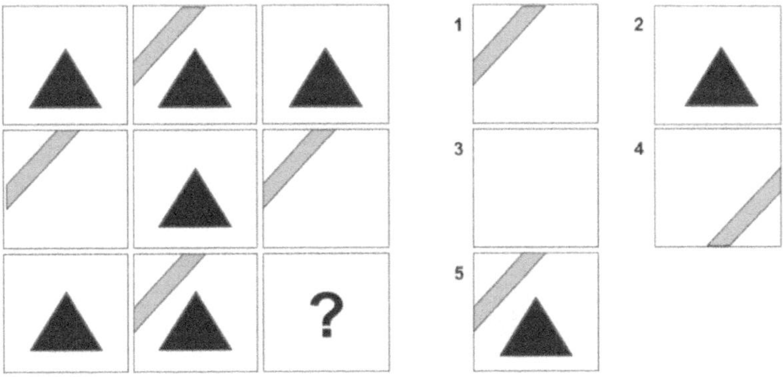

10. Welcher Ausschnitt passt in das leere Feld?

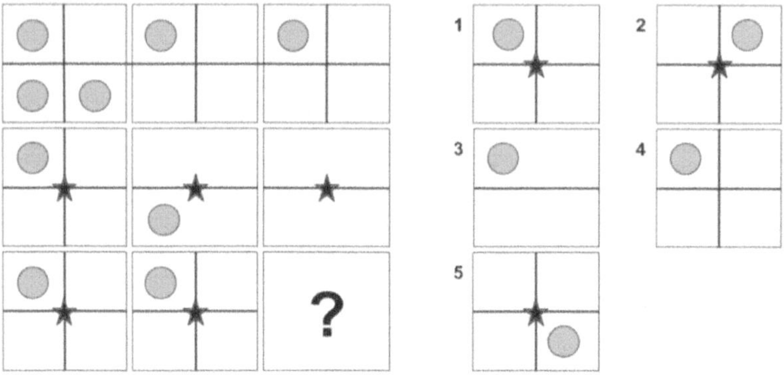

11. Welcher Ausschnitt passt in das leere Feld?

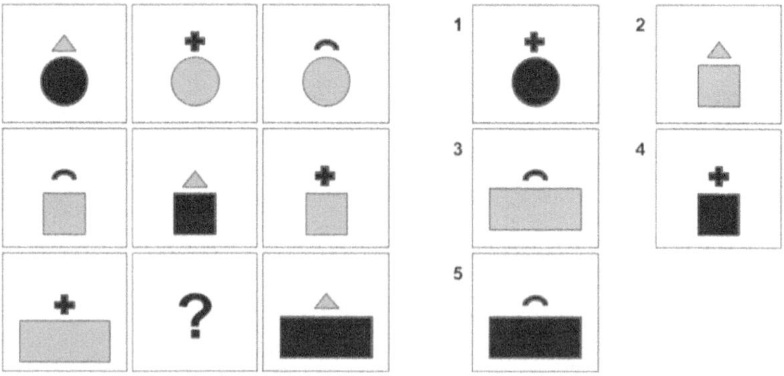

12. Welcher Ausschnitt passt in das leere Feld?

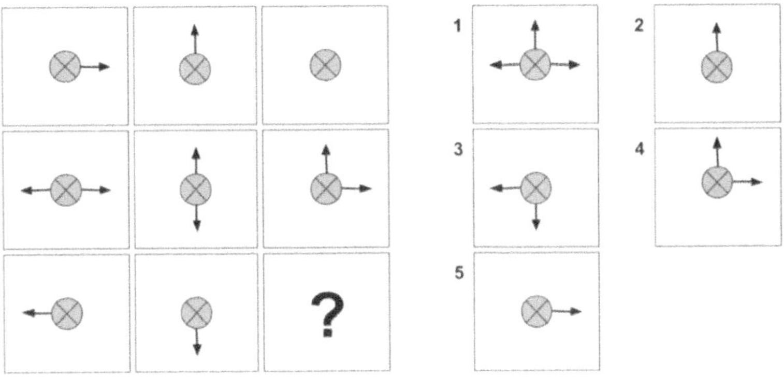

13. Welcher Ausschnitt passt in das leere Feld?

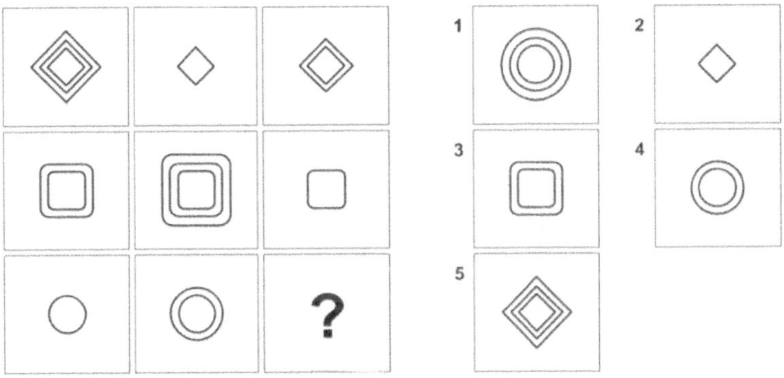

14. Welcher Ausschnitt passt in das leere Feld?

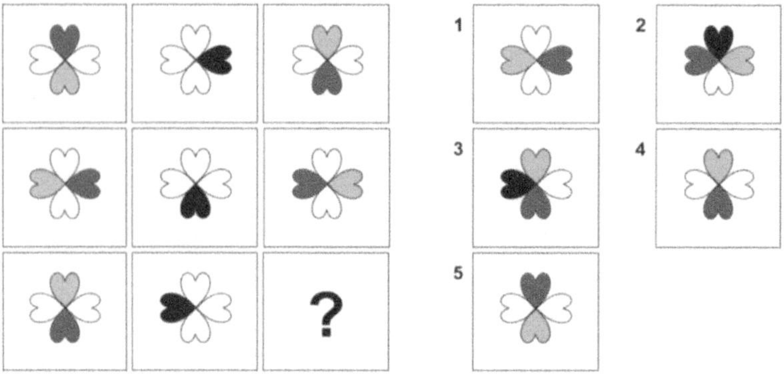

15. Welcher Ausschnitt passt in das leere Feld?

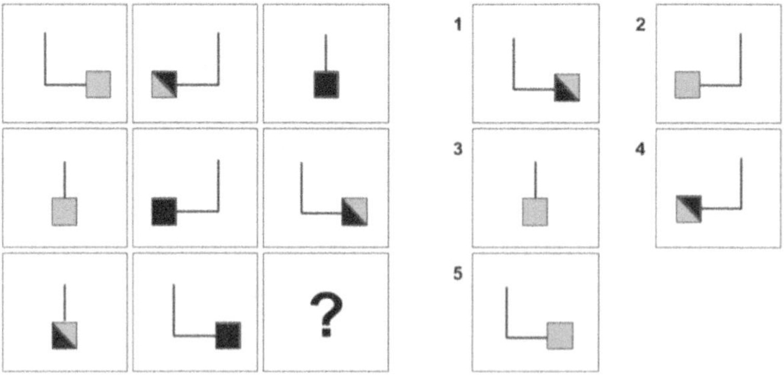

16. Welcher Ausschnitt passt in das leere Feld?

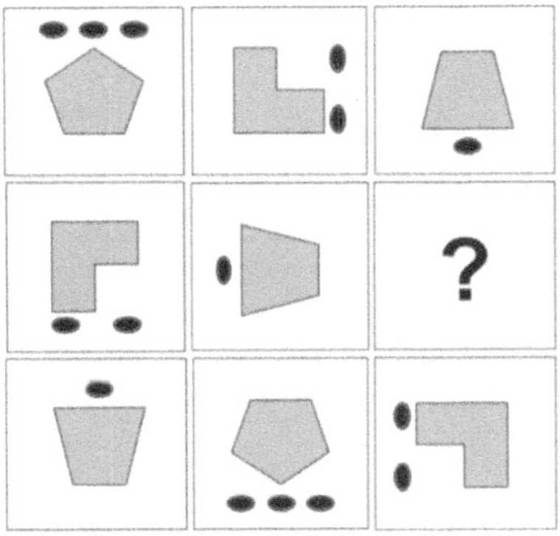

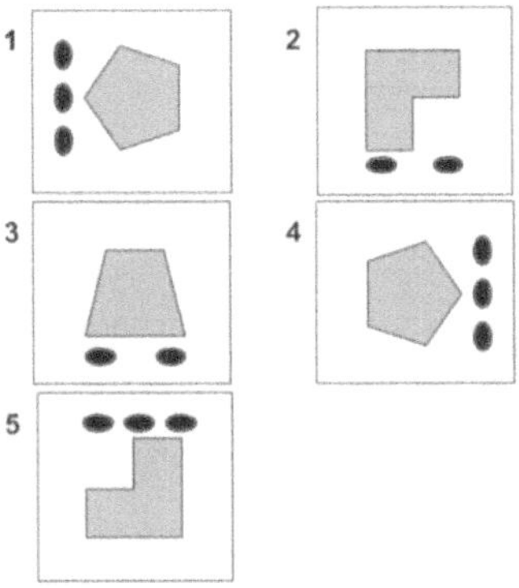

17. Welcher Ausschnitt passt in das leere Feld?

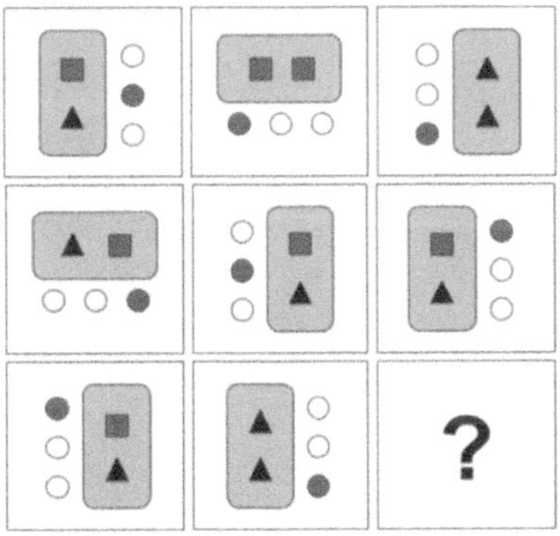

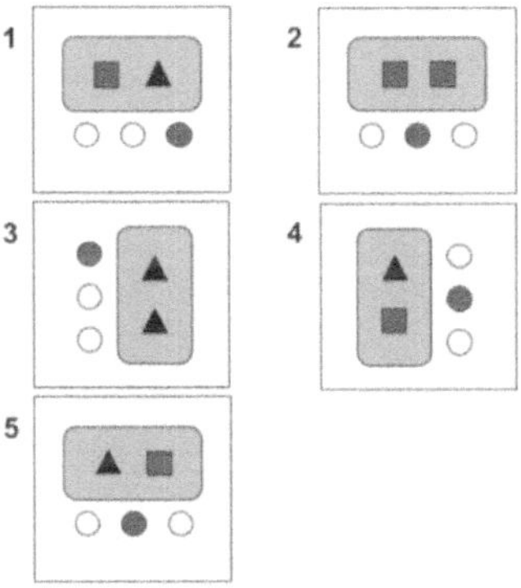

18. Welcher Ausschnitt passt in das leere Feld?

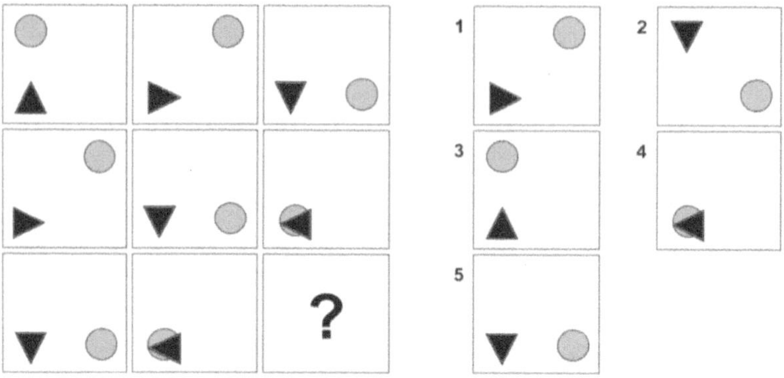

19. Welcher Ausschnitt passt in das leere Feld?

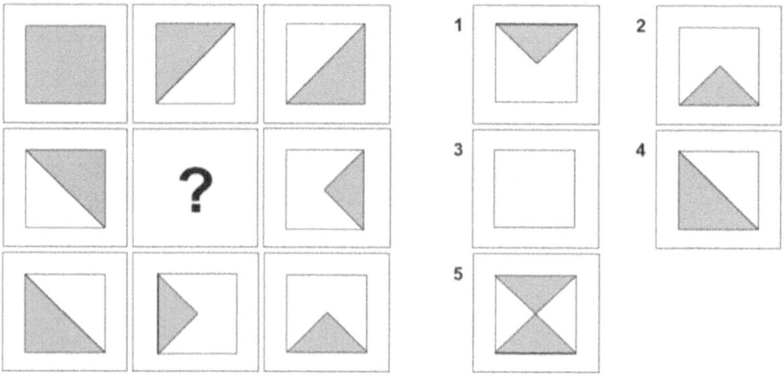

20. Welcher Ausschnitt passt in das leere Feld?

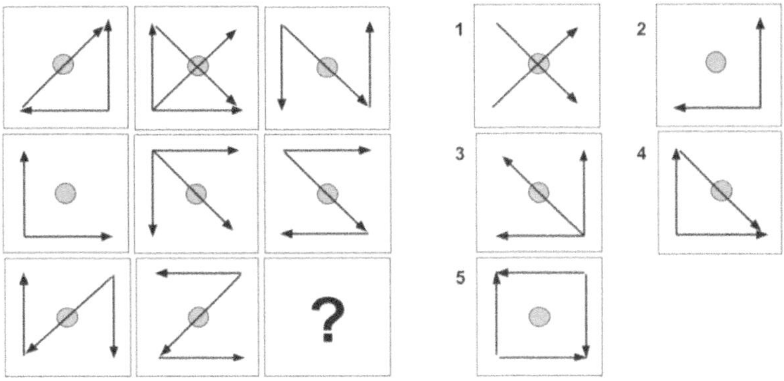

21. Welcher Ausschnitt passt in das leere Feld?

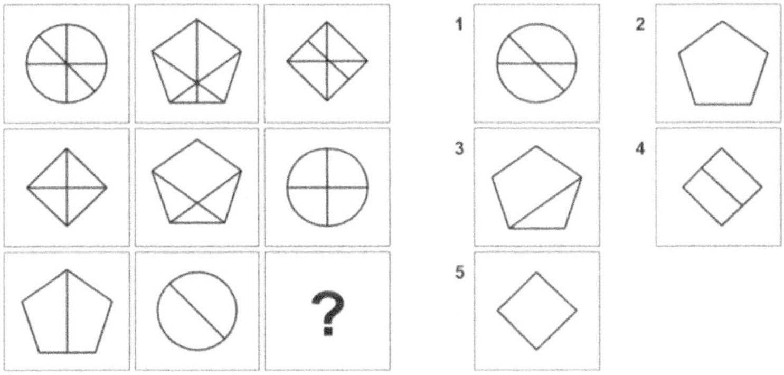

22. Welcher Ausschnitt passt in das leere Feld?

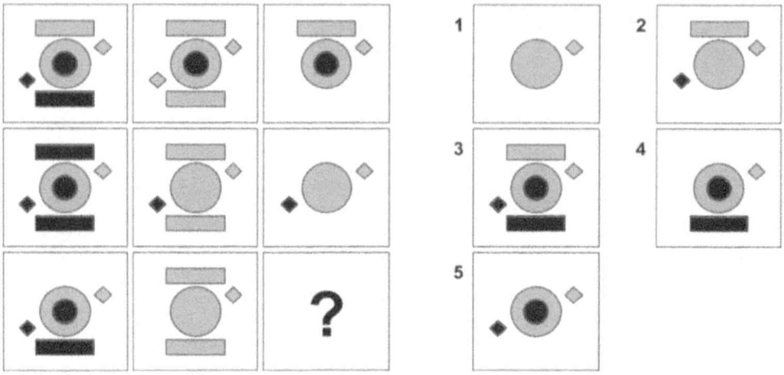

23. Welcher Ausschnitt passt in das leere Feld?

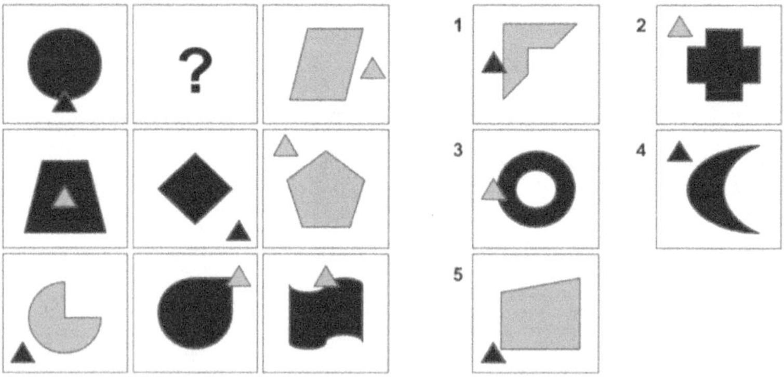

24. Welcher Ausschnitt passt in das leere Feld?

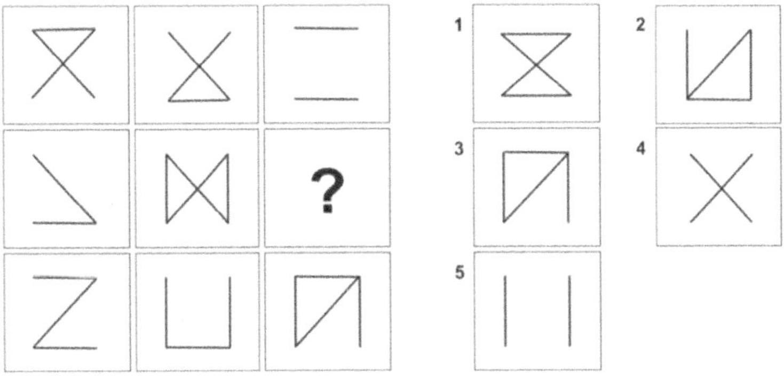

25. Welcher Ausschnitt passt in das leere Feld?

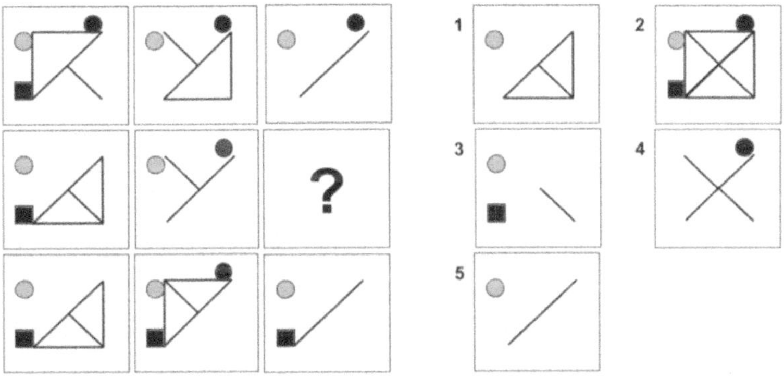

Lösungen: Figuren und Matrizen

1. 4 passt nicht	10. 1 passt	19. 1 passt
2. 3 passt nicht	11. 3 passt	20. 5 passt
3. 1 passt nicht	12. 4 passt	21. 4 passt
4. 1 passt nicht	13. 1 passt	22. 1 passt
5. 1 passt nicht	14. 5 passt	23. 3 passt
6. 4 passt	15. 2 passt	24. 2 passt
7. 3 passt	16. 4 passt	25. 5 passt
8. 5 passt	17. 2 passt	
9. 2 passt	18. 3 passt	

Zu 6.: 4. Es ist jede Zeile waagrecht zu betrachten. Die Kreise bewegen sich dabei gegen den Uhrzeigersinn eine Position weiter.

Zu 7.: 3. In den waagrechten Reihen ergeben die jeweils zwei kürzeren Striche zusammengesetzt die dritte Figur.

Zu 8.: 5. Das unterste Kästchen der ersten Spalte ergibt sich aus der Kombination der zwei darüber. Das unterste Kästchen der zweiten Spalte setzt sich ebenfalls aus den zwei darüber liegenden zusammen. Dabei überlappen sich zwei graue Kreise und ändern dadurch die Farbe zu schwarz. Zudem wird das unterste Kästchen der ersten Spalte hinzugefügt. Somit ergibt sich das gesuchte Kästchen aus den zwei darüberliegenden und den zwei links davon liegenden Kästchen. Auch hier färben sich überlappende Kreise schwarz.

Zu 9.: 2. Das mittlere Kästchen ist jeweils umgeben von identischen Figuren.

Zu 10.: 1. Die dritte Figur in der letzten Spalte setzt sich aus den Elementen der ersten beiden zusammen. Nur gemeinsame Elemente werden übernommen.

Zu 11.: 3. Horizontal ist in jeder Reihe die untere Figur gleich, davon zwei grau und eine schwarz. Das obere kleine Symbol muss in jeder horizontalen Reihe je einmal vorkommen.

Zu 12.: 4. Das Symbol der mittleren Reihe ergibt sich jeweils aus der Kombination des Kästchens darüber und darunter.

Zu 13.: 1. In jeder horizontalen Reihe muss die Figur jeweils ein-, zwei- und dreischichtig abgebildet sein.

Zu 14.: 5. Das Symbol wird in der vertikalen Reihe schrittweise jeweils um 90° im Uhrzeigersinn gedreht.

Zu 15.: 2. In jeder horizontalen Reihe muss eine Figur links, rechts und mittig angeordnet sein. Dabei soll eine schwarze, graue und schwarzgraue Figur vorkommen.

Zu 16.: 4. Jede Figur wird schrittweise pro Reihe um 90° im Uhrzeigersinn gedreht und muss je einmal vorkommen.

Zu 17.: 2. In jeder Reihe – egal ob horizontal oder vertikal – muss immer je einmal der kleine Kreis rechts, links und mittig dunkelgrau sein. Außerdem müssen entweder alle drei Figuren einer Reihe ein schwarzes Dreieck und ein dunkelgraues Viereck haben oder eines aus zwei schwarzen Dreiecken, eines aus zwei dunkelgrauen Vierecken und ein gemischtes vorhanden sein. Das ganze Gebilde muss zudem je Reihe nach rechts, links und unten ausgerichtet sein.

Zu 18: 3. Der hellgraue Kreis rotiert pro Figur jeweils von Ecke zu Ecke im Uhrzeigersinn. Das schwarze Dreieck bleibt dabei fest in einer Ecke und dreht sich jeweils um sich selbst um 90° im Uhrzeigersinn.

Zu 19.: 1. Zwei Figuren einer Reihe ergeben zusammengesetzt die dritte.

Zu 20.: 5. Die Figuren in der dritten Spalte ergeben sich durch das Zusammensetzen der zwei Figuren davor. Dabei werden sich überlappende Linien bzw. Pfeile gestrichen und nur die sich nicht überschneidenden Linien bleiben erhalten.

Zu 21.: 4. In jeder waagrechten Reihe befinden sich je ein Kreis, ein Quadrat und ein Fünfeck. Mit jeder Reihe nach unten nimmt die Anzahl der Striche ab – drei, zwei und zuletzt ein Strich.

Zu 22.: 1. Die dritte Figur in jeder Zeile setzt sich aus den Elementen der ersten beiden zusammen. Übernommen werden jedoch nur gemeinsame Elemente.

Zu 23.: 3. Die kleinen Dreiecke gehen alle Positionen im Kasten einmal durch – die einzige Position, die fehlt, ist mittig links. Dabei befinden sich in jeder waagrechten Seite zwei graue und ein schwarzes kleines Dreieck. Von den großen Figuren sind jeweils zwei schwarz und eine grau.

Zu 24.: 2. Die dritte Figur in jeder Zeile setzt sich aus den Elementen der ersten beiden zusammen. Gemeinsame Elemente werden jedoch nicht übernommen.

Zu 25: 5. Die dritte Figur in der letzten Spalte setzt sich aus den Elementen der ersten beiden zusammen. Nur gemeinsame Elemente werden übernommen.

Grundrechenaufgaben

Löse alle Aufgaben ohne Taschenrechner. Du darfst Nebenrechnungen auf ein Notizblatt machen. Schreibe die Ergebnisse ohne Trennung von Punkten. Beispiel: falsch = 12.500, richtig = 12500

Wie lautet das Ergebnis für die folgenden Aufgaben?

Zeit: **20 Minuten**

1. Aufgabe
5.473 + 8.569

2. Aufgabe
17.916,72 + 12.480,47

3. Aufgabe
4.982 + 1.675 + 3.102

4. Aufgabe
6.725 – 544 – 2.397

5. Aufgabe
548.912 – 375.869

6. Aufgabe
163.755 + 45.843 – 89.270

7. Aufgabe
75.178 – 69.430 – 390,75

8. Aufgabe
25.482,32 – 24.921,75

9. Aufgabe
9.489 × 8.112

10. Aufgabe
2.552 ÷ 44

11. Aufgabe
580,79 × 725,40

12. Aufgabe
12,15 × 0,08

13. Aufgabe
25,47 × 8,13

14. Aufgabe
989 ÷ 23

15. Aufgabe
26.415 ÷ 45

16. Aufgabe
380.138 ÷ 11

Lösungen: Grundrechenaufgaben

1. 14042	7. 5357,25	13. 207,0711
2. 30397,19	8. 560,57	14. 43
3. 9759	9. 76974768	15. 587
4. 3784	10. 58	16. 34558
5. 173043	11. 421305,066	
6. 120328	12. 0,972	

Rechenoperationen einsetzen

Bei dieser Aufgabe musst du die fehlenden Rechenzeichen (+, − , ×, ÷) in die Lücken einfügen, um auf das jeweilige Endergebnis zu kommen. Beim Lösen der Gleichungen gilt die Punkt- vor Strichrechnung.

Beispiel: 20 ___ 3 ___ 6 = 2

Die einzige Möglichkeit, um auf das korrekte Ergebnis zu kommen, ist: 20 – 3 × 6 = 20 – 18 = 2

Zeit: **10 Minuten**

1. 16 ___ 13 ___ 3 = 6
2. 11 ___ 16 ___ 2 = 3
3. 12 ___ 2 ___ 4 = 14
4. 10 ___ 14 ___ 2 = 17
5. 4 ___ 8 ___ 19 = 51
6. 3 ___ 5 ___ 9 = 48
7. 8 ___ 13 ___ 13 = 7
8. 6 ___ 7 ___ 3 = 45
9. 16 ___ 3 ___ 4 = 4
10. 23 ___ 24 ___ 2 = 71
11. 1 ___ 12 ___ 4 = 3
12. 13 ___ 4 ___ 7 = 41
13. 3 ___ 10 ___ 5 = 1
14. 15 ___ 10 ___ 4 = 154
15. 10 ___ 6 ___ 15 = 19
16. 9 ___ 2 ___ 5 = 13

17. 28 ___ 22 ___ 11 = 26

18. 26 ___ 26 ___ 22 = 74

Lösungen: Rechenoperationen einsetzen

Zu 1.: 16 – 13 + 3 = 6

Zu 2.: 11 – 16 ÷ 2 = 11 – 8 = 3

Zu 3.: 12 – 2 + 4 = 14

Zu 4.: 10 + 14 ÷ 2 = 10 + 7 = 17

Zu 5.: 4 × 8 + 19 = 32 + 19 = 51

Zu 6.: 3 + 5 × 9 = 3 + 45 = 48

Zu 7.: 8 – 13 ÷ 13 = 8 – 1 = 7

Zu 8.: 6 × 7 + 3 = 42 + 3 = 45

Zu 9.: 16 – 3 × 4 = 16 – 12 = 4

Zu 10.: 23 + 24 × 2 = 23 + 48 = 71

Zu 11.: 1 × 12 ÷ 4 = 12 ÷ 4 = 3

Zu 12.: 13 + 4 × 7 = 13 + 28 = 41

Zu 13.: 3 – 10 ÷ 5 = 3 – 2 = 1

Zu 14.: 15 × 10 + 4 = 150 + 4 = 154

Zu 15.: 10 – 6 + 15 = 19

Zu 16.: 9 × 2 – 5 = 18 – 5 = 13

Zu 17.: 28 – 22 ÷ 11 = 28 – 2 = 26

Zu 18.: 26 + 26 + 22 = 74

Kopfrechnen

Deine mathematischen Fähigkeiten werden unter anderem durch verschiedene Kopfrechenaufgaben geprüft. Dabei sind alle Grundrechenarten, Wurzelziehen, Potenzen sowie Bruchrechnung von Belang.

Dir steht, wie auch beim richtigen Test, sehr wenig Zeit zur Verfügung. Wenn du nicht alle Aufgaben in der Zeit schaffst, ist das in Ordnung! Lasse dich nicht aus der Ruhe bringen. Rechne alle Aufgaben konzentriert und zügig durch.

Zeit: **4 Minuten**

1. Aufgabe
$\sqrt{121} =$

2. Aufgabe
$21^2 =$

3. Aufgabe
44 + 17 + 88 =

4. Aufgabe
2.347 – 479 – 23 =

5. Aufgabe
24 × 24 =

6. Aufgabe
57 × 7 =

7. Aufgabe
13 × 21 =

8. Aufgabe
4.619 + 193 – 348 =

9. Aufgabe
7 × 31 – 30 =

10. Aufgabe
721 – 47 + 98 =

11. Aufgabe
12 × 13 =

12. Aufgabe
35 ÷ 5 =

13. Aufgabe
23 × 51 =

14. Aufgabe
15 × 11 – 63 + 52 =

15. Aufgabe
57 + 14 + 36 =

16. Aufgabe
$(5 + 3)^2 - 10 =$

17. Aufgabe
14 × 12 – 15 =

18. Aufgabe
79 – 35 + 88 =

19. Aufgabe
56 – 28 =

20. Aufgabe
42 ÷ 6 =

Lösungen: Kopfrechnen

1. 11	8. 4.464	15. 107
2. 441	9. 187	16. 54
3. 149	10. 772	17. 153
4. 1.845	11. 156	18. 132
5. 576	12. 7	19. 28
6. 399	13. 1.173	20. 7
7. 273	14. 154	

Ergebnisse schätzen

Rechne das Ergebnis nicht genau aus, sondern schätze es. Das heißt, überschlage es grob oder stelle kurze rechnerische Überlegungen an.

Zeit: **10 Minuten**

1. Aufgabe: 548 × 315 =
a) 155.200
b) 175.644
c) 182.141
d) 172.620

2. Aufgabe: 17.495 – 8.795 – 712 =
a) 7.988
b) 8.088
c) 8.112
d) 7.898

3. Aufgabe: 25.187 + 12.327 + 37.589 =
a) 74.895
b) 75.235
c) 74.903
d) 75.103

4. Aufgabe: 389.455 – 294.981 =
a) 93.974
b) 94.474
c) 89.740
d) 104.447

5. Aufgabe: 3.840 × 1.420 =
a) 580.688
b) 3.880.120
c) 7.564.110
d) 5.452.800

6. Aufgabe: 47 × 98 + 1.223 =
a) 15.023
b) 5.829
c) 6.145
d) 5.459

7. Aufgabe: 49 × 49 =
a) 2.501
b) 2.401
c) 2.081
d) 2.481

8. Aufgabe: 69,2 % von 1.845 =
a) 1.195,45
b) 1.412,37
c) 1.276,74
d) 1.588,89

9. Aufgabe: 3,2 × 6,7 =
a) 21,44
b) 21
c) 22,14
d) 19,4

10. Aufgabe: 3,2 cm von 11,8 cm =
a) ≈ 27,11 %
b) ≈ 29,88 %
c) ≈ 24,56 %
d) ≈ 35,12 %

11. Aufgabe: 367,85 – 184,6 + 1.302,66 =
a) 1.405,81
b) 1.630,91
c) 1.485,91
d) 1.508,11

12. Aufgabe: 36.340 ÷ 92 =
a) 395
b) 508
c) 421
d) 348

13. Aufgabe: 23,23 – 14,5 + 6,06 =
a) 2,67
b) 13,79
c) 15,97
d) 14,79

14. Aufgabe: 8.589.723 – 6.993.930 =
a) 1.605.793
b) 1.495.883
c) 995.643
d) 1.595.793

15. Aufgabe: 85^2 =
a) 8.100
b) 7.225
c) 7.921
d) 6.825

16. Aufgabe: 6 € von 4,00 €=
a) 145%
b) 150%
c) 135%
d) 160%

Lösungen: Ergebnisse schätzen

1. d)	7. b)	13. d)
2. a)	8. c)	14. d)
3. d)	9. a)	15. b)
4. b)	10. a)	16. b)
5. d)	11. c)	
6. b)	12. a)	

Zu 1. d) Berechne die letzte Ziffer 5 × 8=40. Die letzte Ziffer muss also 0 sein. Rechne vereinfacht 5,5 × 3 = 16,5. Das Ergebnis liegt also über 160.000 somit kommt nur 172.620 in Frage.

Zu 2. a) Berechne die letzten Ziffern 95 – 95 – 12 = 88. Die letzte Ziffer muss also 88 sein. Überschlage den Rest, das Ergebnis muss unter 8.000 liegen. Somit kommt nur 7.988 in Frage.

Zu 3. d) Berechne die letzte Ziffer 7 + 7 + 9 = 23. Die letzte Ziffer muss also 3 sein. Per Überschlag mit gerundeten Werten stellt man außerdem fest, dass die Lösung über 75.000 ist.

Zu 4. b) Berechne die letzte Ziffer 5 – 1 = 4. Die letzte Ziffer muss also 4 sein. Nach Abzug mit gerundeten Werten muss das Ergebnis bei rund 95.000 liegen.

Zu 5. d) Berechne die letzte Ziffer 0 x 0 = 0. Die letzte Ziffer muss also 0 sein. Rechne vereinfacht 4 × 1,5 = 6 und 4 × 1 = 4. Das Ergebnis muss also kleiner als 6 und größer als 4 sein.

Zu 6. b) Berechne die letzte Ziffer 7 × 8 + 3 = 59. Die letzte Ziffer muss also 9 sein. Vereinfacht kann man dann 4,7 × 10 rechnen. 4.700 + 1.200 = 5.900, das Ergebnis muss also bei diesem Wert liegen. Hier kommt nur 5.829 in Frage.

Zu 7. b) Berechne die letzte Ziffer 9 × 9 = 81. Die letzte Ziffer muss also 1 sein. Wenn du per Überschlag mit 50 × 50 (5 × 5 = 25) rechnest, erhältst du 2.500. Der Wert muss aber mindesten um 98 (49 + 49) darunter liegen.

Zu 8. c) Für die Schätzung empfiehlt es sich, zuerst den Anteil von 10 % zu bestimmen: 1.845 ÷ 10 = 184,5. Da der Anteil bei gut 70 % liegt, kannst du jetzt vereinfacht rechnen: 18 × 7 = 126 (1.260). Das Ergebnis muss also bei einem Wert von 1.260 liegen.

Zu 9. a) Berechne die letzte Ziffer 2 × 7 = 14. Die letzte Ziffer muss also 4 sein. Rechne nun mit gerundeten Werten von 3 × 7 = 21. Die Lösung muss also in diesem Bereich liegen. Hier trifft nur 21,44 zu.

Zu 10. a) Hier empfiehlt es sich, die beiden Zahlen erst auf- bzw. abzurunden. Rechne nun mit den Zahlen 3 und 12. 3 cm sind 25 % von 12 cm (12 ÷ 3 = 4, 100 ÷ 4 = 25). Der Prozentwert liegt also bei 25 %. Da wir aber mit gerundeten Zahlen grob gerechnet haben, muss die Lösung etwas mehr als 25 % betragen.

Zu 11. c) Berechne die Nachkommastellen: 85 – 60 + 66 = 91. Die letzte Ziffer muss also 91 sein. Per Überschlag der restlichen Zahlen stellst du fest, dass das Ergebnis bei rund 1.500 liegen muss.

Zu 12. a) Um hier annähernd zum Ergebnis zu kommen, müssen erst einmal beide Zahlen gerundet werden. Wir runden wie folgt: 36.000 ÷ 90 = 400. Auch vereinfacht: 36 ÷ 9 = 4. Das Ergebnis liegt also bei etwa 400.

Zu 13. d) Berechne die letzte Ziffer 23 – 50 + 0,6 = 79. Per Überschlag erhältst du einen restlichen Wert von 15. Die Lösung muss also knapp darunter liegen.

Zu 14. d) Die Berechnung durch die letzte Ziffer kannst du dir hier sparen, da sie bei allen Lösungen 3 ist. Rechne mit aufgerundeten Millionenwerten: 8,6 – 7 = 1,6 (1.600.000). Da mit aufgerundeten Werten gerechnet wurde, muss das Ergebnis knapp darunter liegen.

Zu 15. b) Hier empfiehlt es sich, die Quadratzahlen bis 100 auswendig zu können. Die letzte Ziffer lässt sich berechnen: 5 × 5 = 25. Die letzte Ziffer ist also 5. Eine mögliche Rechnung sieht wie folgt aus: 8,5 × 8,5 = 72,25. Besser lässt es sich rechnen, wenn du eine 0,5 zu der anderen Zahl addierst: 8 × 9 = 72 (72 × 100 = 7.200) Nun bist du der Lösung schon sehr nah gekommen.

Zu 16. b) Hier bietet sich eine einfache Rechnung an. Wenn die 4 € 100 % sind, dann sind 8 € 200%. Da der Wert aber nur um 2 € steigt, steigt der Prozentwert auch nur um 50 %.

Maße und Einheiten

Hier musst du Maße und Einheiten umrechnen. Zeit: **5 Minuten**

1. Wie viele Kubikzentimeter sind 775 Liter?
a) 77.500
b) 750
c) 7.500
d) 775.000

2. Wie viele Kilogramm sind 0,23 Tonnen?
a) 230
b) 23
c) 23.000
d) 2.300

3. Wie viele Meter sind 5.300 Zentimeter?
a) 5,3
b) 53
c) 530
d) 50,3

4. Wie viele Quadratmeter sind 420 Quadratzentimeter?
a) 42
b) 0,042
c) 4,2
d) 0,0042

5. Wie viele Gramm sind 2,5 Zentner?
a) 250.000
b) 1.250.000
c) 125.000
d) 12.500

6. Wie viele Hektar sind 6.400 Quadratmeter?
a) 0,64
b) 6,4
c) 64
d) 0,064

7. Wie viele Dezimeter sind 0,8 Kilometer?
a) 8.000
b) 800
c) 80.000
d) 800.000

8. Wie viele Liter sind 0,93 Milliliter?
a) 0,0093
b) 0,093
c) 0,00093
d) 0,000093

9. Wie viele Tage sind 432.000 Sekunden?
a) 7
b) 5
c) 2
d) 9

10. Wie viele Zentner sind 2.325 Kilogramm?
a) 93
b) 23,25
c) 46,5
d) 465

Lösungen: Maße und Einheiten

1. d)	5. c)	9. b)
2. a)	6. a)	10. c)
3. b)	7. a)	
4. b)	8. c)	

Zu 1. d) Ein Liter sind 1.000 Kubikzentimeter, also entsprechen 775 Liter 775.000 Kubikzentimeter: 775 x 1.000 cm^3 = 775.000 cm^3

Zu 2. a) Eine Tonne sind 1.000 Kilogramm, also entsprechen 0,23 Tonnen 230 Kilogramm: 0,23 x 1.000 kg = 230 kg

Zu 3. b) Ein Meter sind 100 Zentimeter, also entsprechen 5.300 Zentimeter 53 Meter: 5.300 ÷ 100 cm = 53 m

Zu 4. b) Ein Quadratmeter sind 10.000 Quadratzentimeter, also entsprechen 420 Quadratzentimeter 0,042 Quadratmeter: 420 ÷ 10.000 m^2 = 0,042 m^2

Zu 5. c) Ein Zentner sind 50 Kilogramm und ein Kilogramm entsprechen 1.000 Gramm bzw. 50 Kilogramm sind 50.000 Gramm, also entsprechen 2,5 Zentner 125.000 Gramm: 2,5 x 50.000 g = 125.000 g

Zu 6. a) Ein Hektar sind 10.000 Quadratmeter, also entsprechen 6.400 Quadratmeter 0,64 Hektar: 6.400 ÷ 10.000 m^2 = 0,64 ha

Zu 7. a) Ein Kilometer sind 1.000 Meter bzw. 10.000 Dezimeter, also entsprechen 0,8 Kilometer 8.000 Dezimeter: 0,8 x 10.000 dm = 8.000 dm

Zu 8. c) Ein Liter sind 1.000 Milliliter, also entsprechen 0,93 Milliliter 0,00093 Liter: 0,93 ÷ 1.000 ml = 0,00093 l

Zu 9. b) Ein Tag sind 24 Stunden bzw. 1.440 Minuten bzw. 86.400 Sekunden, also entsprechen 432.000 Sekunden 5 Tage: 432.000 ÷ 60 ÷ 60 ÷ 24 = 5

Zu 10. c) Ein Zentner sind 50 Kilogramm, also entsprechen 2.325 Kilogramm 46,5 Zentner: 2.325 ÷ 50 kg = 46,5 Ztr

Geometrie

Bei dieser Aufgabe musst du die fehlenden Ergebnisse für die jeweiligen Flächen und Körper berechnen. Bitte runde die Ergebnisse auf beziehungsweise rechne bis zur dritten Nachkommastelle. Trage die Lösungen in die freien Felder ein. Zeit: **15 Minuten**

1. Ergänze das Rechteck.

Seite a:	6
Seite b:	____
Flächeninhalt:	____
Umfang:	32

2. Ergänze das Rechteck.

Seite a:	6
Seite b:	4
Flächeninhalt:	____
Umfang:	____

3. Ergänze das Rechteck.

Seite a:	____
Seite b:	8
Flächeninhalt:	192
Umfang:	____

4. Ergänze das Rechteck.

Seite a:	14
Seite b:	____
Flächeninhalt:	____
Umfang:	52

5. Ergänze den Würfel.

Seite a:	10
Grundfläche:	____
Oberfläche:	____
Volumen:	____

6. Ergänze den Würfel.

Seite a:	____
Grundfläche:	____
Oberfläche:	____
Volumen:	2.744

7. Ergänze den Würfel.

Seite a:	____
Grundfläche:	____
Oberfläche:	4.056
Volumen:	____

8. Ergänze den Würfel.

Seite a:	____
Grundfläche:	36
Oberfläche:	____
Volumen:	____

9. Ergänze den Kreis.

Radius:	____
Durchmesser:	____
Umfang:	____
Flächeninhalt:	50,265

10. Ergänze den Kreis.

Radius:	____
Durchmesser:	____
Umfang:	119,381
Flächeninhalt:	____

Lösungen: Geometrie

Zu 1.:

Seite a:	6
Seite b:	10
Flächeninhalt:	60
Umfang:	32

Zu 2.:

Seite a:	6
Seite b:	4
Flächeninhalt:	24
Umfang:	20

Zu 3.:

Seite a:	24
Seite b:	8
Flächeninhalt:	192
Umfang:	64

Zu 4.:

Seite a:	14
Seite b:	12
Flächeninhalt:	168
Umfang:	52

Zu 5.:

Seite a:	10
Grundfläche:	100
Oberfläche:	600
Volumen:	1.000

Zu 6.:

Seite a:	14
Grundfläche:	196
Oberfläche:	1.176
Volumen:	2.744

Zu 7.:

Seite a:	26
Grundfläche:	676
Oberfläche:	4.056
Volumen:	17.576

Zu 8.:

Seite a:	6
Grundfläche:	36
Oberfläche:	216
Volumen:	216

Zu 9.:

Radius:	4
Durchmesser:	8
Umfang:	25,133
Flächeninhalt:	50,265

Zu 10.:

Radius:	19
Durchmesser:	38
Umfang:	119,381
Flächeninhalt:	1.134,115

Rechteckberechnung

Flächeninhalt A = a × b

Umfang U = 2 × a + 2 × b

Würfelberechnung

Grundfläche A = a × b

Oberfläche O = 6 × A

Volumen V = A^3 (a × a × a)

Kreisberechnung

Radius r = d ÷ 2

Durchmesser d = 2 × r

Umfang U= d × π

Flächeninhalt A = π × r^2

Symbolrechnen

In dieser Aufgabe musst du die Symbole durch Zahlen ersetzen, dabei stehen gleiche Symbole für gleiche Zahlen. Ein Symbol kann mit einer Zahl von 0 bis 9 ersetzt werden. Zeit: **10 Minuten**

1. Welche Zahl steht für Δ?
Δ × ΔΔ = ΩΩ
a) 4
b) 9
c) 3
d) 1

2. Welche Zahl steht für O?
Π + O − O − O = Π
a) 2
b) 0
c) 3
d) 6

3. Welche Zahl steht für Λ?
Λ × Λ = Λ + Λ
a) 2
b) 3
c) 6
d) 1

4. Welche Zahl steht für Π?
ΔΠ × Ψ = ΨΠ
a) 1
b) 7
c) 2
d) 0

5. Welche Zahl steht für Π?
ΤΧШ − Σ = ΠΠ
a) 9
b) 5
c) 7
d) 1

6. Welche Zahl steht für Ω?
ΛΛ + ΛΩ = ΩΧ
a) 2
b) 0
c) 5
d) 4

7. Welche Zahl steht für Π?
(Π + Π) × (Π + Π) = ΠΨ
a) 3
b) 6
c) 2
d) 4

8. Welche Zahl steht für Δ?
ΔШ ÷ Ш = Ш
a) 7
b) 4
c) 5
d) 2

9. Welche Zahl steht für Ω?
$\Pi\Pi^2$ = ΠΩΠ
a) 1
b) 4
c) 2
d) 8

10. Löse alle Symbole.
ΛΠ − OΔ = ΨΧ
÷ Λ × Λ = OΧ −
= OΔ + Π = ΔΣ

Λ =
Π =
O =
Δ =
Ψ =
X =
Σ =

Lösungen: Symbolrechnen

1. c)	5. a)	9. c)
2. b)	6.) d)	10. siehe unten
3. a)	7. a)	
4. d)	8. d)	

Zu 1.: c) 3
Δ × ΔΔ = ΩΩ
3 × 33 = 99

Zu 2.: b) 0
Π + O – O – O = Π
O steht für die Zahl 0. Für das Symbol Π kann jede Zahl von 1 bis 9 eingesetzt werden.
2 + 0 – 0 – 0 = 2

Zu 3.: a) 2
Λ × Λ = Λ + Λ
2 × 2 = 2 + 2

Zu 4.: d) 0
ΔΠ × Ψ = ΨΠ
Π steht für die Zahl 0. Für das Symbol Ψ kann jede Zahl von 1 bis 9 eingesetzt werden.
10 × 4 = 40

Zu 5.: a) 9
TXШ – Σ = ΠΠ
Π steht für die Zahl 9.
Für die erste Symbolreihe kommen mehrere Zahlen in Frage.
102 – 3 = 99 I 103 – 4 = 99 I 104 – 5 = 99 usw.

Zu 6.: d) 4
ΛΛ + ΛΩ = ΩΧ
22 + 24 = 46

Zu 7.: a) 3
(Π + Π) × (Π + Π) = ΠΨ
(3 + 3) × (3 + 3) = 36

Zu 8.: d) 2
ΔШ ÷ Ш = Ш
25 ÷ 5 = 5

Zu 9.: c) 2
$ΠΠ^2$ = ΠΩΠ
$11^2 = 121$

Zu 10.:
ΛΠ – ΟΔ = ΨΧ
÷ Λ × Λ = ΟΧ –
= ΟΔ + Π = ΔΣ

Λ = 4
Π = 8
Ο = 1
Δ = 2
Ψ = 3
Χ = 6
Σ = 0

48 – 12 = 36
÷ 4 × 4 = 16
12 + 8 = 20

Klammerrechnung

Rechne alle Aufgaben im Kopf aus und notiere gegebenenfalls Nebenrechnungen auf einem Notizblatt. Zeit: **20 Minuten**

1. Aufgabe:
50 + (47 – 16) + 89 – (59 – 9) =

2. Aufgabe:
(82 – 45) + 32 – (11 – 5) – 16 =

3. Aufgabe:
68 – (49 – 38) + 58 – (40 – 7) =

4. Aufgabe:
70 – (38 – 13) + (41 – 11) – 19 =

5. Aufgabe:
76 + 24 – (30 – 23) + 19 + 62 =

6. Aufgabe:
56 + (52 – [26 + 11 – 40]) + 25 =

7. Aufgabe:
104 – 20 – (12 – [25 – 10]) + 12 =

8. Aufgabe:
64 + 26 – (37 – [20 + 18]) – 16 =

9. Aufgabe:
97 – (39 – 14) – (57 – [20 + 18]) =

10. Aufgabe:
5 × (3 – 1) × (8 + 8) =

11. Aufgabe:
8 × 5 – (7 + [5]) =

12. Aufgabe:
7 × 1 × (2) + (5 – 8) =

13. Aufgabe:
5 – (2 × 2 + [9 × 5]) =

14. Aufgabe:
6 – (6 × [7] – 9) =

15. Aufgabe:
7 + 7 × 6 – (8 – [3]) =

16. Aufgabe:
8 × 8 + (4 × [6]) =

17. Aufgabe:
6 × 8 × (9 – [8]) =

18. Aufgabe:
8 + (6 – 5 + [7] × 7) =

19. Aufgabe:
7 × (2) – 3 – (8 – 6) =

20. Aufgabe:
2 + 1 – 7 × (8) × (4) =

21. Aufgabe:
(-8) × 3 – (–12) × 3 =

22. Aufgabe:
–24 + 15 – (-3 × 33 – [7 × 5]) =

23. Aufgabe:
217 – 85 – (14 × [– 3] + 518) – 42 =

24. Aufgabe:
12 × 5 – 3 × (–3 × 8 + [–76]) =

25. Aufgabe:
(–212) × 3 + 110 + (9 × 6) =

26. Aufgabe:
2.750 – (5 × 325) – (69 ÷ 3) =

27. Aufgabe:
32 – (840 – 584) ÷ (64 ÷ 4) × 3 =

28. Aufgabe:
3 × {99 – [4 + 2 (21 ÷ 3) × 2] + 8} – 6 =

29. Aufgabe:
$(-3)^3 + (-2)^4 =$

30. Aufgabe:
$(-5)^4 + (-3)^5 =$

Lösungen: Klammerrechnung

1. 120	11. 28	21. 12
2. 47	12. 11	22. 125
3. 82	13. –44	23. –386
4. 56	14. –27	24. 360
5. 174	15. 44	25. –472
6. 136	16. 88	26. 1.102
7. 99	17. 48	27. –16
8. 75	18. 58	28. 219
9. 53	19. 9	29. –11
10. 160	20. –221	30. 382

Was ist bei der Klammerrechnung zu beachten?
Klammern drücken eine vorrangige Rechenoperation, vor anderen in der Rechenreihenfolge, aus.

- Regel 1: Punktrechnung geht vor Strichrechnung
- Regel 2: den Wert innerhalb der Klammern immer zuerst ermitteln

Regel 3: Klammern innerhalb von Klammern sind zuerst aufzulösen. Klammern werden immer von innen nach außen aufgelöst.

Bruchrechnung

Löse alle Aufgaben im Kopf und notiere gegebenenfalls Nebenrechnungen auf einem Notizblatt.

Zeit: **15 Minuten**

1. Aufgabe: $\frac{4}{2} + \frac{6}{3} =$

2. Aufgabe: $\frac{6}{4} + \frac{1}{5} =$

3. Aufgabe: $\frac{4}{5} - \frac{3}{6} =$

4. Aufgabe: $\frac{5}{3} - \frac{5}{6} =$

5. Aufgabe: $\frac{1}{3} \times \frac{5}{3} =$

6. Aufgabe: $\frac{2}{2} \div \frac{5}{4} =$

7. Aufgabe: $3\frac{12}{6} =$

8. Aufgabe: $5\frac{8}{7} =$

9. Aufgabe: $6 \times \frac{5}{24} =$

10. Aufgabe: $14 \times \frac{5}{56} =$

11. Aufgabe: $4\frac{2}{3} \times 6\frac{2}{1} =$

12. Aufgabe: $4\frac{3}{2} \div 2\frac{3}{2} =$

Lösungen: Bruchrechnung

Zu 1.:

$\frac{4}{2} + \frac{6}{3} = \frac{12}{6} + \frac{12}{6} = \frac{24}{6}$

$= 4$

Zu 2.:

$\frac{6}{4} + \frac{1}{5} = \frac{30}{20} + \frac{4}{20} = \frac{34}{20} =$

$1 \frac{7}{10}$

Zu 3.:

$\frac{4}{5} - \frac{3}{6} = \frac{24}{30} - \frac{15}{30} = \frac{9}{30} =$

$\frac{3}{10}$

Zu 4.:

$\frac{5}{3} - \frac{5}{6} = \frac{10}{6} - \frac{5}{6} = \frac{5}{6}$

Zu 5.:

$\frac{1}{3} \times \frac{5}{3} = \frac{1 \times 5}{3 \times 3} = \frac{5}{9}$

Zu 6.:

$\frac{2}{2} \div \frac{5}{4} = \frac{2}{2} \times \frac{4}{5} = \frac{2 \times 4}{2 \times 5} =$

$\frac{8}{10} = \frac{4}{5}$

Zu 7.:

Zähler: 6 x 3 + 12 = 30

$3 \frac{12}{6} = \frac{30}{6} = 5$

Zu 8.:

Zähler: 7 x 5 + 8 = 43

$5 \frac{8}{7} = \frac{43}{7} = 6 \frac{1}{7}$

Zu 9.:

Zähler: 6 x 5 = 30

$6 \times \frac{5}{24} = \frac{30}{24} = \frac{5}{4} = 1 \frac{1}{4}$

Zu 10.:

Zähler: 14 x 5 = 70

$14 \times \frac{5}{56} = \frac{70}{56} = \frac{5}{4} = 1 \frac{1}{4}$

Zu 11.:

$4 \frac{2}{3} \times 6 \frac{2}{1} = \frac{14}{3} \times \frac{8}{1} = \frac{112}{3}$

$= 37 \frac{1}{3}$

Zu 12.:

$4 \frac{3}{2} \div 2 \frac{3}{2} = \frac{11}{2} \div \frac{7}{2} = \frac{11}{2}$

$\times \frac{2}{7} = \frac{22}{14} = \frac{11}{7} = 1 \frac{4}{7}$

Gleichungen lösen

Löse alle Aufgaben im Kopf und notiere dir gegebenenfalls deine Zwischenschritte auf ein Notizblatt. Löse die Gleichungen nach x auf.

Zeit: **10 Minuten**

1. Aufgabe
$13x - 4 = 52 + 5x$ |
|
|
x =

2. Aufgabe
$2x - 9 = -49 + 7x$ |
|
|
x =

3. Aufgabe
$3x + 12 = 92 - 7x$ |
|
|
x =

4. Aufgabe
$8x + 8 = 2 + 14x$ |
|
|
x =

5. Aufgabe
$13x + 5 = 33 + 9x$ |
|
|
x =

6. Aufgabe
$7x - 8 = -17 + 8x$ |
|
|
x =

7. Aufgabe
$21x + 10 = 74 + 13x$ |
|
|
x =

8. Aufgabe
$-4x - 6 = -18 + 2x$ |
|
|
x =

Lösungen: Gleichungen lösen

1. Aufgabe
13x – 4 = 52 + 5x
13x – 5x – 4 = 52 | – 5x
8x – 4 = 52 | + 4
8x = 56 | ÷ 8
x = 7

2. Aufgabe
2x – 9 = –49 + 7x
2x – 9 = –49 + 7x | – 7x
– 5x – 9 = –49 | + 9
– 5x = –40 | ÷ (–5)
x = 8

3. Aufgabe
3x + 12 = 92 – 7x
3x + 7x+ 12 = 92 | + 7x
10x + 12 = 92 | – 12
10x = 80 | ÷ 10
x = 8

4. Aufgabe
8x + 8 = 2 + 14x
8x – 14x + 8 = 2 | – 14x
–6x = 2 – 8 | – 8
–6x = –6 | ÷ (–6)
x = 1

5. Aufgabe
13x + 5 = 33 + 9x
13x – 9x + 5 = 33 | – 9x
4x + 5 = 33 | – 5
4x = 28 | ÷ 4
x = 7

6. Aufgabe
7x – 8 = –17 + 8x | – 8x
–1x – 8 = –17 | + 8
–1x = –9 | ÷ (–1)
x = 9

7. Aufgabe
21x + 10 = 74 + 13x
21x – 13x + 10 = 74 | – 13x
8x + 10 = 74 | – 10
8x = 64 | ÷ 8
x = 8

8. Aufgabe
–4x – 6 = –18 + 2x
–4x – 2x – 6 = –18 | – 2x
–6x – 6 = –18 | + 6
–6x = –12 | ÷ (–6)
x = 2

Prozentrechnung

Aufgaben zur Prozentrechnung sind in Einstellungstests sehr beliebt. Um die richtige Lösung zu finden, sollten die drei Werte Grundwert (G), Prozentwert (W) und Prozentsatz (p) ein Begriff sein, denn einer dieser Werte ist meistens gefragt und muss anhand der allgemeinen Formel (p % = W ÷ G) ermittelt werden. Bitte beachte an dieser Stelle, dass die Formel gegebenenfalls umgeformt werden muss.

p % = p ÷ 100

Beispiel
In der folgenden Beispielaufgabe wollen wir die Formel nun anwenden und aufzeigen, wie eine Aufgabe aus dem Bereich Prozentrechnung gelöst werden kann.

Beispielaufgabe: Wie viel sind 5 % von 200?
p = 5 %
G = 200
W = ?

Die oben gegebene Formel lässt sich nach den verschiedenen Variablen G, W und p umstellen.

p % = W ÷ G
W = p % × G
G = W ÷ p %

In diesem Fall ist W gesucht. Daher berechnen wir W = 5 % × 200 beziehungsweise W = (5 ÷ 100) × 200 = 10.

Zeit: **15 Minuten**

1. Von den 32 Schülern haben drei Schüler eine 1 geschrieben und weitere fünf haben die Note 2. Die anderen waren bei einer 3 oder schlechter. Wie viel Prozent der Schüler waren besser als eine 3?
a) 20 %
b) 40 %

c) 25 %
d) 30 %

2. Vor zehn Jahren gab es 35 % Singlehaushalte in der EU. Und es gab 260 Mio. Haushalte mit mehr als einer Person. Wie viele Singlehaushalte gab es in der EU?
a) 130 Mio.
b) 140 Mio.
c) 35 Mio.
d) 120 Mio.

3. Der Joghurt, den Meike kaufen möchte, ist 250 g schwer. Auf der Verpackung steht, dass dieser 16 g Fett enthält. Wie viel Prozent Fett enthält der Joghurt?
a) 6,4 %
b) 7,8 %
c) 16 %
d) 2,5 %

4. Herr Glück hat 900 Euro inklusive Zinsen von seinem Bankkonto abgehoben. Das Geld wurde ein Jahr lang zu einem stolzen Zinssatz von 20 % fest verzinst. Wie viel Kapital musste Herr Glück vor einem Jahr anlegen, um diese Summe zu erhalten?
a) 180 Euro
b) 750 Euro
c) 700 Euro
d) 450 Euro

5. Herr Schmidt kauft ein neues Auto für 50.000 Euro. Leider hat das Auto bereits nach kurzer Zeit einen Getriebeschaden, was hohe Reparaturkosten verursacht. Herr Schmidt erhält aus diesem Grund von seinem Händler 20 % des Kaufpreises erstattet. Wie viel Euro erhält Herr Schmidt vom Händler?
a) 10.000 Euro
b) 20.000 Euro
c) 25.000 Euro
d) 30.000 Euro

6. Frau Feldbusch kauft sich für 500 Euro Aktien. Aufgrund einer guten wirtschaftlichen Entwicklung steigen die Aktienkurse auf 200 % des eingesetzten Kapitals. Wie viel Euro sind diese Aktien nun Wert?
a) 500 Euro
b) 1.000 Euro
c) 2.000 Euro
d) 5.000 Euro

7. Wie drückt man das Verhältnis 16 von 32 in Prozent aus (Prozentsatz)?
a) 16 %
b) 32 %
c) 60 %
d) 50 %

8. 8 % sind 80 Einheiten, wie viel sind 100 % (Grundwert)?
a) 100 Einheiten
b) 1.000 Einheiten
c) 400 Einheiten
d) 4.000 Einheiten

9. Der Preis für eine Kilowattstunde wird von 0,25 Euro auf 0,30 Euro erhört. Wie hoch ist die Steigerung in %?
a) 20 %
b) 25 %
c) 30 %
d) 5 %

10. Bei meiner Stamm-Apotheke erhalte ich drei Prozent Rabatt auf alle Rechnungen. Meine letzte Rechnung betrug vor Abzug 40,00 Euro. Wie hoch war die Ersparnis?
a) vier Euro
b) zwölf Euro
c) 1,20 Euro
d) 0,40 Euro

11. Im Polizeibezirk Bochum arbeiten 1.500 Männer und 500 Frauen. Wie hoch ist der prozentuale Frauenanteil in diesem Bezirk?

a) 15 %
b) 20 %
c) 25 %
d) 30 %

12. Der Bauer hat insgesamt 90 Apfelbäume und will 18 weitere anpflanzen. Wie viel Prozent sind das?
a) 18 %
b) 20 %
c) 24 %
d) 19 %

13. Der Pizza-Lieferservice wirbt mit 20 % Rabatt bei der nächsten Bestellung. Luisa möchte sich eine 15,00 Euro Pizza bestellen. Wie hoch wäre die Ersparnis?
a) 2,50 Euro
b) 3,00 Euro
c) 2,00 Euro
d) 1,50 Euro

14. Wie hoch ist die Wahrscheinlichkeit in Prozent, als Kandidat bei der Show „Wer wird Millionär" eine Million Euro zu gewinnen, wenn es nur sechs Kandidaten von 300 schaffen?
a) 0,6 %
b) 1,5 %
c) 3 %
d) 2 %

15. Bei einer mobilen Blitzkontrolle beträgt die Wahrscheinlichkeit, dass jemand zu schnell fährt, etwa zehn Prozent. Die Blitzkontrolle wurde an einer vielbefahrenen Straße aufgebaut. Hier fahren von 7.00 Uhr bis 16.00 Uhr etwa 2.100 Autos entlang. Pro Ticket fallen Kosten von durchschnittlich zehn Euro an. Wie hoch ist der Betrag, der hier im genannten Zeitraum an Strafen eingenommen wird?
a) 2.100 Euro
b) 2.200 Euro
c) 2.300 Euro
d) 2.400 Euro

16. Wie viele Birnen können gekauft werden, wenn zehn Prozent von 80 Birnen vom Markt genommen wurden?
a) 76 Birnen
b) 88 Birnen
c) 70 Birnen
d) 72 Birnen

17. Ende April 2015 waren in den Bremer Justizvollzugsanstalten 1.350 Strafgefangene inhaftiert. Das sind etwa vier Prozent weniger als im Vorjahr, so das Statistikamt. Wie viele Strafgefangene waren im Vorjahr inhaftiert?
a) 1.445 Strafgefangene
b) 1.296 Strafgefangene
c) 1.404 Strafgefangene
d) 1.498 Strafgefangene

18. Im Jahr 2013 wurden deutschlandweit 9.640 Tote durch Verkehrsunfälle verzeichnet. Darunter waren 1.364 Motorradunfälle und 3.456 PKW-Unfälle. Wie viel Prozent der Tode wurden nicht durch Motorräder oder PKWs verursacht?
a) 15 %
b) 25 %
c) 50 %
d) 75 %

Lösungen: Prozentrechnung

1. c)	7. d)	13. b)
2. b)	8. b)	14. d)
3. a)	9. a)	15. a)
4. b)	10. c)	16. d)
5. a)	11. c)	17. c)
6. b)	12. b)	18. c)

Zu 1.: c) Zuerst muss die Anzahl der Schüler, die besser als eine 3 waren, berechnet werden: drei (Anzahl der Note 1) + fünf (Anzahl der Note 2) = acht. Eingesetzt in die Formel für Prozentrechnung, ergibt sich ein Wert von $p = 8 \div 32 \times 100\,\% = 25\,\%$.

Zu 2.: b) Um herauszufinden, wie viele Singlehaushalte es gegeben hat, muss zuerst die Gesamthaushaltszahl bestimmt werden. Hierzu stellen wir die Formel um: $G = W \div p\,\% \times 100\,\% = 260$ Mio. $\div\ 65\,\% \times 100\,\% = 400$ Mio. Mit Hilfe des berechneten Grundwerts lässt sich in Teilschritt zwei der Prozentwert durch $W = p\,\% \times G = 35\,\% \div 100\,\% \times 400$ Mio. = 140 Mio. ermitteln.

Zu 3.: a) Einsetzen in die Formel bringt: $p = 16 \div 250 \times 100\,\% = 6{,}4\,\%$.

Zu 4.: b) Mit $p = 120\,\%$ und $W = 900$ Euro erhält man: $G = W \div p \times 100\,\% = 750$ Euro. Der Prozentsatz p wird so gewählt, da man im Vorjahr 100 % hatte und jetzt durch die Zinsen 20 % dazugekommen sind.

Zu 5.: a) Wird die Gleichung nach dem Prozentwert W umgestellt und für $p = 20\,\%$ und $G = 50.000$ Euro gewählt, so erhält man: $W = p\,\% \times G = 10.000$ Euro

Zu 6.: b) Entsprechen 500 Euro gleich 100 %, so verdoppelt sich dieser Wert, um auf 200 % zu kommen. Antwort b) ist korrekt.

Zu 7.: d) $p = 16 \div 32 \times 100\,\% = 50\,\%$. In diesem Fall wird mit 100 % multipliziert, da das Resultat in Prozent gewünscht ist. Ist nur das Verhältnis gefragt, so stimmt Antwort d) ebenfalls.

Zu 8.: b) Mit $W = 80$ Einheiten und $p = 8\,\%$: $G = W \div p \times 100\,\% = 1.000$ Einheiten.

Zu 9.: a) Bei dieser Aufgabe ist zu beachten, dass G und W richtig gewählt werden: Da es sich um eine Steigerung handelt, wird der Prozentsatz auch über 100 % betragen.

Daher müssen nach der Berechnung $p = 0{,}30 \div 0{,}25 \times 100\,\% = 120\,\%$, mit $W = 0{,}30$ Euro und $G = 0{,}25$ Euro, die anfänglichen 100 % abgezogen werden, um auf die reine Steigerung zu kommen.

Zu 10.: c) Siehe Lösung Aufgabe 5: $W = p\,\% \times G = 1{,}20$ Euro

Zu 11.: c) Die große Gefahr ist hierbei, dass anstatt mit 2.000 Beschäftigten nur mit dem Anteil der Männer von 1.500 Arbeitern gerechnet wird. Eingesetzt ergibt dies: p = 500 ÷ 2.000 × 100 % = 25 %

Zu 12.: b) p = 18 ÷ 90 × 100 % = 20 %

Zu 13.: b) Siehe Lösung Aufgabe 5: W = p % × G = 3,00 Euro

Zu 14.: d) p = 6 ÷ 300 × 100 % = 2 %

Zu 15.: a) Diese Aufgabe besteht aus zwei Teilschritten: die Berechnung der Anzahl an Autos, die mit großer Wahrscheinlichkeit zu schnell fahren, und der daraus resultierenden Gesamtsumme. Für Ersteres dient die Formel W = p % × G = 210 Autos, mit p = 10 % und G = 2.100 Autos. Da jedes Auto durchschnittlich 10 € bezahlt, lautet das Resultat in Teilschritt 2: 210 × 10 € = 2.100 €.

Zu 16.: d) Siehe Lösung Aufgabe 5: W = p % × G = 72 Stück. Hierbei ist zu beachten, dass nicht die im Text erwähnten 10 % für p gewählt werden, sondern die verbleibenden 90 %.

Zu 17.: c) Die Ende April 2015 1.350 Inhaftierten entsprechen 96%, die aus dem Vorjahr 100%. Daraus ergibt sich: 1.350 × 4% =54
100 % = 1.350 + 54 = 1.404

Zu 18.: c) Da nach den Verkehrsunfällen gefragt ist, welche weder von PKWs noch Motorrädern verursacht worden sind, müssen von den 9.640 Toten insgesamt 4.820 Opfer (Summe der Motorrad- und PKW-Unfälle) subtrahiert werden. So berechnet sich p nach: p = 4.820 ÷ 9.640 × 100 % = 50 %

Zinsrechnung

Die **Deutsche Zinsmethode** sieht vor, dass jeder Monat mit 30 Zinstagen und ein gesamtes Jahr mit 360 Zinstagen gerechnet wird. Somit werden Monate, die als Ganzes zwischen Anfangsdatum und Enddatum des Zinszahlungszeitraums liegen, unabhängig von ihrer tatsächlichen Tagesanzahl mit je 30 Tagen gezählt.

Löse alle Aufgaben und trage das Ergebnis entsprechend ein. Bei Rechenaufgaben darfst du Nebenrechnungen auf ein Notizblatt schreiben.

Zeit: **10 Minuten**

1. Ein Kapital von 22.500 € wird zu einem Zinssatz von 7,5 % angelegt. Wie hoch ist der Zins nach neun Monaten und zehn Tagen?

Ergebnis: ___________ €

2. Das Haus der Familie Müller ist mit einer Hypothek belastet. Familie Müller zahlt bei einem Zinssatz von 8,5 % monatlich 637,50 € Zinsen. Wie hoch ist die Hypothek?

Ergebnis: ___________ €

3. Herr Schmidt kauft ein Auto zum Preis von 13.750 € und lässt diese Summe vom Auto-händler finanzieren. In einem Jahr hat Herr Schmidt 15.331,25 € gezahlt. Wie hoch war der Zinssatz?

Ergebnis: ___________ %

4. Zum Bau eines Einfamilienhauses benötigt Familie Koch eine Hypothek von 150.000 €. Die Zinsen für die ersten fünf Jahre sind auf 6 % pro Jahr festgelegt. Außerdem muss Familie Koch 1 % Tilgung pro Jahr zahlen. Wie hoch sind die monatlichen Kosten der Familie Koch?

Ergebnis: ___________ €

5. Ein Sparer erhält für sein Kapital von 42.500 € bei einem Zinssatz von 6,5 % 552,50 € ausgezahlt. Wie lange war das Kapital angelegt?

Ergebnis: ___________ Tage

6. Für ein Darlehn von 33.000 € mussten bei einem Zinssatz von 8 % insgesamt 9.240 € an Zinsen gezahlt werden. Nach welcher Zeit wurde das Darlehen abgelöst?

Ergebnis: ___________ Monate

7. Ein Kleinwagen kostet 15.600€, wenn er bar bezahlt wird. Das Auto kann auch in zwei Raten zu 8.000 € bezahlt werden, wobei die erste Rate sofort und die zweite zu einem späteren Zeitpunkt ist. Wie viel beträgt der Zinssatz, den der Verkäufer bei diesem Abzahlungsgeschäft verlangt?

Ergebnis: ___________ %

8. Deine Eltern haben für dich auf der Bank Festgeld bei einem Zinssatz von 3,00 % angelegt. Nach einem Jahr werden dir auf deinem Sparbuch dafür 45 € Zinsen gutgeschrieben.

a) Berechne, wie viel Geld deine Eltern für dich angelegt haben.

b) Berechne, wie viel Zinsen du in zehn Tagen erhältst.

Ergebnis:

a) = ___________ €

b) = ___________ €

Mögliche Lösungswege: Zinsrechnung

Zu 1.: **1.312,50 €**
Jahreszins = 22.500 € × 7,5 % ÷ 100 %= 1.687,50€
Tageszins = 1.687,50 € ÷ 360 = 4,6875 €
Gesamtzins = 4,6875 € × 280 = 1.312,50 €

Zu 2.: **90.000 €**
Jahreszahlung= 637,50 € × 12 = 7.650 €
Kapital = 7.650 € ÷ 8,5 % × 100 % = 90.000 €

Zu 3.: **11,5 %**
Zinszahlung = 15.331,25 € - 13.750 €= 1.581,25 €
Prozentwert= 1.581,25 € ÷ 13.750 € × 100 % = 11,5 %

Zu 4.: **875 €**
Jahreszins = 150.000 € ÷ 100 % × 7 % = 10.500 €
Monatszins = 10.500 € ÷ 12 = 875€

Zu 5.: **72 Tage**
Jahreszins = 42.500 € × 6,5 % ÷ 100 %= 2.762,50 €
Tageszins = 2.762,50 € ÷ 360 = 7,67361111 €
Anlagedauer = 552,50 € ÷ 7,67361111 € = 72

Zu 6.: **42 Monate**
Jahreszins = 33.000 € × 8 % ÷ 100 % = 2.640 €
Monatszins = 2.640 € ÷ 12 = 220 €
Anlagedauer = 9.240 € ÷ 220 € = 42

Zu 7.: **5,263 %**
Der Verkäufer leiht dem Käufer 7.600 Euro und verlangt dafür eine „Gebühr“ von 400 Euro.
Zinssatz = 400 € × 100 % ÷ 7.600 € = 5,263 %

Zu 8. a) **1.500€**, b) **1,25 €**
Zu a): Anlagesumme = 45 € × 100 % ÷ 3 % = 1.500 €
Zu b) Tageszins = 45 € ÷ 360 = 0,125 €
Tageszins = 0,125 € x 10 = 1,25 €

Dreisatz

Der Dreisatz (auch Verhältnisgleichung genannt) ist ein Lösungsverfahren, um in den meisten Fällen aus drei gegebenen Werten eines Verhältnisses den unbekannten vierten Wert zu berechnen. Dabei unterscheidet man bei der Schwierigkeit der Aufgaben zwischen einem einfachen Dreisatz (je mehr A, desto mehr B), umgekehrten Dreisatz (Je mehr A, desto weniger B) und zusammengesetzten Dreisatz (beispielsweise je mehr A und je weniger B, desto mehr C).

Beispiel
Das folgende Beispiel soll dir helfen, die Vorgehensweise zur Lösung von Dreisatzaufgaben ins Gedächtnis zu rufen:

Beispielaufgabe: Drei Hamburger kosten neun Euro. Wie viel kosten vier Hamburger?

Meistens wird bei Dreisatzaufgaben versucht, zunächst den Wert für eine Sache zu berechnen. In diesem Fall also der Preis für einen Hamburger.

Da drei Hamburger neun Euro kosten, berechnen wir 9 Euro ÷ 3 Hamburger = 3 Euro pro Hamburger. Ein Hamburger kostet also 3 Euro.

Da an der Stelle nach vier Hamburgern gefragt ist, berechnen wir: 4 × 3 Euro = 12 Euro. Vier Hamburger kosten also 12 Euro.

Zeit: **20 Minuten**

1. Anlässlich des Firmenjubiläums von sechs Mitarbeitern, welche zusammen 60 Jahre bei dieser Firma arbeiten, erhalten diese eine Prämie von insgesamt 1.200 Euro. Die Prämie errechnet sich nach der Anzahl der Dienstjahre. Karim Schuster wird nächstes Jahr sein 15-jähriges Jubiläum erreichen und überlegt, ob er mit der Prämie seinen Jahresurlaub zahlen kann, der 540 Euro kosten wird. Kann er das?
a) Ja, er kann den Urlaub mit der Prämie zahlen.
b) Nein, er kann den Urlaub nicht mit der Prämie zahlen.
c) Ja, es bleibt sogar noch was für Cocktails übrig.
d) Ja, wenn er noch 80 Euro dazuzahlt.

2. Eine Belegschaft von zwölf Arbeitern hat in je acht Stunden an sieben Tagen 390.000 Federn produziert. Über einen Zeitraum von 16 Tagen sollen 2.340.000 Federn produziert werden. Wie viele Arbeiter werden am Band benötigt, wenn acht Stunden am Tag gearbeitet wird?
a) unter 20 Arbeiter
b) zwischen 20 und 29 Arbeiter
c) zwischen 30 und 36 Arbeiter
d) mehr als 36 Arbeiter

3. Zwei Pumpen füllen in sechseinhalb Stunden einen Pool, welcher 13.000 Liter fasst. Für einen Pool, der 21.000 Liter fasst, werden drei dieser Pumpen verwendet. Wie lange benötigen diese Pumpen, um den Pool zu füllen?
a) vier Stunden
b) fünf Stunden
c) sechs Stunden
d) sieben Stunden

4. Hans möchte Rindfleisch kaufen. 450 g kosten 13,50 Euro. Was kostet ein Kilogramm Rindfleisch?
a) 28 Euro
b) 27 Euro
c) 45 Euro
d) 30 Euro

5. Für die Vorbereitungen auf einen Tornado stattet Familie Frisch ihren Bunker aus. Vor einigen Jahren ist das Ehepaar mit neun Konserven und zwölf Litern Wasser für drei Tage ausgekommen. Mittlerweile hat das Ehepaar zwei Kinder und möchte sich im Notfall für fünf Tage versorgen können. Wie viele Konserven und wie viel Liter Wasser sollte die Familie in den Bunker bringen, wenn jede Person die gleiche Menge verbraucht?
a) zehn Konserven und 15 Liter Wasser
b) 15 Konserven und 25 Liter Wasser
c) 20 Konserven und 30 Liter Wasser
d) 30 Konserven und 40 Liter Wasser

6. Aus drei Brunnen können maximal 24 Familien mit Wasser versorgt werden. Wie viele Familien können aus 20 Brunnen mit Wasser versorgt werden?
a) 160 Familien
b) 140 Familien
c) 120 Familien
d) 150 Familien

7. Ein Weizenfeld wird von fünf Mähdreschern in neun Tagen bestellt. Wie lange brauchen 15 Mähdrescher dafür?
a) drei Tage
b) vier Tage
c) fünf Tage
d) sechs Tage

8. Zwei Maurer brauchen 48 Stunden, um eine Mauer hochzuziehen. Wie viele Stunden benötigen sechs Maurer für die gleiche Arbeit?
a) zehn Stunden
b) 16 Stunden
c) 18 Stunden
d) 24 Stunden

9. Mona ist 24 Kilometer gefahren und hat 1,2 Liter Benzin verbraucht. Wie viel Liter verbraucht sie auf 100 Kilometern?
a) zehn Liter
b) fünf Liter
c) acht Liter
d) 2,4 Liter

10. Um ein Waldstück von 80.000 Quadratmetern abzusuchen, benötigen zehn Polizisten 40 Stunden. Wie lange benötigen fünf Polizisten für eine Fläche von 50.000 Quadratmetern?
a) 25 Stunden
b) 50 Stunden
c) 80 Stunden
d) 100 Stunden

11. Für die Strecke von der Polizeiwache zum Einsatzort benötigt der Fahrer 24 Minuten bei der zulässigen Höchstgeschwindigkeit von 80 km/h. Mit Blaulicht kann er etwa 40 km/h schneller fahren. Wie lange benötigt er für die Strecke, wenn er das Blaulicht verwendet?
a) vier Minuten
b) 16 Minuten
c) 20 Minuten
d) 48 Minuten

12. Für die Fertigstellung eines Rohbaus von einem neuen Gebäudeteil benötigen vier Bauarbeiter, die täglich sieben Stunden arbeiten, 20 Tage. Ein Maurer hatte einen Arbeitsunfall. Die übrigen Bauarbeiter können den Verlust etwas kompensieren, indem sie täglich eine Stunde länger arbeiten, also acht Stunden am Tag. Wie viele Tage dauert es nun, bis der neue Gebäudeteil fertiggestellt wird?
a) zirka 20 Tage
b) zirka 21 Tage
c) zirka 23 Tage
d) zirka 33 Tage

13. Zwei Fliesenleger benötigen für das Fliesen einer 32 Quadratmeter großen Garage vier Stunden. Wie lange brauchen fünf Fliesenleger für 40 Quadratmeter?
a) fünf Stunden
b) vier Stunden
c) drei Stunden
d) zwei Stunden

14. Um eine Mauer von 32 Quadratmeter zu ziehen, brauchen zwei Maurer vier Stunden. Wie lange brauchen drei Maurer für eine 144 Quadratmeter Mauer?
a) zehn Stunden
b) elf Stunden
c) zwölf Stunden
d) 15 Stunden

15. Für eine Strecke benötigt man neun Stunden bei einer Geschwindigkeit von 80 km/h. Wie hoch muss die Geschwindigkeit sein, wenn man diese Strecke in sechs Stunden schaffen möchte?
a) 90 km/h
b) 100 km/h
c) 110 km/h
d) 120 km/h

16. Ein leitender Angestellter möchte vom Unternehmen ein Geschäftsauto gestellt bekommen. Er muss allerdings ein Prozent des Kaufwertes monatlich versteuern. Wie viel Euro muss er im Jahr zusätzlich versteuern, wenn das Geschäftsauto 32.000 Euro kostet?
a) 8.340 Euro
b) 3.840 Euro
c) 320 Euro
d) 3.200 Euro

17. Ein Polizeiauto verbraucht auf 100 Kilometer etwa neun Liter Benzin. Wie viel Benzin benötigt dieses Auto für 350 Kilometer?
a) 31,5 Liter Benzin
b) 32 Liter Benzin
c) 32,5 Liter Benzin
d) 33,5 Liter Benzin

18. Für eine kleine Feier zum Einstand plant Lara, für sich und ihre elf Kollegen 60 Euro für Getränke ein. Kurzfristig melden sich vier Personen ab. Für das übrige Geld möchte sie nun noch einen edlen Tropfen kaufen. Wie viel Geld kann sie dafür ausgeben?
a) 15 Euro
b) 20 Euro
c) 25 Euro
d) 30 Euro

19. In fünf Tagen schaffen es zwei Paketdienste 800 Päckchen auszuliefern. Wie viele Päckchen können maximal ausgeliefert werden, wenn drei Paketdienste nur zwei Tage Zeit haben?
a) 480 Päckchen
b) 1.200 Päckchen
c) 240 Päckchen
d) 320 Päckchen

20. Von einem Containerschiff werden in 30 Minuten sieben Container entladen. Wie lange dauert die Entladung von 56 weiteren Containern?
a) vier Stunden
b) fünf Stunden
c) sechs Stunden
d) sieben Stunden

21. Vier Arbeiter benötigen zwölf Arbeitsstunden, um ein Waldstück vollständig zu roden. Welche Zeit benötigen zehn Arbeiter für dieselben Rodungsarbeiten?
a) vier Stunden 48 Minuten
b) vier Stunden acht Minuten
c) vier Stunden 36 Minuten
d) vier Stunden 54 Minuten

22. Ein Student gibt an 14 Tagen im Monat jeweils fünf Euro in der Mensa aus. Für wie viele Tage würde das gleiche Geld reichen, wenn er jeweils nur 3,50 Euro ausgeben würde?
a) 20 Tage
b) 25 Tage
c) 17 Tage
d) 19 Tage

Lösungen: Dreisatz

1. b)	9. b)	17. a)
2. c)	10. b)	18. b)
3. d)	11. b)	19. a)
4. d)	12. c)	20. a)
5. d)	13. d)	21. a)
6. a)	14. c)	22. a)
7. a)	15. d)	
8. b)	16. b)	

Zu 1.: b) Da die Prämie anhand der geleisteten Dienstjahre aufgeteilt wird, muss als Erstes ermittelt werden, wie viel Prozent Karim Schuster von dem Geld erhält. Dazu erfolgt die Rechnung: p = 15 ÷ 60 × 100 % = 25 % (siehe hierzu Kapitel Prozentrechnung). Um nun Karim Schusters Summe zu errechnen, multipliziert man die 1.200 Euro mit 0,25 (1 = 100 %, 0,25 = 25 %) und erhält einen Betrag von 300 Euro. Daher kann er den Urlaub nicht vollständig mit seiner Prämie bezahlen.

Zu 2.: c) Zuerst wird berechnet, wie viele Federn ein Arbeiter pro Tag herstellen kann: 390.000 Federn ÷ 7 Tage = 55.714 Federn/Tag. Auf einen Mitarbeiter kommen somit 55.714 Federn ÷ 12 Arbeiter = 4.643 Federn. Wenn nun 2.340.000 Federn in 16 Tagen produziert werden sollen, müssen 2.340.000 Federn ÷ 16 Tage = 146.250 Federn/Tag hergestellt werden. Durch den ersten Schritt liegt die Erkenntnis vor, dass ein Mitarbeiter 4.643 Federn/Tag schafft. Somit werden 146.250 Federn ÷ 4.643 Federn = 31,5 (Mitarbeiter) benötigt.

Zu 3.: d) Wenn zwei Pumpen 13.000 Liter befördern, trägt jede der beiden mit 6.500 Liter bei. Da sie den Pool in 6,5 Stunden befüllen, werden 1.000 Liter pro Stunde gepumpt (6.500 Liter/6,5h = 1.000 Liter/h). Für einen Pool mit 21.000 Liter Fassvermögen und drei Pumpen wird die gleiche Rechnung angewendet. Jede Pumpe trägt mit 7.000 Liter Gesamtvolumen bei. Bei 1.000 Liter pro Stunde brauchen die drei Pumpen also sieben Stunden, um den Pool zu füllen.

Zu 4.: d) Der klassische Dreisatz lässt sich auch grafisch lösen:
450 g → 13,50 Euro
1.000 g → x
x = 1.000 ÷ 450 × 13,50 Euro = 30 Euro

Zu 5.: d) Wenn zwei Personen zwölf Liter Wasser und neun Konserven in drei Tagen verbrauchen, so verbrauchen sie zu zweit pro Tag 12 Liter ÷ 3 = 4 Liter Wasser und 9 Konserven ÷ 3 = 3 Konserven pro Tag. Um nun den Fünf-Tages-Vorrat für vier Personen zu bestimmen, werden die Pro-Tag-Mengen mal zwei multipliziert und anschließend mal fünf: 4 Liter × 2 (Zwei Menschen werden zu einer „Einheit" zusammengefasst.) × 5 Tage = 40 Liter und 3 Konserven × 2 × 5 = 30 Konserven

Zu 6.: a) Wenn drei Brunnen 24 Familien versorgen, versorgt ein Brunnen allein maximal acht Familien. Somit können von 20 Brunnen acht Familien × 20 = 160 Familien leben.

Zu 7.: a) Fünf Mähdrescher benötigen neun Tage für ein Feld. Wird nun aber die dreifache Menge an Mähdreschern eingesetzt, so brauchen sie nur ein Drittel der Zeit, ergo drei Tage.

Zu 8.: b) Zwei Maurer arbeiten 48 Stunden für eine Mauer, somit beträgt die Arbeitszeit für einen Maurer, um eine Mauer hochzuziehen, 96 Stunden. Arbeiten nun sechs Maurer gleichzeitig, minimiert sich die Arbeitszeit auf 96 Stunden ÷ 6 Arbeiter = 16 Stunden.

Zu 9.: b) Siehe Lösung Aufgabe 4: x = 100 ÷ 24 × 1,2 l = 5 Liter

Zu 10.: b) Ein Polizist sucht pro Stunde 200 Quadratmeter ab (80.000 ÷ 10 ÷ 40 = 200). Für eine Fläche von 50.000 Quadratmetern benötigen somit fünf Polizisten 50 Stunden Zeit. (50.000 ÷ 200 ÷ 5 = 50 Stunden).

Zu 11.: b) Mit Blaulicht fährt der Fahrer 120 km/h. Ohne Blaulicht bewegt sich der Fahrer nur mit zwei Drittel der Geschwindigkeit fort. Braucht er also mit 80 km/h 24 Minuten, so legt er die Strecke mit höherem Tempo in einer Zeit von ⅔ × 24 Minuten = 16 Minuten zurück (Er spart sich somit ein Drittel der Zeit, da er um ein Drittel schneller fährt mit Blaulicht.).

Zu 12.: c) Insgesamt arbeiten vier Bauarbeiter 560 Stunden, um den Rohbau fertigzustellen: 4 Arbeiter × 7 Stunden = 28 Stunden Gesamtarbeitszeit pro Tag, 28 Stunden × 20 Tage = 560 Stunden. Drei Arbeiter, die jeden Tag acht Stunden arbeiten, weisen eine Gesamtarbeitszeit von 24 Stunden pro Tag auf. Somit folgt: 560 Stunden ÷ 24 Stunden (je Tag) = 23,33 Tage

Zu 13.: d) Zwei Fliesenleger brauchen vier Stunden für 32 Quadratmeter. Ein Fliesenleger bearbeitet somit in vier Stunden 16 Quadratmeter. In einer Stunde daher 16 Quadratmeter ÷ 4 Stunden = 4 Quadratmeter. Arbeiten fünf Fliesenleger gleichzeitig, schaffen sie in einer Stunde 20 Quadratmeter. Da die doppelte Fläche zu fliesen ist, benötigen sie zwei Stunden.

Zu 14.: c) Siehe Lösung Aufgabe 13: In einer Stunde schafft ein Maurer vier Quadratmeter, daher ziehen drei Maurer zwölf Quadratmeter Mauer in einer Stunde hoch.

Da die zu bauende Mauer 144 Quadratmeter Fläche besitzt, benötigen drei Maurer zwölf Stunden: 144 Quadratmeter ÷ 12 Quadratmeter pro Stunde = 12 Stunden

Zu 15.: d) Mit Hilfe der Formel s = v × t, wobei s für die zurückgelegte Strecke, t für die Zeit und v für die Geschwindigkeit steht, ermittelt man zuerst die Gesamtstrecke: s = 80 km/h × 9 h = 720 km. Wird die Zeitspanne verringert, so muss die Geschwindigkeit zunehmen: v = s ÷ t = 720 km ÷ 6 h = 120 km/h

Zu 16.: b) Die monatliche Steuer des Angestellten beträgt 32.000 Euro × 0,01 = 320 Euro. Somit muss er jährlich 320 Euro × 12 = 3.840 Euro Abgaben zahlen.

Zu 17.: a) Für 100 km verbraucht das Auto neun Liter Benzin. Fährt er jetzt 3,5-mal so viel, steigt auch sein Verbrauch um das 3,5-fache: 9 Liter Benzin × 3,5 = 31,5 Liter Benzin.

Zu 18.: b) Die eingeplanten 60 Euro verteilen sich gleichmäßig auf zwölf Gäste: 60 Euro ÷ 12 Gäste = 5 Euro pro Gast. Sagen nun vier Gäste ab, stehen Lara 20 Euro zum Kauf eines edlen Tropfens zur Verfügung: 5 Euro × 4 = 20 Euro

Zu 19.: a) Zwei Paketdienste liefern in fünf Tagen 800 Päckchen aus. Daher liefert ein Paketdienst 400 Päckchen in fünf Tagen und 80 Pakete an einem Tag aus: 800 Päckchen ÷ 2 = 400 Päckchen, 400 Päckchen ÷ 5 Tage = 80 Pakete pro Tag. Stellen drei Lieferanten gleichzeitig 80 Pakete am Tag zu, schaffen sie in Summe 240 pro Tag. Da sie zwei Tage Zeit haben, verdoppelt sich der Wert: 240 Pakete pro Tag × 2= 480 Pakete pro Tag

Zu 20.: a) In 30 Minuten können sieben Container entladen werden. Insgesamt fehlen noch 56 = 7 × 8 Container. Wie zu erkennen ist, ist die Zahl 56 das Achtfache von sieben, daher dauert die Entladung noch 8 × 0,5 Stunden = 4 Stunden.

Zu 21.: a) Die Gesamtarbeitszeit der vier Arbeiter beträgt 4 × 12 Stunden = 48 Stunden. Verteilen sich diese Stunden auf zehn Arbeiter, so benötigen sie 4,8 Stunden bei gleichzeitigem Roden. Zu beachten ist, dass eine Umrechnung in Minuten erfolgen muss: 60 Minuten × 0,8 (da 80 % der Stunde benötigt wird) = 48 Minuten

Zu 22.: a) Der Student verbraucht insgesamt 14 Tage × 5 Euro = 70 Euro in der Mensa. Reduziert er seinen täglichen Verzehr auf 3,50 Euro, so kann er an 70 ÷ 3,50 Euro pro Tag = 20 Tagen davon essen.

Sprachanalogien

Sogenannte Sprachanalogien werden in zahlreichen Aufnahmetests verwendet. Die Aufgabe dabei ist, die Wortgleichung sinnvoll zu ergänzen. Das erste und zweite Wort in der Gleichung stehen in einer Beziehung zueinander. Ziel ist es, zwischen dem dritten und dem Lösungswort eine ähnliche Beziehung herzustellen. Richtig ist immer nur eine Lösung.

Zeit: **10 Minuten**

1. Linde / Eiche = Dackel / ?
a) Boxer
b) Hund
c) Vierbeiner
d) Schnauze

2. Bleistift / spitzen = Messer / ?
a) schneiden
b) stechen
c) schleifen
d) scharf

3. Bluse / T-Shirt = kurze Hose / ?
a) Rock
b) Unterhose
c) BH
d) Unterwäsche

4. Herbst / Apfel = Obst / ?
a) Sommer
b) Monat
c) Jahreszeit
d) Gemüse

5. Mensch / Nahrung = Auto / ?
a) Getriebe
b) Benzin
c) Reifen
d) Vordersitz
e) Windschutzscheibe

6. Obst / Banane = Gemüse / ?
a) Gurke
b) Kiwi
c) Apfel
d) Orange
e) Grapefruit

7. Küken / Vögel = Baby / ?
a) Rentner
b) Erwachsener
c) Jugendlicher
d) Homo Sapiens
e) Kleinkind

8. Skateboard / fahren = Pferd / ?
a) dressieren
b) reiten
c) füttern
d) schlachten
e) streicheln

9. hoch / tief = schnell / ?
a) lang
b) unendlich
c) breit
d) weit
e) langsam

10. Papier / Stift = Wand / ?
a) Schere
b) Kleber
c) Perforator
d) Wandfarbe
e) Tapete

11. Tee / Wasser = Kaffee / ?
a) Bohnen
b) Tasse
c) Wasser
d) Kanne
e) Schwarz

12. wenig / viel = null / ?
a) unendlich
b) nichts
c) mehr
d) ein bisschen
e) 1.000

13. Flugzeug / Himmel = Deutschland / ?
a) Universum
b) Berge
c) Land
d) Amerika
e) Europa

14. lachen / Freude = weinen / ?
a) Spaß
b) lustig
c) Trauer
d) Ekel
e) Tränen

15. Sommer / Sonne = Winter / ?
a) Blumen
b) kalt
c) langweilig
d) Schnee
e) Frühling

16. Morgen / Kind = Abend / ?
a) Mensch
b) Erwachsener
c) Frau
d) Junge
e) Affe

17. Herz / Mensch = Adler / ?
a) Krieg
b) Himmel
c) Sand
d) Frieden
e) Hass

18. Tier / Fell = Baum / ?
a) Wurzel
b) Rinde
c) Ast
d) Blätter
e) Stamm

19. Kilogramm / Gewicht = Minute / ?
a) Armbanduhr
b) Stunde
c) Tag
d) Zeit
e) Jahr

20. Meter / Länge = Unze / ?
a) Gold
b) Römer
c) Entfernung
d) Zeit
e) Masse

21. Hamburger / USA = Fish and Chips / ?
a) Deutschland
b) Großbritannien
c) Polen
d) Russland
e) Frankreich

22. vorwärts / rückwärts = rechts / ?
a) oben
b) unten
c) links
d) vorne
e) hinten

Lösungen: Sprachanalogien

1. a)	9. e)	17. b)
2. c)	10. d)	18. b)
3. a)	11. c)	19. d)
4. c)	12. a)	20. e)
5. b)	13. e)	21. b)
6. a)	14. c)	22. c)
7. e)	15. d)	
8. b)	16. b)	

Zu 1.: a) In diesem Fall passt nur Lösung a), da es sich hierbei um eine Hunderasse handelt. Linde und Eiche sind zwei verschiedene Baumarten, Dackel und Boxer zwei Hunderassen.

Zu 2.: c) Einen Bleistift spitzt man, ein Messer schleift man. Beides sind Methoden, um den jeweiligen Gegenstand in den Optimal-Zustand zu versetzen.

Zu 3.: a) Bluse ist die elegante, T-Shirt die legere Variante eines Oberteils. Gleicher Zusammenhang gilt für Rock und kurzer Hose.

Zu 4.: c) Es werden die Oberbegriffe gesucht: Apfel → Obst, Herbst → Jahreszeit.

Zu 5.: b) Ein Mensch benötigt Nahrung zum Überleben, ein Auto funktioniert nur mit ausreichend Benzin.

Zu 6.: a) Die Banane gehört eindeutig in die Kategorie Obst. In den Antwortmöglichkeiten steht nur eine Gemüsesorte, daher muss Gurke die richtige Lösung sein.

Zu 7.: e) Küken entwickeln sich ohne Zwischenschritt zu Vögeln. Da der Mensch mehrere Stadien durchläuft, aber nur nach dem Folgeprozess gefragt wurde, ist Antwort e) Kleinkind richtig.

Zu 8.: b) Der Zusammenhang besteht in der richtigen Fortbewegungsmöglichkeit. Ein Skateboard fährt man, ein Pferd wird geritten.

Zu 9.: e) In dieser Aufgabe werden Gegensätze abgefragt: hoch / tief und schnell / langsam.

Zu 10.: d) Mit einem Stift wird ein Papier beschrieben, analog dazu mit Wandfarbe die Wand gestrichen.

Zu 11.: c) Das Entscheidende ist nicht die Herstellung des Grundprodukts (Teeblätter, Kaffeebohnen), sondern die Zutat, die zur Fertigstellung des Getränks verwendet wird – in beiden Fällen ist dies Wasser.

Zu 12.: a) siehe Lösung Aufgabe 9

Zu 13.: e) Das Flugzeug fliegt im Himmel, Deutschland liegt auf dem Kontinent Europa. Die geografische Lage ist entscheidend.

Zu 14.: c) Freude wird oft empfunden, wenn man lacht. Trauer hingegen, wenn man weint.

Zu 15.: d) Das charakteristische Merkmal für den Sommer ist die Sonne. Für den Winter ist Schnee typisch.

Zu 16.: b) Wird das Leben als Tag betrachtet, ist der Mensch am Morgen ein Kind und am Abend ein Erwachsener.

Zu 17.: b) Das Herz befindet sich im Brustkorb des Menschen, der Adler verbringt die meiste Zeit im Himmel. Der richtige Lebensraum ist gefragt.

Zu 18.: b) Der Körper eines Tieres ist von einem Fell ummantelt, genauso wie ein Baum von Rinde ummantelt ist.

Zu 19.: d) Kilogramm ist eine Maßeinheit für das Gewicht. Die Zeit wird unter anderem in Minuten gemessen.

Zu 20.: e) Meter ist ein Längenmaß, genauso wie eine Unze eine Gewichtseinheit ist.

Zu 21.: b) Ein typisches Gericht in den USA sind Hamburger. Großbritannien ist bekannt für Fish and Chips.

Zu 22.: c) In dieser Aufgabe werden Gegensätze abgefragt: vorwärts / rückwärts und rechts / links.

Textaufgaben

Textaufgaben sind im Einstellungstest eine wirkungsvolle Methode, um unsere Abstraktionsfähigkeit und gleichzeitig die rechnerische Fähigkeit auf die Probe zu stellen. Zeit: **20 Minuten**

1. Jemand sagt: „In zwei Jahren bin ich doppelt so alt wie ich vor vier Jahren war." Wie alt ist die Person?
a) zehn
b) zwölf
c) acht
d) 13

2. Wer ist am schnellsten? Liam ist langsamer als Anna. Anna ist schneller als Emilia. Liam ist langsamer als Kevin. Kevin ist schneller als Anna.
a) Liam
b) Anna
c) Emilia
d) Kevin

3. Arthur ist leichter als Benjamin, aber schwerer als Johanna.
Johanna ist schwerer als Peter. Wer ist der Schwerste?
a) Arthur
b) Benjamin
c) Johanna
d) Peter

4. Zwei Länder haben insgesamt zehn Einwohner. Niemand, der mehr als 85 Kilogramm wiegt, kann Präsident eines Landes werden. Die Einwohner der Länder sind jeweils 88 kg, 86 kg, 84 kg, 75 kg, 95 kg, 105 kg, 78 kg, 85 kg, 86 kg und 87 kg schwer. Wie viele Präsidenten gibt es?
a) fünf
b) sechs
c) drei
d) zwei

5. Du meldest dich zu einem Wettlauf an. Beim Endspurt überholst du den fünften Läufer, wirst dann aber von zwei anderen Läufern überholt. Mit welcher Platzierung läufst du ins Ziel ein?
a) vierter
b) fünfter
c) sechster
d) siebter

6. Wenn sechs Äpfel ein Kilogramm wiegen, wie viele Äpfel wiegen dann 2,5 Kilogramm?
a) zwölf
b) 16
c) 15
d) 13

7. Wer ist am stärksten? Andreas ist schwächer als Linus. Henry ist stärker als Patrick. Patrick ist stärker als Linus.
a) Andreas
b) Henry
c) Patrick
d) Linus

8. Wer ist am sorgfältigsten? Michael ist sorgfältiger als Ben. Annika ist sorgfältiger als Sarah. Annika ist lässiger als Ben. Sarah ist lässiger als Ben.
a) Michael
b) Ben
c) Sarah
d) Annika

9. Morgen ist Montag. Welcher Tag war einen Tag vor gestern?
a) Samstag
b) Freitag
c) Donnerstag
d) Sonntag

10. Jeder Cousin hat gleich viele Cousinen wie Cousins. Jede Cousine hat doppelt so viele Cousins wie Cousinen. Wie viele Cousinen gibt es in der Familie?
a) vier
b) drei
c) acht
d) eine

11. Eine Biene hat sechs Beine, eine Spinne sogar acht. Zusammen haben zwei Bienen und drei Spinnen genauso viele Beine wie zwölf Enten und ...
a) zwei Hunde.
b) drei Hunde.
c) sieben Hunde.
d) zwölf Hunde.

12. Wie oft kann man maximal 1,50 Euro ausgeben, wenn man 17,99 Euro hat?
a) 10,5-mal
b) 11-mal
c) 12-mal
d) 13-mal

13. Hans geht in den Supermarkt und möchte 20 Tafeln Schokolade kaufen. Eine Tafel kostet 0,89 Euro. Es gibt aber noch zwei Angebote: Angebot A – fünf Tafeln für 4,20 Euro oder das Angebot B – zehn Tafeln für 8,50 Euro. Sollte Hans ein Angebot nutzen und wenn ja, welches?
a) Hans sollte die Tafeln einzeln kaufen.
b) Hans sollte das Angebot A nutzen.
c) Hans sollte das Angebot B nutzen.
d) Die Angebote A und B sind gleichwertig.

14. Zwei Hasen benötigen acht Tage, um das Gras eines Rasens komplett aufzufuttern. Wie viele Tage benötigen zehn Hasen?

a) 1,8 Tage
b) zwei Tage
c) 1,4 Tage
d) 1,6 Tage

Lösungen: Textaufgaben

1. a)	6. c)	11. b)
2. d)	7. b)	12. b)
3. b)	8. a)	13. b)
4. d)	9. b)	14. d)
5. d)	10. b)	

Zu 1.: a) Stellt man eine Gleichung auf, lässt sich das Alter leicht berechnen. Dazu wird das Alter als Variable x definiert: $x + 2 = (x - 4) \times 2$
Löst man diese Gleichung nach x auf, erhält man: $2 = x - 8 \mid + 8$; $x = 10$. Daher ist das aktuelle Alter x = zehn Jahre.

Zu 2.: d) Da Kevin schneller ist als Anna und Liam, aber Emilia langsamer ist als Anna, kann nur Kevin der Schnellste sein.

Zu 3.: b) Chronologisch ist Benjamin der Schwerste, gefolgt von Arthur, dann Johanna und Paul ist der Leichteste.

Zu 4.: d) Insgesamt gibt es vier Kandidaten, da jedes Land aber nur einen Präsidenten wählt, ist Antwort d) richtig.

Zu 5.: d) Wenn ich den Fünften überhole, nehme ich den Platz als Fünftplatzierter ein. Werde ich nun zweimal überholt, rutsche ich auf den siebten Platz zurück.

Zu 6.: c) Sechs Äpfel wiegen ein Kilo, das 2,5-fache, also 2,5 kg, ergeben sich durch die 2,5-fache Anzahl an Äpfel: $6 \times 2{,}5 = 15$ Äpfel

Zu 7.: b) Henry ist der Stärkste, gefolgt von Patrick, danach Linus und Andreas ist der Schwächste.

Zu 8.: a) Da Ben sorgfältiger ist als Sarah und Annika, aber lässiger ist als Michael, ist Michael der Sorgfältigste von allen vier.

Zu 9.: b) Wenn morgen Montag ist, haben wir heute Sonntag. Gestern war Samstag und der Tag davor war Freitag.

Zu 10.: b) Zur Lösung der Aufgabe stellen wir ein Gleichungssystem mit x = Anzahl Cousins und y = Anzahl Cousinen auf:
(I) $(|x| - 1) = |y|$
(II) $(|y| - 1) = 2\ |x|$
Gleichung (I) ist aus Sicht eines Cousins, daher steht auf der linken Seite $(x - 1)$, analog dazu Gleichung (II) aus Sicht einer Cousine. Die Variablen x und y sind in Betragsstrichen, da uns die reine Anzahl und nicht das Vorzeichen interessiert. Auflösen von (I) nach x ergibt:
(I) × $|x| = |y| + 1$
Einsetzen von (I)× in (II):
(II) × $(|y| - 1) = 2 \times (|y| + 1)$
$|y| - 1 = 2|y| + 2$
$|y| = -3$
$y = |-3| = 3$
Insgesamt sind drei Cousinen in der Familie.

Zu 11.: b) Zusammen haben zwei Bienen und drei Spinnen 36 Beine: 6 Beine × 2 Bienen + 8 Beine × 3 Spinnen = 36 Beine. Zwölf Enten besitzen insgesamt 24 Beine, da 12 Enten × 2 Beine = 24 Beine sind. Somit fehlen noch insgesamt zwölf Hundebeine. Ein Hund hat vier Beine, damit ist Antwort b) richtig.

Zu 12.: b) Elfmal ist die richtige Antwort, da 17,99 Euro ÷ 1,50 Euro = 11,99 ergibt. In diesem Fall muss abgerundet werden.

Zu 13.: b) Vergleicht man die Angebote, zahlt man für den Einzelkauf 20 Tafeln × 0,89 Euro = 17,80 Euro. Nutzt man Angebot A, ergibt sich eine Summe von 16,80 Euro (4 × 4,20 Euro). Angebot B liegt im Mittelfeld mit 20 Tafeln für 17,00 Euro. Antwort b) ist somit korrekt.

Zu 14.: d) Zwei Hasen brauchen acht Tage, damit braucht ein Hase doppelt so lange (16 Tage), um den Rasen aufzufuttern. Teilen sich zehn Hasen die Arbeit, brauchen sie nur ein Zehntel der Zeit: 16 Tage ÷ 10 Hasen = 1,6 Tage.

Reisekosten berechnen

Bei dieser Aufgabe wird dir ein Sachverhalt, zum Beispiel eine Dienstreise, geschildert. Du erhältst zudem Informationen, welche Kosten die Behörde für einzelne Tätigkeiten erhebt.

Anschließend musst du die Reisekosten für den geschilderten Einzelfall anhand der gegebenen Kostenstruktur ermitteln. In der Praxis wirst du eventuell solche Tätigkeiten in den Behörden wahrnehmen.

Aufgabe 1

Herr Müller arbeitet in einer Stadtverwaltung. Am kommenden Mittwoch muss er seine Behörde vor Gericht vertreten. Dazu wird er sich bereits am Dienstagabend auf den Weg machen, da der Sitz des Gerichts über 200 km entfernt ist und die Verhandlung bereits um 08:30 Uhr am Morgen beginnen soll. Vertreter von Behörden wie Herr Müller erhalten vom Gericht ein Abwesenheitsgeld für jede ausgefalle Arbeitsstunde in Höhe von 12,50 Euro. Die Fahrtkosten werden mit 0,50 Euro pro gefahrenen Kilometer erstattet. Zugtickets werden in voller Höhe erstattet. Für eine Übernachtung wird eine Pauschale von 50 Euro pro Nacht gewährt.

Herr Müller begibt sich bereits am Dienstagabend auf den Weg. Dazu wird er mittags sein Büro verlassen. Dabei müsste er an diesem Tag noch vier Stunden arbeiten. Er wird sich mit seinem privaten PKW auf den Weg zum 25 Kilometer entfernten Bahnhof machen. Am Bahnhof angekommen löst er sich ein Ticket für Hin- und Rückfahrt für 45 Euro. Als er am Abend an seinem Ziel ankommt, bezieht er sein Hotelzimmer. Er wird in diesem Hotel für eine Nacht bleiben. Am nächsten Morgen fährt er mit einem Taxi zum Gericht. Für die Fahrt berechnet der Taxifahrer 17,50 Euro. Die Verhandlung endet um 10:00 Uhr. Herr Müller macht sich wieder mit dem Taxi auf den Weg zurück zum Bahnhof. Diesmal berechnet ihm der Taxifahrer 21,50 Euro. Am Nachmittag kommt Herr Müller wieder in seiner Heimatstadt an. Vom Bahnhof aus geht er zu seinem geparkten Fahrzeug und fährt damit 35 Kilometer nach Hause. Insgesamt versäumt Herr Müller am Mittwoch die vollen 8,5 Arbeitsstunden.

Du bist als Sachbearbeiter in der Buchführung für die Abrechnung für Reisekosten zuständig. Bitte berechne die Aufwendungen, die Herrn Müller entstanden sind.

Aufgabe 2
Für die Restaurierung eines historischen Gebäudes, das sich im Besitz der Stadt Foh befindet, soll mittels eines Gutachtens untersucht werden, welche Gebäudeteile restauriert werden müssen. Dafür soll ein Gutachter beauftragt werden. Vorab möchte der zuständige Bereichsleiter wissen, in welcher Höhe dabei Reisekosten anfallen werden.

Der Gutachter legt der Stadtverwaltung vorab seine Kostentabelle vor, hier auszugsweise die Pauschalen für Reisen:

Fahrtkosten	0,50 € pro Kilometer
Stundensatz	35,- € pro Stunde
Kosten für Parkgebühren	50 % der entstandenen Kosten
Kosten für Übernachtungen	50 % der entstandenen Kosten

Der Gutachter, Herr Heinze, wird mit seinem privaten PKW am Vorabend anreisen. Die einfache Entfernung von seinem Büro zur Stadt Foh beträgt 200 Kilometer. Die Übernachtung im Hotel wird voraussichtlich mit 40,- € zu Buche schlagen. Das Parkticket für die Tiefgarage des Hotels kostet für eine Nacht inklusive den darauffolgenden Tag 10,00 €. Herr Heinze wird wohl einen gesamten Arbeitstag, also 8 Stunden für die Vor-Ort-Besichtigung des Gebäudes benötigen. Daraufhin macht er sich wieder mit seinem PKW auf den Weg in sein 200 Kilometer entferntes Büro.

In welcher Höhe werden Reisekosten durch die Beauftragung des Gutachters voraussichtlich entstehen?

Aufgabe 3
Die Stadtverwaltung Lauen plant für die Eröffnungsfeier ihrer alljährlichen Kunstausstellung die Beauftragung eines professionellen Moderators. Vorab holte man sich mehrere Angebote ein. Sie sind Mitarbeiter im

Sachgebiet für Kunst und Kultur und sollen nun vorab die Reisekosten berechnen, die durch die Beauftragung von Herrn Kaiser, einer der in Frage kommenden Moderatoren, entstehen würden. Auf Anfrage hat Herr Kaiser der Stadtverwaltung bereits im Vorfeld seine Kostentabelle vorgelegt. Daraus ergeben sich die folgenden Sätze für Reisekosten:

Fahrtkosten	1,00 € pro km
Stundensatz	40,00 € pro Stunde
Kosten für Bahntickets	50 % werden übernommen
Kosten für Taxi	50 % werden übernommen
Kosten für Parkgebühren	in voller Höhe

Herr Kaiser wohnt im 150 Kilometer entfernten Ort Halle. Er hat vor, mit seinem privaten PKW zum Bahnhof Halle zu fahren. Die Entfernung von seinem Wohnsitz zum Bahnhof beträgt 12 Kilometer. Am Bahnhof wird er sich ein Parkticket für 24 Stunden lösen. Dieses Ticket kostet 12,50 €. Das Zugticket für die Bahnfahrt von Halle nach Lauen und zurück kostet 45,00 €. In Lauen angekommen, nimmt sich Herr Kaiser ein Taxi, um vom Bahnhof Lauen zur Kunstausstellung zu gelangen. Das Taxi wird wohl mit 7,50 € zu Buche schlagen. Herr Kaiser wird die Eröffnungsfeier moderieren. Die Eröffnungsfeier wird voraussichtlich zwei Stunden dauern. Anschließend nimmt er sich wieder für 7,50 € ein Taxi zurück zum Bahnhof und fährt mit dem Zug nach Hause. In seiner Heimatstadt angekommen setzt er sich in sein Auto und fährt wieder 12 Kilometer nach Hause.

Du bist als Sachbearbeiter in der Buchführung für die Abrechnung für Reisekosten zuständig. Bitte berechne die voraussichtlichen Aufwendungen, die durch die Beauftragung von Herrn Kaiser entstehen.

Lösungen

Aufgabe 1: 320,25 Euro

Aufgabe 2: 505,00 Euro

Aufgabe 3: 146,50 Euro

Wörter ermitteln

In dieser Aufgabe sind Buchstaben durcheinander gewürfelt. In die richtige Reihenfolge gebracht, ergeben sie ein sinnvolles Wort. Setze aus den Buchstaben das Wort zusammen. Es handelt sich dabei um Substantive in der Einzahl.

Zeit: **1 Minute**

1. **A W E G A**
2. **D E U D N**
3. **P F A L E**
4. **Y A N H D**
5. **A E S N H**
6. **B D A N E**
7. **R F H Ä E**
8. **E B L K A**
9. **A L R E G**
10. **H N F A E**
11. **S D O A L**
12. **C E S E H**
13. **T M R A K**
14. **D A L N E**
15. **F P A M D**
16. **T P K A E**
17. **R T A E V**

Lösungen: Wörter ermitteln

1. WAAGE	7. FÄHRE	13. MARKT
2. DUDEN	8. KABEL	14. NADEL/LADEN
3. APFEL	9. LAGER/REGAL	15. DAMPF
4. HANDY	10. FAHNE/HAFEN	16. PAKET
5. SAHNE	11. SALDO	17. VATER
6. ABEND	12. ECHSE	

Oberbegriffe finden

Wähle aus jeweils sechs Begriffen die zwei aus, zu denen es einen gemeinsamen Oberbegriff gibt. Markiere die Buchstaben mit der korrekten Lösung. Welche beiden Wörter passen zu einem gemeinsamen Oberbegriff? Zeit: **3 Minuten**

1.
a) Diabetes
b) Osteomalazie
c) Skorbut
d) Influenza
e) Röteln
f) Akne

2.
a) Schiff
b) Meer
c) Fisch
d) Qualle
e) Delfin
f) Wal

3.
a) Silo
b) Flugzeug
c) Bank
d) Tresor
e) Stall
f) Weizen

4.
a) Golf
b) Turnen
c) Volleyball
d) Schwimmen
e) Kraftsport
f) Radfahren

5.
a) Wald
b) Tanne
c) Laub
d) Knolle
e) Eiche
f) Sonnenblume

6.
a) Tür
b) Keller
c) Sofa
d) Schrank
e) Haus
f) Dachziegel

7.
a) Laufstrecke
b) Kilometer
c) Ende
d) Anfang
e) Läufer
f) Zeit

8.
a) DVD-Player
b) Fernseher
c) Videospiel
d) CD
e) Magazin
f) Buchhandlung

9.
a) Helm
b) Motorrad
c) Pilot
d) Tragflächen
e) Flugzeug
f) Flughafen

10.
a) Wrack
b) Torso
c) Fortbewegungsmittel
d) Salz
e) Holz
f) Pinsel

Lösungen: Oberbegriffe finden

1. b) und c)	5. b) und e)	9. b) und e)
2. e) und f)	6. c) und d)	10. a) und b)
3. a) und d)	7. c) und d)	
4. a) und c)	8. a) und b)	

Zu 1.: Vitamin-Mangel (Vit. D bzw. Vit. C)

Zu 2.: Säugetiere

Zu 3.: Speicher

Zu 4.: Ballsportarten

Zu 5.: Baumart

Zu 6.: Möbel

Zu 8.: Abspielgeräte

Zu 9.: Fortbewegungsmittel

Tatsache oder Meinung

Bei dieser Aufgabe musst du prüfen, ob es sich bei den Aussagen um eine Tatsache oder eine Meinung handelt. Zeit: **5 Minuten**

1. Fliegen ist gefährlich.
2. Der Weltraum ist mysteriös.
3. Manche Menschen behaupten, die Erde sei eine Scheibe.
4. Manche Politiker lügen.
5. Politiker lügen oft.
6. Rauchen ist ungesund.
7. Rosen riechen gut.
8. Lesen bildet.
9. Reichtum macht das Leben leichter.
10. Menschen sind soziale Lebewesen.
11. Es ist nicht alles Gold was glänzt.
12. Wohnungskatzen zu halten ist Tierquälerei.
13. Rotwein passt am besten zu rotem Fleisch.
14. Filme werden immer aufwendiger produziert.
15. Von Alkohol bekommen einige Menschen Kopfschmerzen.
16. Das Universum ist unendlich.
17. Väter sind reich an Erfahrung.
18. Junge Menschen sind aktiver als alte.
19. Kochen ist eine Kunst.
20. Pflanzen haben ein Bewusstsein, behaupten manche Personen.

Lösungen: Tatsache oder Meinung

1. Meinung	8. Meinung	15. Tatsache
2. Meinung	9. Meinung	16. Meinung
3. Tatsache	10. Tatsache	17. Meinung
4. Tatsache	11. Tatsache	18. Meinung
5. Meinung	12. Meinung	19. Meinung
6. Tatsache	13. Meinung	20. Tatsache
7. Meinung	14. Meinung	

Schlussfolgerungen/Syllogismen I

Im Einstellungstest werden häufig bestimmte Aussagen getroffen oder Regeln und Einzelfälle genannt, die zu bestimmten Ergebnissen führen. Die Testperson muss dann entscheiden, ob die Aussage stimmt oder zu welchem Ergebnis die Regeln und Einzelfälle führen.

Beispiel
Welcher Weg ist der Kürzeste?
Weg A ist länger als Weg B.
Weg B ist kürzer als Weg C.
Weg C ist gleich kurz wie Weg D.
Weg D ist kürzer als Weg A.
Lösung: Weg B ist der Kürzeste.
Erklärung:
A > B
C > B
C = D daraus folgt (C = D) > B und A > B -> Weg B ist der Kürzeste
A > D daraus folgt A > C&D > B -> Weg B ist der Kürzeste

Welche der angebotenen Schlussfolgerungen ist richtig?

Zeit: **10 Minuten**

1. Alle Europäer sind Rechtshänder. Alle Rechtshänder sind Mechaniker.
a) Einige Mechaniker sind Europäer.
b) Alle Mechaniker sind Europäer.
c) Alle Rechtshänder sind Europäer.
d) Nicht alle Europäer sind Mechaniker.

2. Kein Schüler ist Lehrer. Einige Lehrer sind Beamte. Jemand ist entweder Schüler oder Lehrer. Ein Beamter kann, muss aber nicht, Lehrer sein.
a) Alle Schüler sind Beamte.
b) Alle Beamte sind Schüler.
c) Kein Schüler ist Beamter.
d) Einige Beamte könnten Schüler sein.

3. Einige Tiere sind Säugetiere. Alle Säugetiere sind grün.
a) Alle Tiere sind grün.
b) Einige Tiere sind grün.
c) Keines der Tiere ist grün.
d) Einige Tiere sind braun.

4. Alle Smartphones haben eine Kamera. Einige Kameras sind hochauflösend.
a) Alle Smartphones haben eine hochauflösende Kamera.
b) Einige Smartphones haben eine hochauflösende Kamera.
c) Keins der Smartphones hat eine hochauflösende Kamera.
d) Alle Kameras sind hochauflösend.

5. Alle Rennbahnen sind Straßen. Alle Straßen sind Verkehrsflächen.
a) Alle Rennbahnen sind Verkehrsflächen.
b) Keine Rennbahn ist eine Verkehrsfläche.
c) Keine Straße ist eine Verkehrsfläche.
d) Alle Straßen sind Rennbahnen.

6. Alle Scheren sind Pflanzen. Einige Scheren sind groß.
a) Alle Pflanzen sind groß.
b) Einige Pflanzen sind groß.
c) Keine der Pflanzen ist groß.
d) Alle Pflanzen sind klein.

7. Alle Komiker sind Unterhalter. Einige Unterhalter sind Musiker.
a) Alle Musiker sind nicht Komiker.
b) Alle Musiker sind Komiker.
c) Einige Musiker sind Komiker.
d) Kein Musiker ist ein Komiker.

8. Alle Italiener essen Pizza. Alle Italiener sind Europäer.
a) Einige Europäer essen Pizza.
b) Alle Europäer essen Pizza.
c) Alle Europäer sind Italiener.
d) Kein Europäer ist ein Italiener.

9. Alle Piloten sind Abenteurer. Keine Abenteurer sind Bergsteiger.
a) Einige Piloten sind keine Bergsteiger.
b) Alle Piloten sind keine Bergsteiger.
c) Einige Bergsteiger sind Piloten.
d) Alle Bergsteiger sind Piloten.

10. Einige Fluglinien verwenden alte Flugzeuge. Alte Flugzeuge sind sicher.
a) Alle Fluglinien sind sicher.
b) Einige Fluglinien verwenden sichere Flugzeuge.
c) Alle sicheren Flugzeuge sind alt.
d) Keines der sicheren Flugzeuge ist alt.

11. Einige Zahlen sind Primzahlen. Primzahlen sind immer schwarz.
a) Alle schwarzen Zahlen sind Primzahlen.
b) Einige schwarze Zahlen sind Primzahlen.
c) Alle Zahlen sind schwarz.
d) Zahlen sind entweder schwarz oder weiß.

12. Alle Polizisten sind schnell. Einige Menschen sind schnell. Schnelle Polizisten sind Menschen.
a) Alle Polizisten sind Menschen.
b) Alle Menschen sind Polizisten.
c) Alle schnellen Menschen sind Polizisten.
d) Kein Mensch ist ein Polizist.
e) Schnelle Polizisten sind keine Menschen.

13. Ein Pandabär ist ein Säugetier. Einige Säugetiere sind Affen. Ein Säugetier ist entweder ein Affe oder ein Pandabär.
a) Einige Pandabären sind Affen.
b) Alle Pandabären sind Affen.
c) Ein Affe kann ein Säugetier sein.
d) Alle Affen sind Säugetiere.
e) Ein Pandabär kann ein Affe sein.

14. Alle Universitäten haben Gebäude. Einige Gebäude sind einsturzgefährdet.
a) Alle Universitäten sind einsturzgefährdet.

b) Alle einsturzgefährdeten Gebäude sind Universitäten.
c) Einige Universitäten haben einsturzgefährdete Gebäude.
d) Ein einsturzgefährdetes Gebäude kann eine Universität sein.

15. Alle Gebäude sind Objekte. Alle Häuser sind Gebäude.
a) Alle Häuser sind Objekte.
b) Einige Häuser sind keine Objekte.
c) Ein Objekt kann kein Haus sein.
d) Alle Gebäude sind Häuser.

Lösungen: Schlussfolgerungen/Syllogismen I

1. a)	6. b)	11. b)
2. d)	7. c)	12. a)
3. b)	8. a)	13. c)
4. b)	9. b)	14. d)
5. a)	10. b)	15. a)

Zu 1.: a) Europäer -> Rechtshänder -> Mechaniker; die Reihe funktioniert nur in eine Richtung, somit ist Schlussfolgerung b) und c) falsch. Da alle Europäer Rechtshänder und alle Rechtshänder Mechaniker sind, stimmt d) ebenfalls nicht. Somit ist a) korrekt.

Zu 2.: d) Da nicht ausgeschlossen wird, dass Schüler auch Beamte sein könnten, ist in diesem Fall Antwort d) richtig.

Zu 3.: b) einige Tiere -> Säugetiere; Säugetiere -> grün. Wenn in der ersten Aussage das letzte und in der zweiten Aussage das erste Wort inhaltlich übereinstimmen, kann der Zwischenschritt weggelassen werden.

Zu 4.: b) Smartphones -> Kamera; einige Kameras -> hochauflösend. Wenn alle Smartphones eine Kamera besitzen, aber nicht alle Kameras hochauflösend sind, gibt es Kameras mit und ohne hochauflösender Grafik. Antwort b) ist korrekt.

Zu 5.: a) Rennbahnen -> Straßen; Straßen -> Verkehrsflächen. Wie in Aufgabe 3 kann der Zwischenschritt entfernt werden, wenn er identisch ist.

Zu 6.: b) Scheren -> Pflanzen; einige Scheren -> groß. Da es mehr Pflanzen gibt als nur Scheren, fällt Antwort a) weg. Antwort c) und d) schließen sich ebenfalls aus, da nicht alle Pflanzen groß sind, aber auch nicht alle klein (siehe Teilschritt 2).

Zu 7.: c) Komiker -> Unterhalter; einige Unterhalter -> Musiker. Nur Antwort c) ist korrekt, da die Reihe auch umgedreht werden kann: einige Musiker, Unterhalter, Komiker.

Zu 8.: a) Italiener -> Pizza; Italiener -> Europäer. Da die Italiener nur ein Teil von Europa sind, essen einige Europäer Pizza. Gleiche Erklärung für Ausschluss b), c) und d).

Zu 9.: b) Piloten -> Abenteurer; Abenteurer -> kein Bergsteiger. Um den Zwischenschritt zu entfernen, wird die Aussage „gedreht".

Zu 10.: b) einige Fluglinien -> alte Flugzeuge; alte Flugzeuge sicher. Der Zwischenschritt kann übersprungen werden.

Zu 11.: b) einige Zahlen -> Primzahlen; Primzahlen -> schwarz. Es ist anzunehmen, dass mehrere Farben und mehr schwarze Zahlenarten existieren, nicht nur die Primzahlen, daher stimmen die Aussagen a), c) und d) nicht.

Zu 12.: a) Da alle Polizisten schnell sind und schnelle Polizisten Menschen sind, sind somit alle Polizisten Menschen.

Zu 13.: c) Es wird nicht ausgeschlossen, dass Affen etwas anderes sein können als Säugetiere, deshalb ist c) richtig.

Zu 14.: d) Einige Gebäude sind einsturzgefährdet. Aufgrund der Tatsache, dass nicht alle Gebäude einsturzgefährdet sind, sind es auch nicht alle Universitäten. Antwort a) ist falsch. Nicht nur in der Universität existieren einsturzgefährdete Gebäude, somit fällt Antwort b) weg. Da nicht klar definiert ist, ob die Gebäude, die einsturzgefährdet sind, zu einer Universität gehören, ist c) ebenfalls falsch. Nur Antwort d) berücksichtigt alle Aspekte und nennt eine wahre Schlussfolgerung.

Zu 15.: a) Gebäude ist eine Untermenge von Objekt. Haus ist eine Untermenge von Gebäude. Somit sind alle Häuser auch Objekte.

Schlussfolgerungen/Syllogismen II

Bei dieser Aufgabe musst du Schlussfolgerungen überprüfen, die aufgrund bestimmter Behauptungen aufgestellt wurden. Die Aufgabe wird durch absurde Aussagen erschwert, was für Verwirrung sorgen soll. Den realen Bezug zu den einzelnen Aussagen kannst du dabei außer Acht lassen. Konzentriere dich lieber auf die Kernaussagen. Markiere die Antworten jeweils mit „richtig" oder „falsch".

Beispiel: Alle Hunde essen Bananen. Bananen können fliegen. Also könne alle Hunde fliegen.

Lösung: Falsch. Nur weil Hunde Bananen essen und Bananen fliegen können, heißt das nicht, dass Hunde auch fliegen können.

Zeit: **10 Minuten**

1. Niemand mit blauer Nase kann Bundeskanzler sein. Alle Menschen haben blaue Nasen. Also kann kein Mensch Bundeskanzler sein.
a) richtig b) falsch

2. Alle Pflanzen haben Fenster. Alle Fenster haben Briefe. Deshalb haben alle Pflanzen Briefe.
a) richtig b) falsch

3. Alle Giraffen sind Kunstsammler. Manche Kunstsammler sitzen in Käfigen. Also sitzen manche Giraffen in Käfigen.
a) richtig b) falsch

4. Alle Radios können lesen. Kühlschränke können schreiben. Also können Radios Kühlschränke schreiben.
a) richtig b) falsch

5. Kühlschränke können schreiben, aber nicht lesen. Radios können lesen, aber nicht schreiben. Töpfe können lesen und schreiben. Also sind Töpfe intelligenter als Radios und Kühlschränke.
a) richtig b) falsch

6. Mützen können alles beißen. Alle Autos sind Mützen und alle Mäuse sind eckig, weil sie Mützen essen. Also können alle Autos beißen.
a) richtig b) falsch

7. Wenn alle Bauern verheiratet und alle Verheirateten Rentner sind, sind also alle Verheirateten Bauern.
a) richtig b) falsch

8. Wenn alle rosa Elefanten zur Schule gehen und lesen können und rote Kugelschreiber nur rosa Elefanten sind, wenn sie singen und zur Arbeit gehen, dann sind also rosa Elefanten rote Kugelschreiber.
a) richtig b) falsch

9. Elefanten tauchen gerne unter. Bäume auch. Also sind Elefanten Bäume.
a) richtig b) falsch

10. Einige Kohlköpfe sind Lokomotiven. Einige Lokomotiven spielen Klavier. Also spielen einige Kohlköpfe Klavier.
a) richtig b) falsch

11. Alle Raupen sind Busfahrer. Alle Busfahrer können fliegen, weil sie Krokodile sind. Krokodile haben zwei Beine. Alle Raupen haben deshalb zwei Beine.
a) richtig b) falsch

12. Einige Raupen sind Häuser und alle Häuser lieben Käse. Also lieben alle Raupen Käse.
a) richtig b) falsch

Lösungen: Schlussfolgerungen/Syllogismen II

Zu 1.: a) Richtig. Wenn alle Menschen blaue Nasen haben, kann auch keiner Bundeskanzler werden.

Zu 2.: a) Richtig. Wenn alle Pflanzen Fenster und alle Fenster Briefe haben, muss jede Pflanze auch Briefe haben.

Zu 3.: b) Falsch. Auch wenn einige Giraffen Kunstsammler sind, heißt das nicht gleichzeitig, dass Kunstsammler auch Giraffen sind. Also sitzen nur manche Kunstsammler in Käfigen.

Zu 4.: b) Falsch. Es gibt keinen Zusammenhang. Es wird weder gesagt, dass Radios schreiben können noch, dass sie Kühlschränke schreiben können.

Zu 5.: b) Falsch. Nur weil Töpfe lesen und schreiben können sagt das nichts über ihre Intelligenz aus.

Zu 6.: a) Richtig. Weil alle Autos Mützen sind, haben Autos die gleichen Eigenschaften wie Mützen. Also können Autos alles beißen.

Zu 7.: b) Falsch. Nur weil es heißt, dass alle Bauern verheiratet sind, heißt das noch lange nicht, dass alle Verheirateten Bauern sind.

Zu 8.: b) Falsch. Rosa Elefanten gehen zur Schule und rote Kugelschreiber sind nur rosa Elefanten, wenn sie singen und zur Arbeit gehen. Somit sind nicht alle Elefanten rote Kugelschreiber.

Zu 9.: b) Falsch. Nur weil Elefanten gerne tauchen, sind sie keine Bäume.

Zu 10.: b) Falsch. Auch wenn einige Kohlköpfe Lokomotiven sind, heißt das nicht gleichzeitig, dass Lokomotiven auch Kohlköpfe sind. Also spielen nur einige Lokomotiven Klavier.

Zu 11.: a) Richtig. Weil alle Raupen Busfahrer sind und Busfahrer fliegen können, weil sie Krokodile sind, müssen alle Raupen zwei Beine haben.

Zu 12.: b) Falsch. Es sind nicht alle Raupen Häuser, also lieben auch nicht alle Raupen Käse.

Zahnrad-Aufgaben

Zeit: **5 Minuten**

1. Welche Drehrichtung ist bei diesen Zahnrädern richtig eingezeichnet?

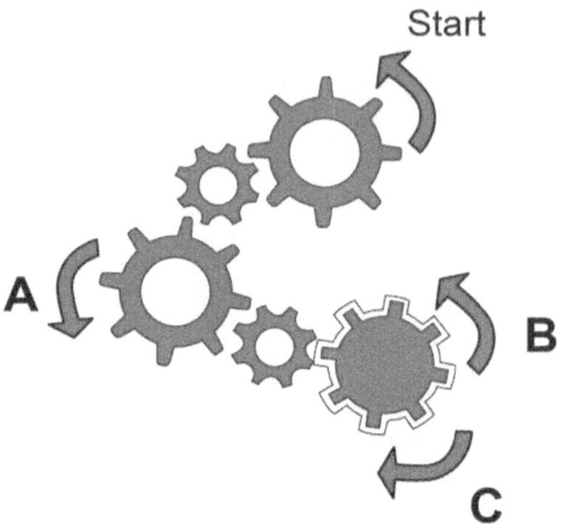

a) A und B
b) nur B
c) nur C
d) nur A

2. Welche Drehrichtung ist bei diesen Zahnrädern richtig eingezeichnet?

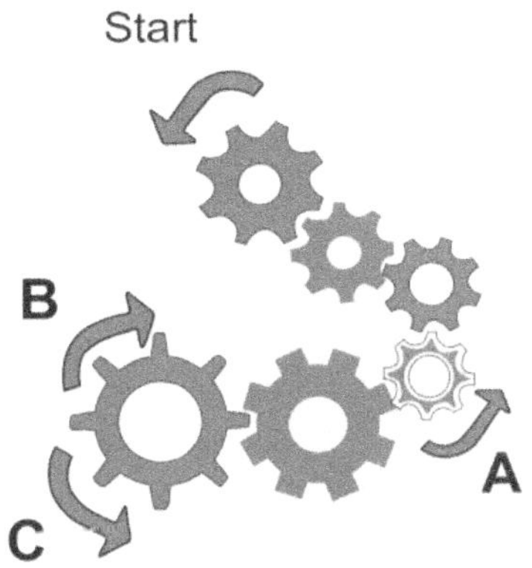

a) A und B
b) nur A
c) nur B
d) nur C

3. Welche Drehrichtung ist bei diesen Zahnrädern richtig eingezeichnet?

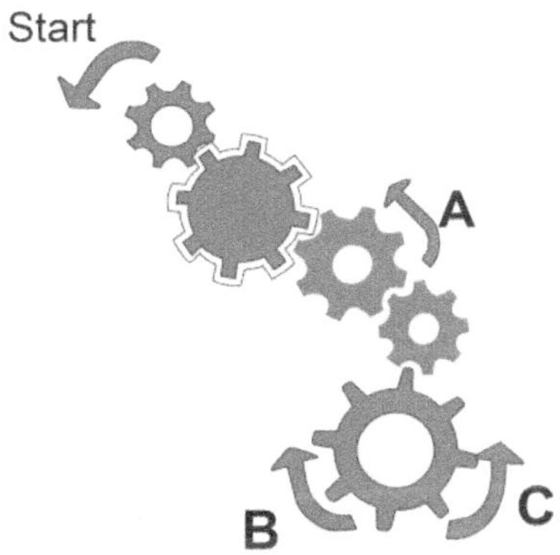

a) A und B
b) A und C
c) nur A
d) nur B

4. Welche Drehrichtung ist bei diesen Zahnrädern richtig eingezeichnet?

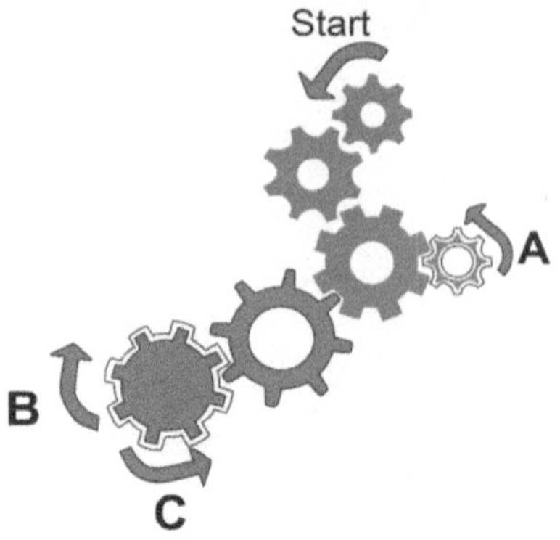

a) A und B
b) A und C
c) nur B
d) nur C

5. Welche Drehrichtung ist bei diesen Zahnrädern richtig eingezeichnet?

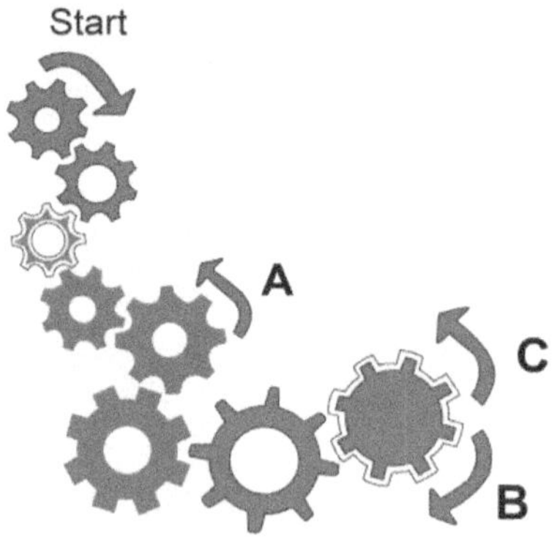

a) A und B
b) A und C
c) nur B
d) nur C

6. Welche Drehrichtung ist bei diesen Zahnrädern richtig eingezeichnet?

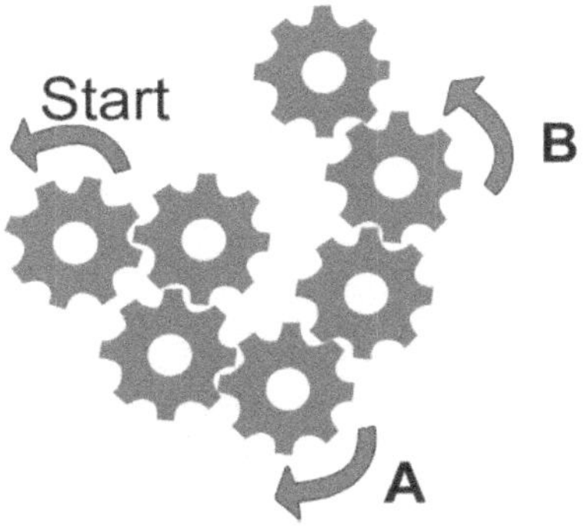

a) A und B
b) nur A
c) nur B
d) nicht A und nicht B

7. Welche Drehrichtung ist bei diesen Zahnrädern richtig eingezeichnet?

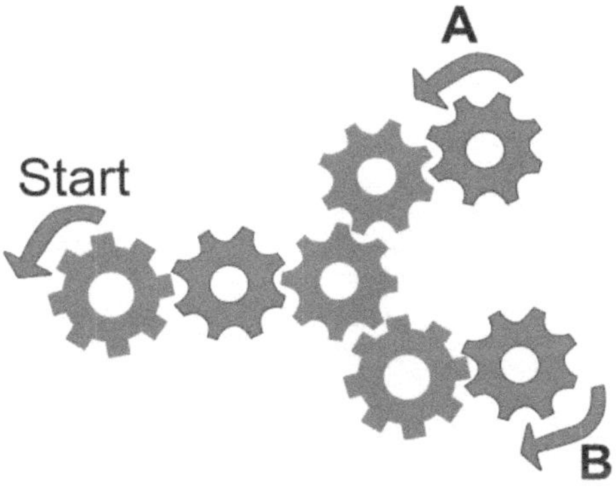

a) A und B
b) nur A
c) nur B
d) nicht A und nicht B

8. Welche Drehrichtung ist bei diesen Zahnrädern richtig eingezeichnet?

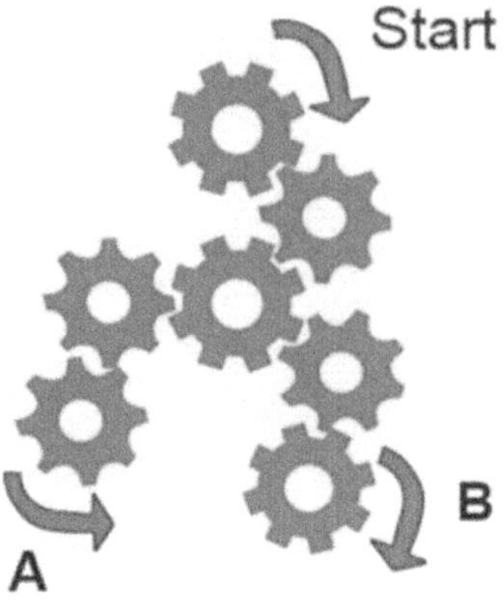

a) A und B
b) nur A
c) nur B
d) nicht A und nicht B

9. Welche Drehrichtung ist bei diesen Zahnrädern richtig eingezeichnet?

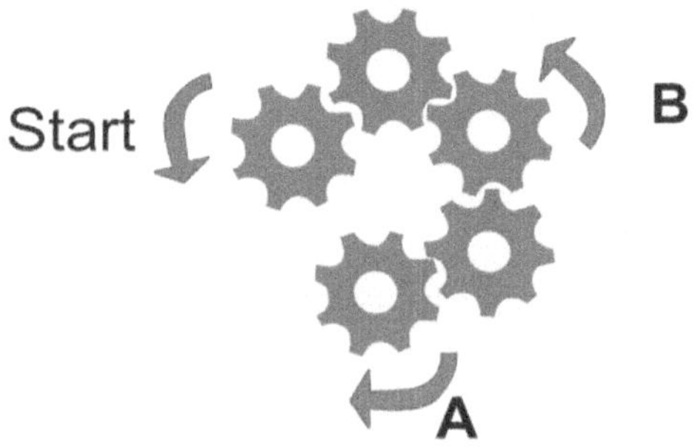

a) A und B
b) nur A
c) nur B
d) nicht A und nicht B

10. Welche Drehrichtung ist bei diesen Zahnrädern richtig eingezeichnet?

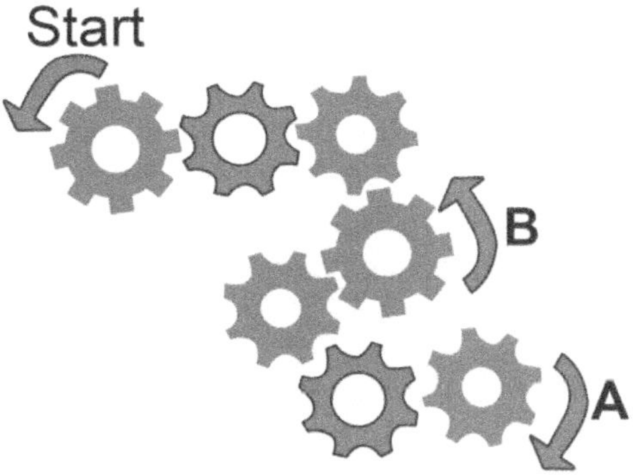

a) A und B
b) nur A
c) nur B
d) nicht A und nicht B

Lösungen: Zahnrad-Aufgaben

1. a)	5. d)	9. c)
2. c)	6. b)	10. d)
3. b)	7. b)	
4. d)	8. c)	

Dominosteine

Die folgenden Aufgaben kommen häufig in Einstellungstests vor. Wenn du das System einmal durchschaut hast, sind sie jedoch leicht zu lösen.

Die Augenzahl der Dominosteine ist in einem bestimmten Schema angeordnet. Es bleibt jeweils ein Feld in den drei Reihen leer. Deine Aufgabe ist es, die versteckte Regel einer Dominoreihe zu finden und den einzig logisch ergänzenden Stein aus dem Lösungsblock zu bestimmen. Betrachte dabei die erste und die zweite Reihe der Augenzahl auf einem Dominostein separat.

Es sind folgende Schemata möglich: aufsteigende Reihe, absteigende Reihe, Addition, Subtraktion, wiederkehrende Folgen.

Zeit: **5 Minuten**

1.

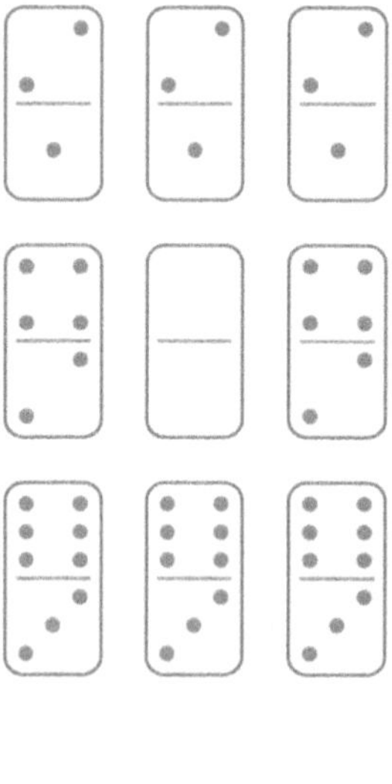

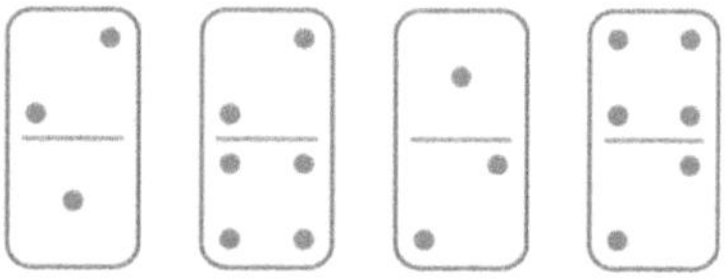

a) b) c) d)

2.

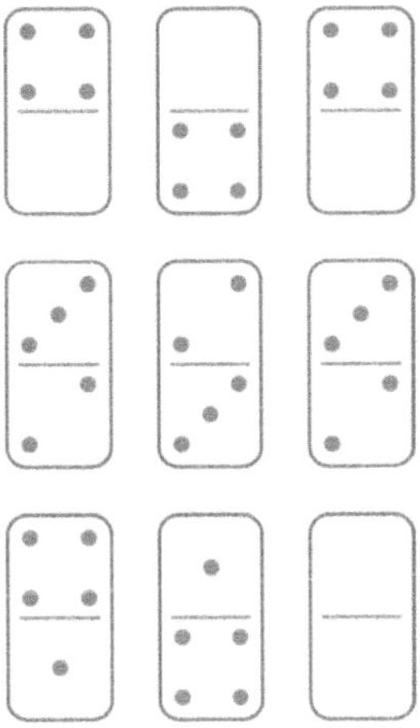

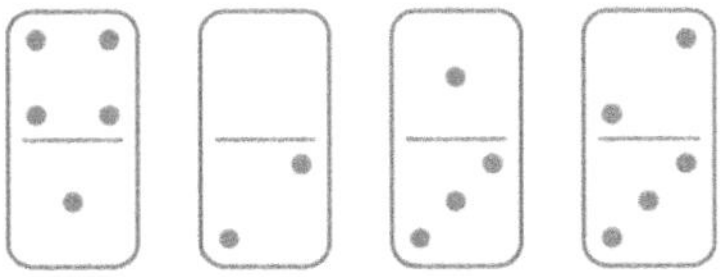

a) b) c) d)

3.

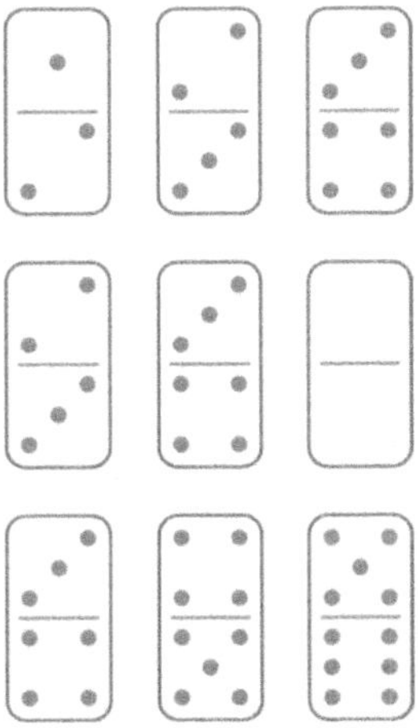

a) b) c) d)

4.

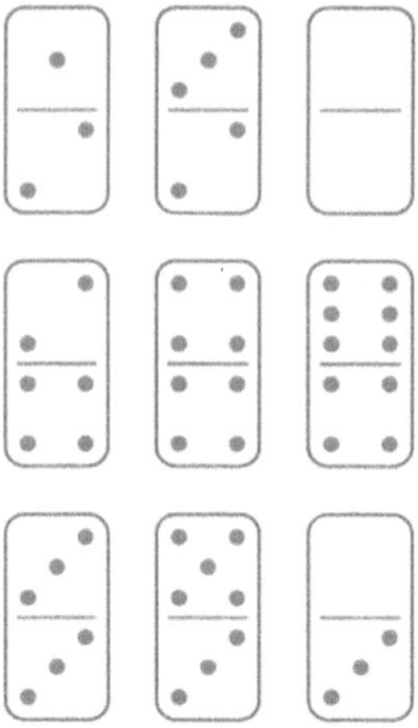

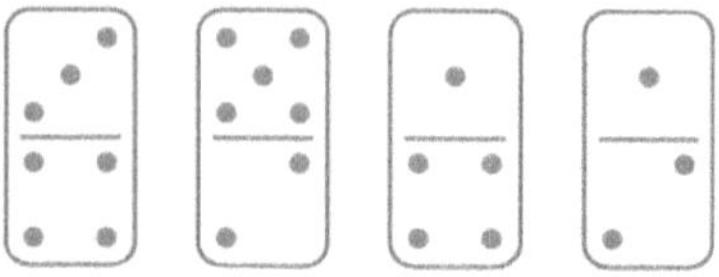

a) b) c) d)

5.

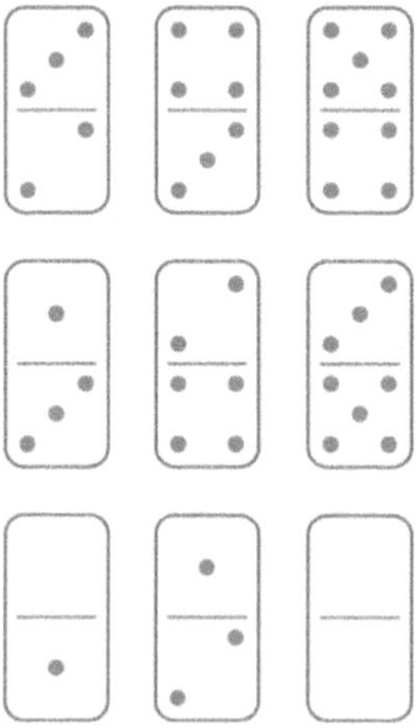

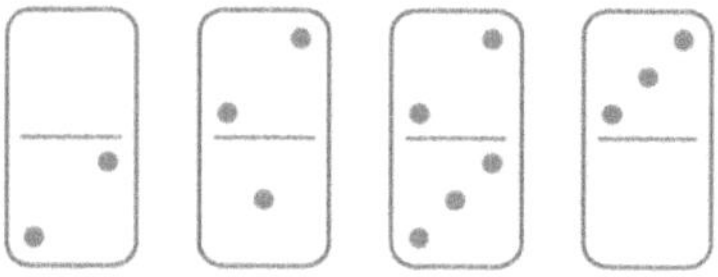

a) b) c) d)

6.

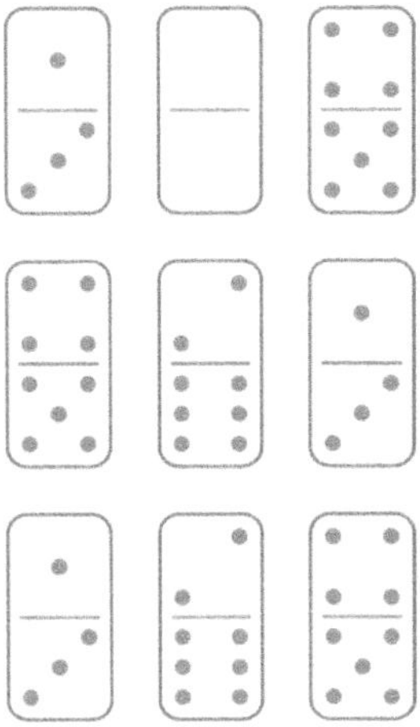

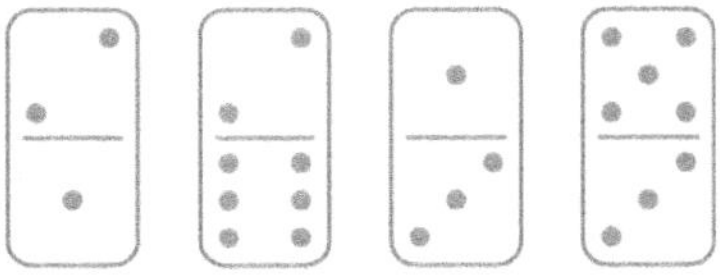

a) b) c) d)

7.

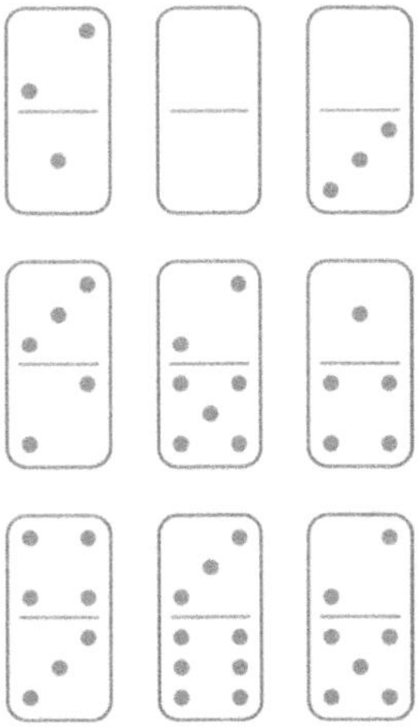

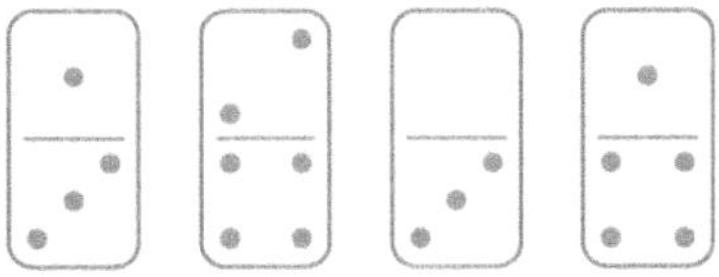

a) b) c) d)

8.

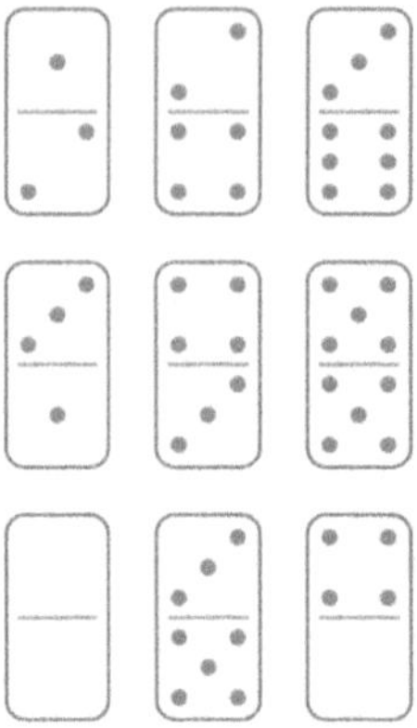

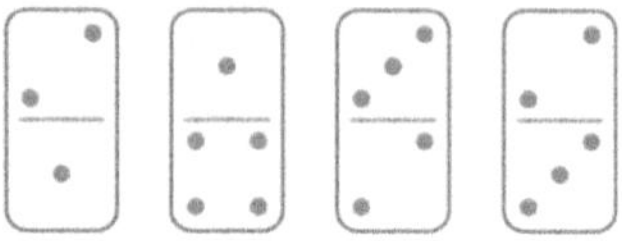

a) b) c) d)

9.

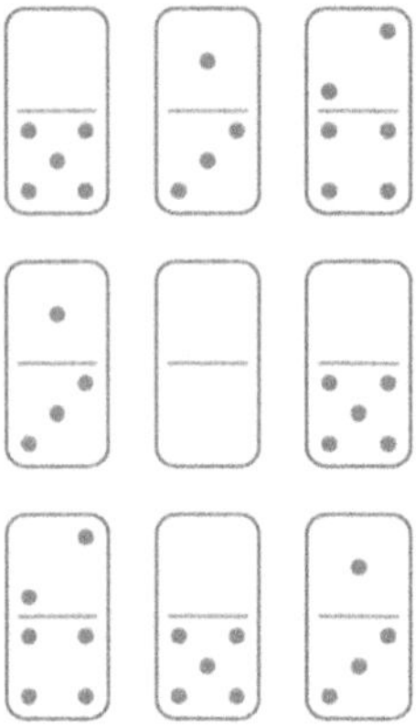

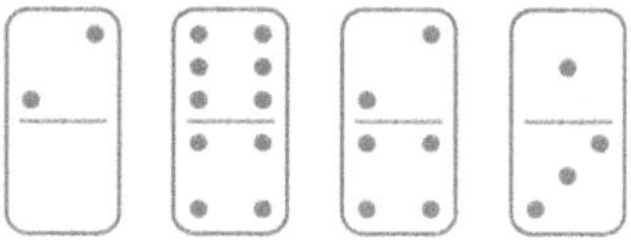

a) b) c) d)

Lösungen: Dominosteine

1. d)	4. b)	7. d)
2. a)	5. c)	8. d)
3. c)	6. b)	9. c)

Würfeldrehen

Bei dieser Aufgabe erhältst du jeweils einen Würfel. Wähle aus fünf Vorlagen den Würfel, der zu der abgebildeten Ausgangsformation passt. Markiere den Buchstaben mit der korrekten Lösung.

Welcher Würfel passt zur Ausgangsformation? Zeit: **5 Minuten**

1.

a) b) c) d) e)

2.

a) b) c) d) e)

3.

a) b) c) d) e)

4.

a) b) c) d) e)

5.

a) b) c) d) e)

6.

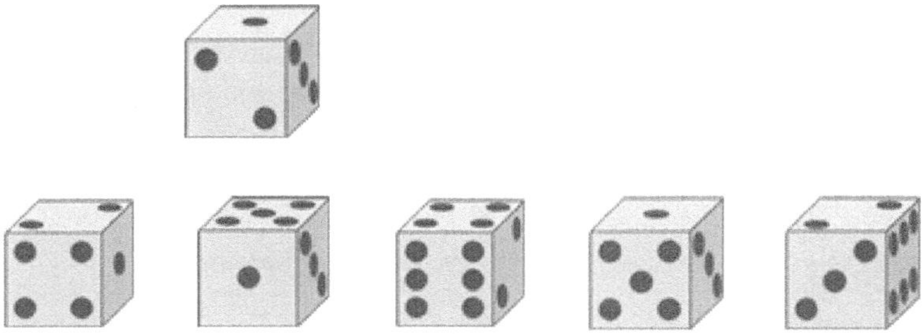

a) b) c) d) e)

Lösungen: Würfeldrehen

1. d)	3. b)	5. a)
2. e)	4. c)	6. c)

Zu 1.: d) Den Würfel links kippen und 90° im Uhrzeigersinn drehen.

Zu 2.: e) Den Würfel nach vorne kippen.

Zu 3.: b) Den Würfel 90° gegen den Uhrzeigersinn drehen und nach hinten kippen.

Zu 4.: c) Den Würfel nach vorne kippen und 90° im Uhrzeigersinn drehen.

Zu 5.: a) Den Würfel zweimal nach rechts kippen.

Zu 6. c) Den Würfel 90° gegen den Uhrzeigersinn drehen und nach hinten kippen.

Spiegelungen

Aufgaben mit Spiegelbildern kommen in Einstellungstests häufig vor, um dein räumliches Vorstellungsvermögen zu testen. Du findest fünf Figuren vor, von denen du immer vier durch Drehen zur Deckung bringen bzw. genau übereinanderlegen kannst. Bei einer Figur ist dies nicht möglich – sie wurde gespiegelt und ist also nicht deckungsgleich mit den anderen. Finde die gespiegelte Figur aus der jeweiligen Reihe heraus.

Zeit: **15 Minuten**

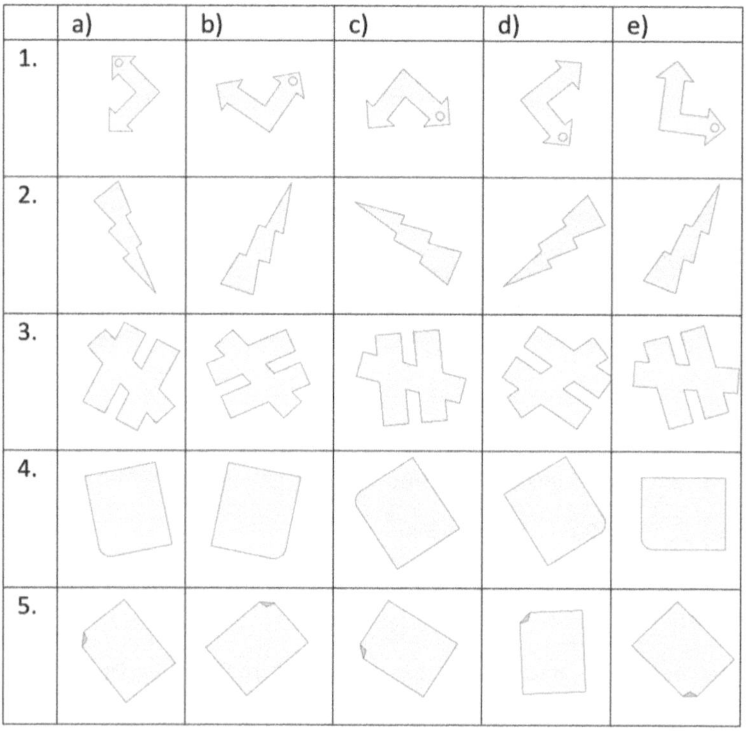

	a)	b)	c)	d)	e)
6.					
7.	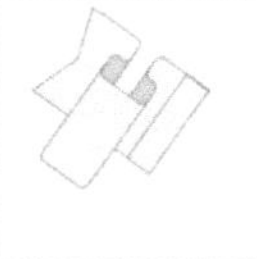	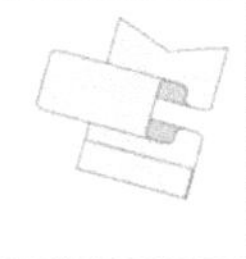	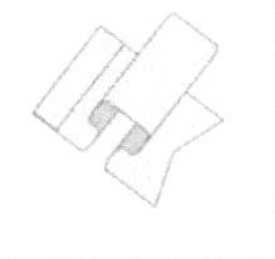	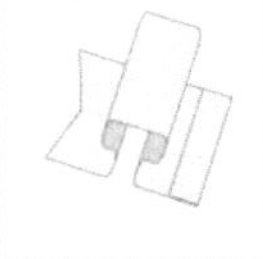	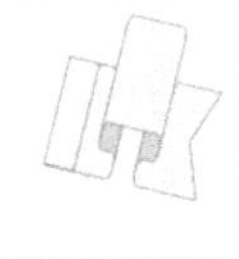
8.			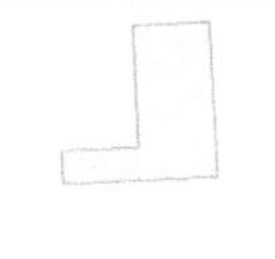	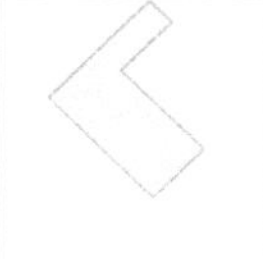	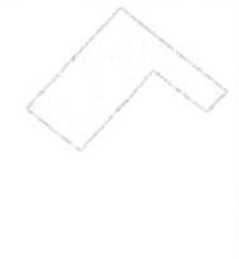
9.					
10.					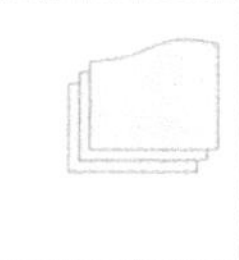
11.			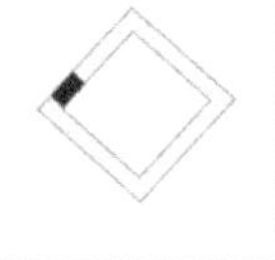		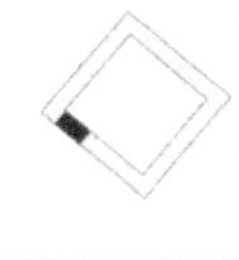
12.					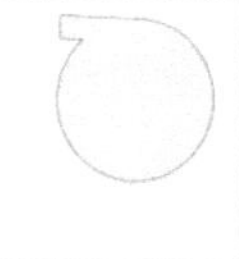

	a)	b)	c)	d)	e)
13.					
14.		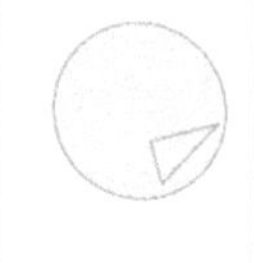	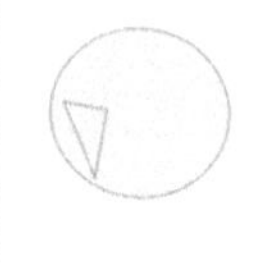	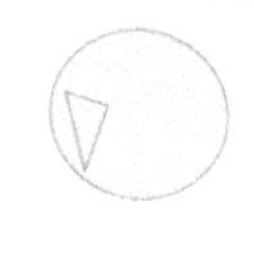	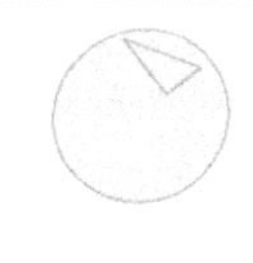
15.					
16.					
17.					
18.					
19.					

	a)	b)	c)	d)	e)
20.					
21.					
22.					
23.					
24.					
25.					
26.					

	a)	b)	c)	d)	e)
27.					
28.					

Lösungen: Spiegelungen

1. c)	11. e)	21. c)
2. d)	12. d)	22. b)
3. b)	13. b)	23. e)
4. a)	14. a)	24. b)
5. e)	15. b)	25. d)
6. c)	16. e)	26. b)
7. d)	17. a)	27. e)
8. a)	18. d)	28. c)
9. a)	19. e)	
10. a)	20. a)	

Figurenflächen zählen

Bei dieser Aufgabe musst du sämtliche Flächen eines Körpers beziehungsweise einer Figur zählen. Denke daran, auch die nicht sichtbaren Flächen immer mitzuzählen.

Zeit: **5 Minuten**

1.

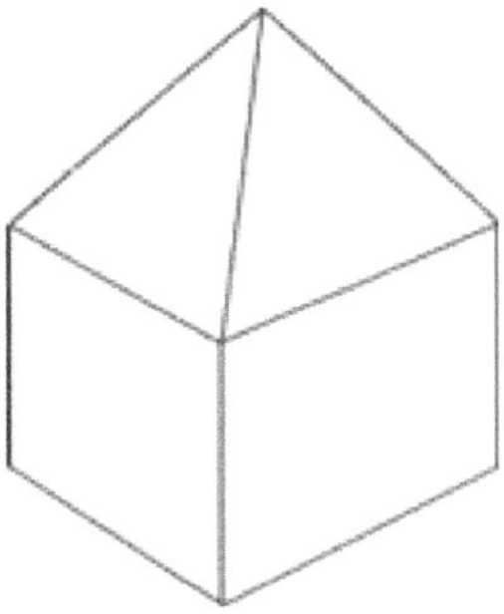

Anzahl der Flächen:

2.

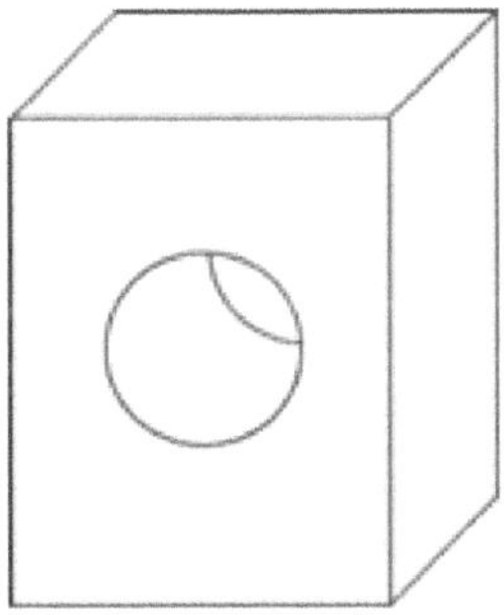

Anzahl der Flächen:

3.

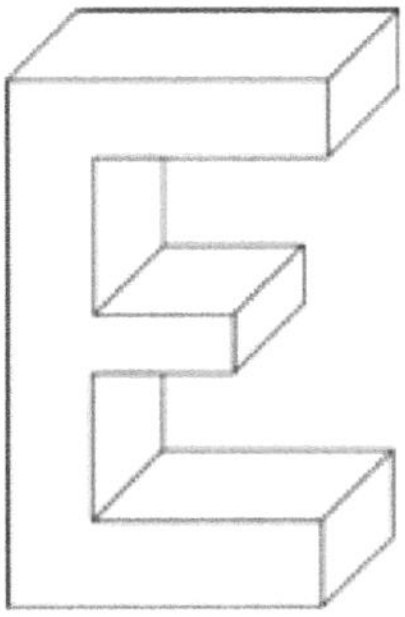

Anzahl der Flächen:

4.

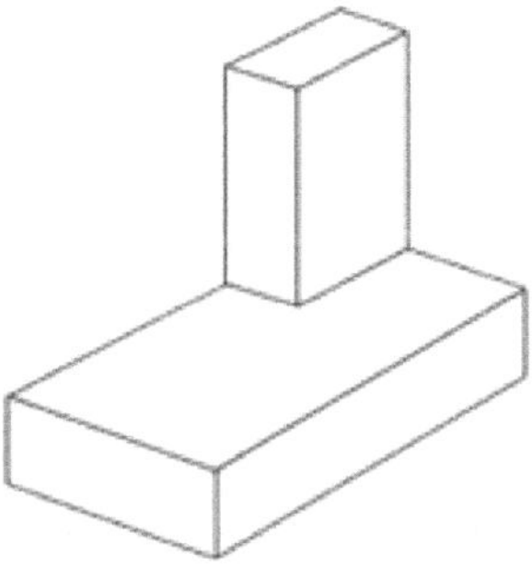

Anzahl der Flächen:

5.

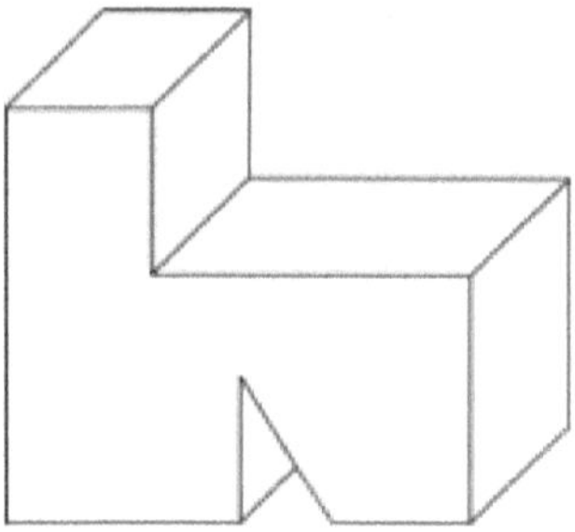

Anzahl der Flächen:

6.

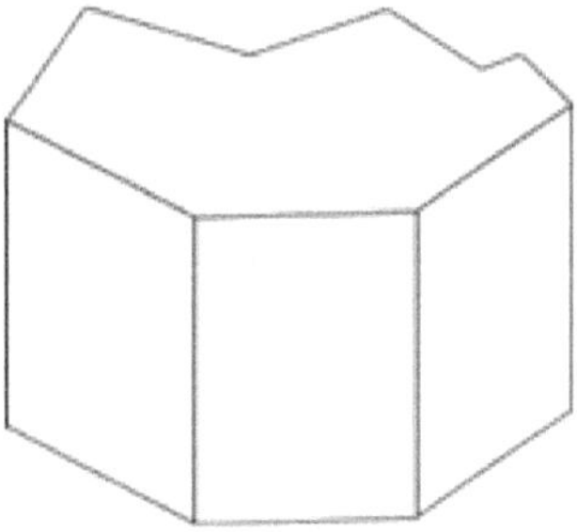

Anzahl der Flächen:

7.

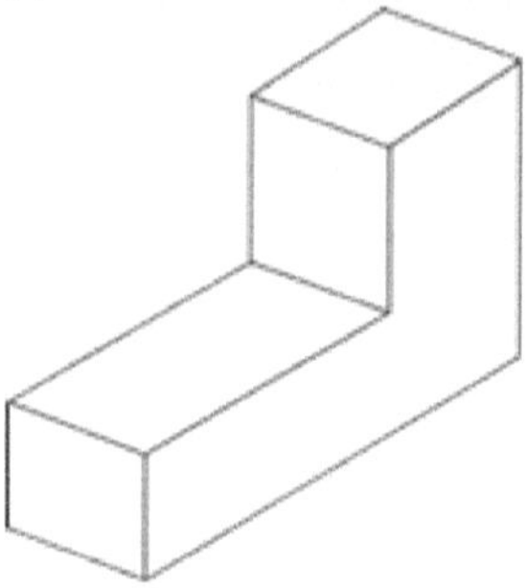

Anzahl der Flächen:

8.

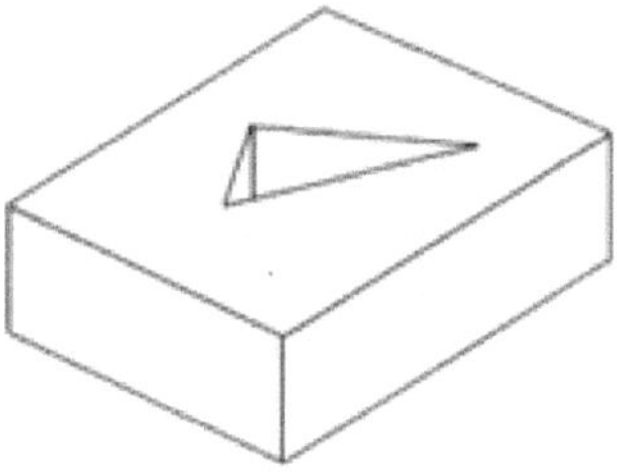

Anzahl der Flächen:

Lösungen:

Zu 1.: 9
Zu 2.: 7
Zu 3.: 14
Zu 4.: 9
Zu 5.: 11
Zu 6.: 11
Zu 7.: 8
Zu 8.: 9

Konzentration

Durch Aufgaben zur Konzentrationsfähigkeit versuchen Arbeitgeber, Vorhersagen zu treffen, wie gründlich, schnell und zuverlässig jemand arbeitet. Trotzdem sollte man sich als Bewerber nicht aus der Ruhe bringen lassen und versuchen, in der gegebenen Zeit so viele Aufgaben wie möglich zu lösen.

bqpd-Test

Aus der folgenden Buchstabenreihe muss jeder Buchstabe d, der durch zwei Striche gekennzeichnet ist, markiert werden. Folgende Kombinationen gelten dabei als richtig:

I		II
d	d	d
I	II	

Zeit: **3 Minuten**

1. Wie viele Markierungen (Treffer) hat die folgende Zeile:

I	II		I	II		I	II		I			I	II	I			I		II		I			I
b	d	b	d	b	d	b	d	b	d	b	b	b	d	d	d	d	b	d	d	q	d	b	q	d
				I	II		I	II		I	II		I			I	II	I			I		II	

Anzahl:

2. Wie viele Markierungen (Treffer) hat die folgende Zeile:

I			I	I	II		I	II		I	II		I			I	II	I			I		II	
d	b	d	b	b	d	b	q	b	b	d	b	d	q	d	b	d	b	d	d	d	d	d	b	d
II		I	II		I	II		I			I	II	I			I		II		I			I	

Anzahl:

3. Wie viele Markierungen (Treffer) hat die folgende Zeile:

```
||    |  ||    |        |  || |        |     ||    |        |
b  d  d  d  q  q  d  d  d  d  d  b  d  d  d  d  d  q  d  d  d  b  b  d  d
   |  ||    |  ||    |  ||    |        |  || |        |     ||    |
```

Anzahl:

4. Wie viele Markierungen (Treffer) hat die folgende Zeile:

```
|  ||    |  ||    |        |  || |        |     ||    |        |
d  d  d  d  q  d  q  d  d  d  b  d  d  b  q  b  d  d  b  q  d  d  d  d  b
      |  ||    |  ||    |  ||    |        |  || |        |     ||    |
```

Anzahl:

5. Wie viele Markierungen (Treffer) hat die folgende Zeile:

```
   |  ||    |  ||    |  ||    |        |  || |        |     ||    |
q  d  d  d  b  d  d  d  q  b  d  d  b  b  d  d  q  d  d  d  d  q  b  d  b
                  |  ||    |  ||    |  ||    |        |  || |        |
```

Anzahl:

6. Wie viele Markierungen (Treffer) hat die folgende Zeile:

```
||    |        |  || |        |     ||    |        |  |  ||    |  ||    |
d  d  d  b  d  b  d  d  d  d  b  d  d  d  b  q  d  d  b  d  d  q  d  d  b
         |  ||    |  ||    |  ||    |        |  || |        |     ||    |
```

Anzahl:

7. Wie viele Markierungen (Treffer) hat die folgende Zeile:

```
      ||    |        |  || |        |     ||    |        |  |  ||    |  ||
d  d  d  b  d  b  d  d  d  d  b  d  d  d  b  q  d  d  b  d  d  q  d  d  b
|  ||    |  ||    |  ||    |        |  || |        |     ||    |  ||    |
```

Anzahl:

8. Wie viele Markierungen (Treffer) hat die folgende Zeile:

```
|     ||    |        |  |  ||    |  ||    ||    |        |  || |        |
d  d  d  b  d  b  d  d  d  d  b  d  d  d  b  q  d  d  b  d  d  q  d  d  b
   |     ||    |  ||    |     |  ||    |  ||    |  ||    |        |  || |
```

Anzahl:

9. Wie viele Markierungen (Treffer) hat die folgende Zeile:

	I			I	II	I			I		II	I			I	I	II		I	II		I	II	
d	b	d	b	b	d	b	q	b	b	d	b	d	q	d	b	d	b	d	d	d	d	d	b	d
II		I	II		I	II		I			I	II	I	II			II	II	I			I	I	

Anzahl:

10. Wie viele Markierungen (Treffer) hat die folgende Zeile:

II	I			I	I	II		I	II		I	II		I			I	II	I			I		II
d	b	d	b	b	d	b	q	b	b	d	b	d	q	d	b	d	b	d	d	d	d	d	b	d
	I	II	I	II			II	II	I			I	I		II		I	II		I	II		I	

Anzahl:

Lösungen: bqpd-Test

1. 4 Treffer	5. 6 Treffer	9. 6 Treffer
2. 2 Treffer	6. 5 Treffer	10. 4 Treffer
3. 5 Treffer	7. 7 Treffer	
4. 2 Treffer	8. 10 Treffer	

Weg/Pfad finden

Jeder Pfad führt von einem Buchstaben zu einer bestimmten Zahl. Versuche, den Pfad nachzuvollziehen und ordne den Buchstaben die passende Zahl zu.

Zeit: **3 Minuten**

1. Aufgabe

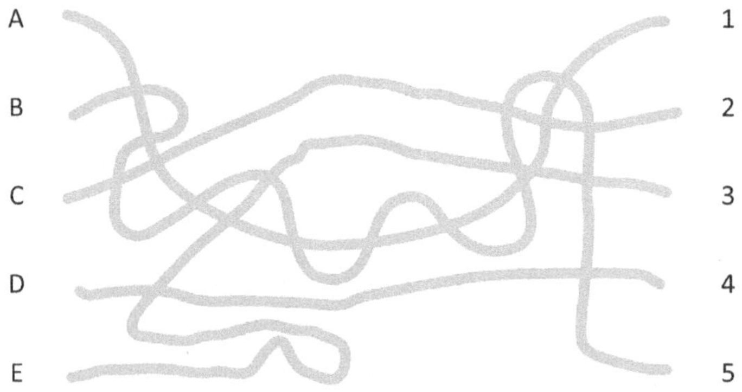

Trage die zugehörigen Zahlen ein:

A - B - C - D - E -

2. Aufgabe

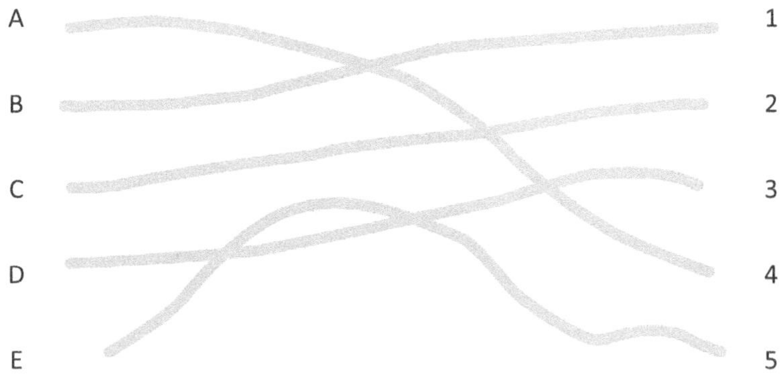

Trage die zugehörigen Zahlen ein:

A - B - C - D - E -

3. Aufgabe

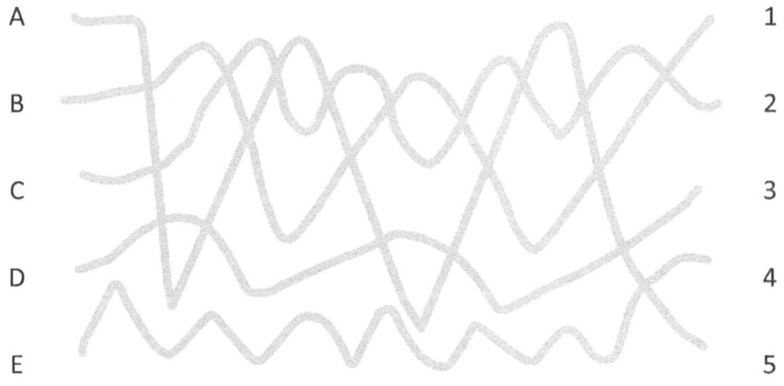

Trage die zugehörigen Zahlen ein:

A - B - C - D - E -

4. Aufgabe

A 1

B 2

C 3

D 4

E 5

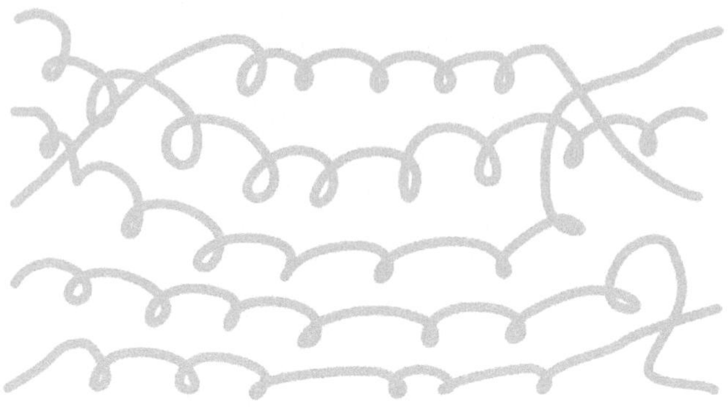

Trage die zugehörigen Zahlen ein:

A - B - C - D - E -

5. Aufgabe

A 1

B 2

C 3

D 4

E 5

Trage die zugehörigen Zahlen ein:

A - B - C - D - E -

6. Aufgabe

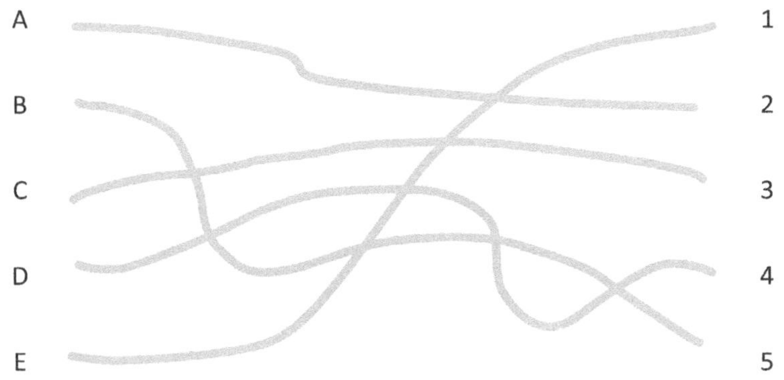

Trage die zugehörigen Zahlen ein:

A - B - C - D - E -

7. Aufgabe

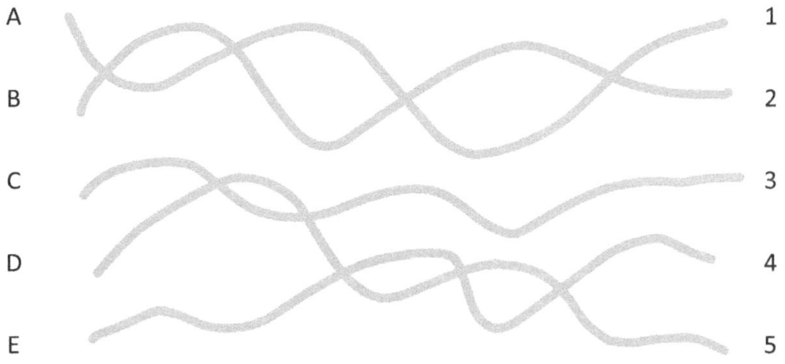

Trage die zugehörigen Zahlen ein:

A - B - C - D - E -

8. Aufgabe

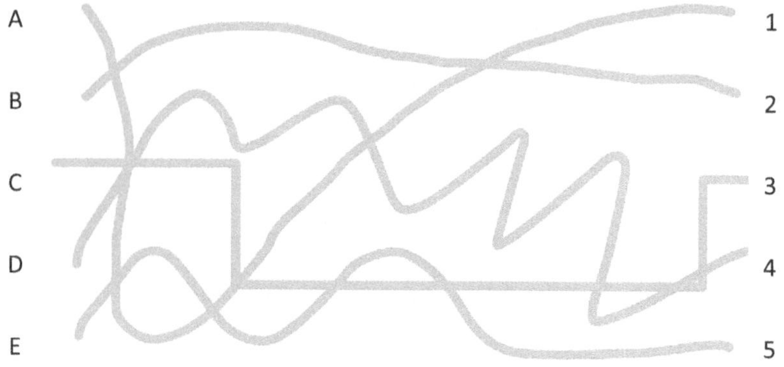

Trage die zugehörigen Zahlen ein:

A - B - C - D - E -

9. Aufgabe

Trage die zugehörigen Zahlen ein:

A - B - C - D - E -

10. Aufgabe

Trage die zugehörigen Zahlen ein:

A - B - C - D - E -

Lösungen: Weg/Pfad finden

1. A 1, B 5, C 2, D 4, E 3
2. A 4, B 1, C 2, D 3, E 5
3. A 5, B 1, C 2, D 3, E 4
4. A 2, B 1, C 3, D 5, E 4
5. A 5, B 2, C 3, D 1, E 4
6. A 2, B 5, C 3, D 4, E 1
7. A 1, B 2, C 3, D 5, E 4
8. A 1, B 2, C 3, D 4, E 5
9. A 1, B 2, C 5, D 3, E 4
10. A 3, B 2, C 4, D 5, E 1

Zahlen merken

Bei diesem Gedächtnistest musst du dir 30 Zahlen in **2 Minuten** merken. Nachdem du dir die Zahlen eingeprägt hast, markierst du aus 100 Zahlen diejenigen, die du dir zuvor gemerkt hast.

5	12	35	42	22
24	30	28	9	43
45	15	18	38	49
52	61	2	56	27
73	58	85	77	66
64	92	74	82	96

Markiere alle Zahlen, die du dir vorher eingeprägt hast. Du hast dafür **2 Minuten** Zeit. Bedenke, um so weniger Fehler du machst, um so mehr Punkte erhältst du.

1	2	3	4	5	6	7	8	9	10
11	12	13	14	15	16	17	18	19	20
21	22	23	24	25	26	27	28	29	30
31	32	33	34	35	36	37	38	39	40
41	42	43	44	45	46	47	48	49	50
51	52	53	54	55	56	57	58	59	60
61	62	63	64	65	66	67	68	69	70
71	72	73	74	75	76	77	78	79	80
81	82	83	84	85	86	87	88	89	90
91	92	93	94	95	96	97	98	99	100

Lösungen: Zahlen merken

1	**2**	3	4	**5**	6	7	8	**9**	10
11	**12**	13	14	**15**	16	17	**18**	19	20
21	**22**	23	**24**	25	26	**27**	**28**	29	**30**
31	32	33	34	**35**	36	37	**38**	39	40
41	**42**	**43**	44	**45**	46	47	48	**49**	50
51	**52**	53	54	55	**56**	57	**58**	59	60
61	62	63	**64**	65	**66**	67	68	69	70
71	72	**73**	**74**	75	76	**77**	78	79	80
81	**82**	83	84	**85**	86	87	88	89	90
91	**92**	93	94	95	**96**	97	98	99	100

Wörter merken

Hier musst du dir aus fünf Bereichen mehrere Wörter merken und diese nachher wieder anhand der Anfangsbuchstaben den korrekten Bereichen zuordnen.

Merke dir innerhalb von **3 Minuten** die folgenden Kategorien mit den dazugehörigen Begriffen.

Für das Beantworten der Fragen hast du **10 Minuten** Zeit.

Berufe: Bienenzüchter – Imker – Quantenphysiker – Tierarzt – Unternehmer

Städte: Chemnitz – Düsseldorf – Jena – München – Stuttgart

Namen: Emil – Xavier – Lena – Otto – Ricarda

Länder: Zypern – Albanien – Kolumbien – Norwegen – Weißrussland

Sportarten: Polo – Fechten – Handball – Volleyball – Golf

1. In welche Gruppe gehört der Begriff mit dem Anfangsbuchstaben A?
a) Städte
b) Berufe
c) Namen
d) Länder
e) Sportarten

2. In welche Gruppe gehört der Begriff mit dem Anfangsbuchstaben B?
a) Länder
b) Namen
c) Städte
d) Sportarten
e) Berufe

3. In welche Gruppe gehört der Begriff mit dem Anfangsbuchstaben C?
a) Länder
b) Städte
c) Namen
d) Berufe
e) Sportarten

4. In welche Gruppe gehört der Begriff mit dem Anfangsbuchstaben D?
a) Namen
b) Länder
c) Berufe
d) Städte
e) Sportarten

5. In welche Gruppe gehört der Begriff mit dem Anfangsbuchstaben E?
a) Berufe
b) Städte
c) Namen
d) Länder
e) Sportarten

6. In welche Gruppe gehört der Begriff mit dem Anfangsbuchstaben F?
a) Berufe
b) Städte
c) Namen
d) Länder
e) Sportarten

7. In welche Gruppe gehört der Begriff mit dem Anfangsbuchstaben G?
a) Namen
b) Berufe
c) Städte
d) Länder
e) Sportarten

8. In welche Gruppe gehört der Begriff mit dem Anfangsbuchstaben H?
a) Städte
b) Länder
c) Namen
d) Berufe
e) Sportarten

9. In welche Gruppe gehört der Begriff mit dem Anfangsbuchstaben I?
a) Berufe
b) Städte
c) Sportarten
d) Länder
e) Namen

10. In welche Gruppe gehört der Begriff mit dem Anfangsbuchstaben J?
a) Berufe
b) Länder
c) Städte
d) Namen
e) Sportarten

11. In welche Gruppe gehört der Begriff mit dem Anfangsbuchstaben K?
a) Städte
b) Sportarten
c) Berufe
d) Länder
e) Namen

12. In welche Gruppe gehört der Begriff mit dem Anfangsbuchstaben L?
a) Städte
b) Namen
c) Berufe
d) Sportarten
e) Länder

13. In welche Gruppe gehört der Begriff mit dem Anfangsbuchstaben M?
a) Berufe
b) Städte
c) Namen
d) Sportarten
e) Länder

14. In welche Gruppe gehört der Begriff mit dem Anfangsbuchstaben N?
a) Berufe
b) Sportarten
c) Länder
d) Städte
e) Namen

15. In welche Gruppe gehört der Begriff mit dem Anfangsbuchstaben O?
a) Berufe
b) Länder
c) Städte
d) Namen
e) Sportarten

16. In welche Gruppe gehört der Begriff mit dem Anfangsbuchstaben P?
a) Namen
b) Städte
c) Berufe
d) Länder
e) Sportarten

17. In welche Gruppe gehört der Begriff mit dem Anfangsbuchstaben Q?
a) Berufe
b) Länder
c) Namen
d) Städte
e) Sportarten

18. In welche Gruppe gehört der Begriff mit dem Anfangsbuchstaben R?
a) Städte
b) Namen
c) Länder
d) Sportarten
e) Berufe

19. In welche Gruppe gehört der Begriff mit dem Anfangsbuchstaben S?
a) Städte
b) Berufe
c) Namen
d) Länder
e) Sportarten

20. In welche Gruppe gehört der Begriff mit dem Anfangsbuchstaben T?
Namen
a) Städte
b) Berufe
c) Länder
d) Namen
e) Sportarten

21. In welche Gruppe gehört der Begriff mit dem Anfangsbuchstaben U?
a) Berufe
b) Städte
c) Namen
d) Länder
e) Sportarten

22. In welche Gruppe gehört der Begriff mit dem Anfangsbuchstaben V?
a) Namen
b) Berufe
c) Städte
d) Sportarten
e) Länder

23. In welche Gruppe gehört der Begriff mit dem Anfangsbuchstaben W?
a) Städte
b) Länder
c) Namen
d) Berufe
e) Sportarten

24. In welche Gruppe gehört der Begriff mit dem Anfangsbuchstaben X?
a) Namen
b) Berufe
c) Städte
d) Sportarten
e) Länder

25. In welche Gruppe gehört der Begriff mit dem Anfangsbuchstaben Z?
a) Namen
b) Länder
c) Berufe
d) Sportarten
e) Städte

Lösungen: Wörter merken

1. d)	10. c)	19. a)
2. e)	11. d)	20. b)
3. b)	12. b)	21. a)
4. d)	13. b)	22. d)
5. c)	14. c)	23. b)
6. e)	15. d)	24. a)
7. e)	16. e)	25. b)
8. e)	17. a)	
9. a)	18. b)	

Hauptaussagen herausfinden

Bei dieser Aufgabe musst du den Text analysieren und die jeweilige Frage zum Text beantworten.

Text 1

Thema: Umwelt, E-Auto, Verkehr in Städten

In den kommenden Jahren und Jahrzehnten soll sich der Verkehr in deutschen Innenstädten wandeln. Auf unterschiedlichen politischen Ebenen werden Konzepte für die „Stadt der Zukunft“ erarbeitet und diskutiert. Insbesondere Kommunalpolitiker werben in ihren Wahlkämpfen regelmäßig mit von ihnen geplanten Maßnahmen zur Verbesserung der Lebensqualität in Innenstädten. Auf der einen Seite stehen die Anwohner, die sich saubere Luft, wenig Verkehrslärm und mehr Radwege wünschen. Auf der anderen Seite pendeln täglich hunderttausende Menschen aus ländlichen Regionen in die Städte, weil dort ein vielfältigeres Angebot an Jobs und meist auch eine bessere Bezahlung winken. Gerade die Menschen auf dem Land sind auf das private Fahrzeug angewiesen. An dieser Situation wird sich auch in den nächsten Jahren nichts ändern. Mit der Einführung von Dieselfahrverboten haben einige deutsche Großstädte bereits Maßnahmen ergriffen. Ob die rege Inanspruchnahme der Förderprämien für Elektrofahrzeuge die Trendwende im Verkehr auf deutschen Straßen bringt, ist zum jetzigen Zeitpunkt noch nicht absehbar.

Der Autor möchte mit seinem Text ...

a) aufzeigen, dass in den meisten Städten bereits der Umstieg hin zum nachhaltigeren Verkehr vollzogen ist.

b) darauf aufmerksam machen, dass es in ländlichen Regionen viele gut bezahlte Arbeitsplätze gibt.

c) die Situation der Pendler in die Diskussion um Verkehr in den Städten mit einbeziehen.

d) die Argumente von Anwohnern und Berufspendlern gegenüberstellen.

e) darauf aufmerksam machen, dass Dieselfahrverbote auf Widerstand in der Bevölkerung stoßen.

Text 2

Thema: Social Media, Internetnutzung bei jungen Menschen

Die Internetnutzung in der Bevölkerung Deutschlands ist während der Corona-Pandemie ab März 2020 deutlich angestiegen. Die Gründe hierfür sind vielfältig. Schüler mussten den Unterricht von zu Hause aus über mobile Endgeräte verfolgen oder die zu erledigenden Aufgaben im Online-Lernportal der Schule bearbeiten. Da es in Schulen immer wieder zu Ansteckungen kam, wurden ganze Klassen wochenlang mittels Fernunterrichts (sogenanntes Homeschooling) auf dem Laufenden gehalten. Zugleich arbeiteten in dieser Zeit viele Berufstätige von zu Hause aus, weil auch in den Betrieben eine erhöhte Ansteckungs-gefahr herrscht. Sowohl öffentliche Stellen wie Schulen als auch Unternehmen mussten in kurzer Zeit mobile Arbeits- beziehungsweise Lernplätze schaffen. Aus den neu geschaffenen Arbeitsplätzen ergeben sich interessante Arbeitskonzepte für die Zukunft. So mancher Arbeitgeber wird eventuell herausgefunden haben, dass es gar nicht notwendig ist, dass sich alle Mitarbeiter tagtäglich auf den Weg in das gemeinsame Büro machen. Stattdessen ermöglicht es die moderne Kommunikation, von den unterschiedlichsten Orten aus mit seinen Kollegen in Kontakt zu bleiben. Im Gegensatz dazu ist es in der öffentlichen Verwaltung aufgrund des immer noch sehr hohen Anteils an Schriftverkehr nicht so einfach, ein Homeoffice einzurichten.

Der Autor möchte mit seinem Text ...

a) aufzeigen, dass die Corona-Pandemie langfristige Auswirkungen auf die Arbeitswelt haben könnte.

b) darauf aufmerksam machen, dass viele Lehrer nicht ausreichend im Umgang mit modernen Unterrichtsmethoden geschult sind.

c) auf mangelhafte Hygienekonzepte in der öffentlichen Verwaltung hinweisen.

d) die unterschiedlichen Situationen in Schulen und Unternehmen genauer darstellen.

Text 3

Thema: Verwaltung in der Zukunft (Bürgerorientierung)

Die öffentliche Verwaltung hat sich in den vergangenen Jahren gewandelt. Unter dem Namen „New Public Management" wurde mehr Fokus auf den Bürger gelegt. Das Ziel ist es, dass sich gewisse Sachgebiete in Behörden und deren Mitarbeiter als Servicestellen verstehen, die Dienstleistungen für Bürger erbringen. Diese „Kundenorientierung" soll auch dafür sorgen, dass die Ämter wieder in ein besseres Licht in der Öffentlichkeit gerückt werden. Das Bild des unmotivierten Behördenmitarbeiters soll von nun an der Vergangenheit angehören. Umso mehr suchen die Verwaltungen aktuell nach engagierten Mitarbeitern, die dem Antragsteller auf Augenhöhe begegnen, freundlich und kompetent Auskünfte erteilen und die Sachbearbeitung rasch und korrekt erledigen. Bei der Anwerbung des Personals stehen die Behörden dabei in Konkurrenz zu privaten Unternehmen. Gerade in der Verwaltung wird dabei mit der Vereinbarkeit von Familie und Beruf sowie einem krisensicheren Arbeitsplatz geworben. Immer mehr junge Menschen betrachten die Verwaltung als attraktiven und zukunftsfähigen Arbeitgeber. Umso umfangreicher werden daher die Auswahlverfahren. Darin müssen die Bewerber unter anderem einen Einstellungstest, ein Assessment-Center sowie ein persönliches Gespräch durchlaufen.

Der Autor möchte mit seinem Text ...

a) die Zukunftsfähigkeit der öffentlichen Verwaltung kritisieren.

b) die Prinzipien des „New Public Management" sowie „Kundenorientierung" erläutern.

c) aufzeigen, wie man sich als Bewerber auf einen Einstellungstest in der öffentlichen Verwaltung vorbereiten muss.

d) aufzeigen, welche Eigenschaften Mitarbeiter in der Verwaltung mitbringen sollten.

Text 4
Thema: Soziales Engagement in der Schule
Soziales Engagement spielt für unsere Gesellschaft eine wichtige Rolle. In verschiedensten Vereinigungen – vom Sportverein über die Freiwillige Feuerwehr bis hin zu Glaubens-gemeinschaften – übernehmen Menschen Verantwortung für andere und setzen sich in ihrer Freizeit unentgeltlich für die Belange und das Wohl anderer ein. Ehrenamtliche Tätigkeiten spielen auch für junge Menschen eine wichtige Rolle. Eine Tätigkeit in einem Sportverein etwa kann dabei helfen, einen Ausgleich zum Schulalltag und dem Leben daheim zu schaffen. Dabei lernt man neue Leute kennen und stärkt dabei soziale Kompetenzen. Diese Kompetenzen sind wiederum in anderen Lebensbereichen von Vorteil. Eine ehrenamtliche Tätigkeit kann auch gerne in einer Bewerbung erwähnt werden. Arbeitgeber freuen sich, wenn man als Bewerber zeigt, dass man sich für andere einsetzt. Gerade in kleinen Gemeinden im ländlichen Raum spielt etwa der Sportverein noch eine größere Rolle, während das vielfältige Sport- und Freizeitangebot in Städten jungen Menschen mehr Möglichkeiten der Freizeitgestaltung bietet.

Der Autor möchte mit seinem Text ...
a) die Vorteile des ehrenamtlichen Engagements hervorheben.
b) Bewerber dazu auffordern, in ihrer Bewerbung das ehrenamtliche Engagement zu nennen.
c) zeigen, dass ein Ehrenamt für die meisten Menschen nur wenige Vorteile bringt.
d) aussagen, dass es kaum Freizeitangebote für junge Menschen gibt.

Lösungen

Text 1: c), d)

Text 2: a), d)

Text 3: b), d)

Text 4: a), b)

Textverständnis

Text 1

Thema: Justiz und die digitale Verwaltung

Im Informationszeitalter stehen Gerichte und Staatsanwaltschaften angesichts der immer umfangreicher werdenden Menge an Informationen vor großen Herausforderungen. Für ein Gerichtsverfahren legen die Prozessbeteiligten heute unter anderem Sprachnachrichten des Messenger-Dienstes WhatsApp, E-Mails, Nachrichten und Chats aus anderen sozialen Netzwerken sowie aufgezeichnetes Videomaterial als Beweise vor. Die Sichtung all dieser Informationen braucht Zeit. Richter müssen sich zunehmend mit immer mehr Datenquellen auseinandersetzen und die Vielzahl an eingereichten Daten auswerten. Welche davon dürfen als zuverlässige Quelle herangezogen werden? Welche Beweiskraft haben Chats oder ein Post auf Facebook? Gerichtsverfahren dauern bekanntlich lange und die Berge an Akten, die für die Entscheidungsfindung ausgewertet werden müssen, wachsen an. Um diesen Herausforderungen Herr zu werden, braucht es mehr Richter und Staatsanwälte.

Die elektronische Aktenführung, oder auch e-Akte, soll Veränderung bringen. Akten in Papierform werden Schritt für Schritt abgelöst. An ihrer Stelle tritt ein elektronisches Dokument, das am PC durchgeblättert und von verschiedenen Personen bearbeitet werden kann. Derzeit läuft bereits in zahlreichen Gerichten der Testbetrieb. Dabei wird zunächst nur ein Teil der Gerichtsangehörigen mit diesem System arbeiten. Wer einen Fehler in diesem System entdeckt oder Verbesserungsvorschläge vorbringen möchte, kann sich kurzerhand mit dem Systemadministrator in Verbindung setzen. Somit wird die e-Akte stetig verbessert. Schon in wenigen Jahren soll bereits ein beträchtlicher Teil aller Justizbehörden mit diesem System arbeiten. Die Politik plant auf Dauer einen vollständigen Umstieg auf diese Form der Aktenführung, auch wenn sich so manche Herausforderungen, die dieses System in der Praxis mit sich bringen wird, erst noch herausstellen werden.

Für das zukünftige Funktionieren unseres Rechtsstaates ist neben einer elektronischen Aktenführung insbesondere die Anwerbung und Einstellung von geeignetem Personal von großer Bedeutung. Gerichte und Staatsanwaltschaften bestehen nicht ausschließlich aus Juristen. Für das

Funktionieren dieser Stellen sind Angestellte und Beamte in den Geschäftsstellen unerlässlich. Hierfür gibt es verschiedene Ausbildungen sowie duale Studiengänge. Die Justiz wirbt in den letzten Jahren zunehmend für ihre Ausbildungen. Dazu zählen etwa der Fachwirt in der Justiz, der Verwaltungswirt in der Arbeits- und Sozialgerichtsbarkeit oder der Regierungssekretär in einer Justizvollzugsanstalt. All dies sind Ausbildungen in der Beamtenlaufbahn. Für die Zeit der Ausbildung wird man in das Beamtenverhältnis auf Widerruf berufen. Nach erfolgreichem Abschluss der Ausbildung wirst du als Beamter auf Probe ernannt und nach einer zweijährigen Probezeit schließlich auf Lebenszeit verbeamtet. Neben diesen Berufen bieten diese Behörden ebenfalls Ausbildungen für Angestellte wie die Ausbildung zum Verwaltungsfachangestellten an. Neben den Berufsausbildungen gibt es auch duale Studiengänge wie den Diplom-Rechtspfleger (FH).

Zusammenfassend lässt sich sagen, dass die Zukunft der Justizbehörden von der Einstellung von geeignetem Personal sowie einer modernisierten Aktenführung und den damit verbundenen Investitionen von politischer Seite bestimmt wird.

Welche der folgenden Aussagen lässt sich aus dem Text entnehmen? Es können auch mehrere Antworten richtig sein.

1. Gerichtsverfahren ...
a) bedürfen aufgrund der großen Zahl an vorgelegten Beweismitteln aus digitalen Medien einer langen Bearbeitungszeit.
b) dauern immer länger als ein Jahr.
c) werden künftig verstärkt durch die e-Akte geführt.
d) werden häufig angefochten.

2. Richter und Staatsanwälte ...
a) müssen in den nächsten Jahren verstärkt eingestellt werden.
b) arbeiten bereits zum Teil mit der e-Akte.
c) entscheiden zu langsam.
d) sind auf die Arbeit von Angestellten und Beamten in der Geschäftsstelle angewiesen.

3. Das Funktionieren der Organe unseres Rechtsstaates ...
a) hängt allein von der elektronischen Aktenführung ab.
b) hängt davon ab, wie viele Klagen bei den Gerichten eingereicht werden.
c) wird bestimmt durch verschiedene Faktoren.
d) wird unter anderem durch politische Ziele und Maßnahmen beeinflusst.

4. Die Justiz ...
a) bietet jungen Menschen kaum Ausbildungsmöglichkeiten an.
b) bietet lediglich Ausbildungen in einem Angestelltenverhältnis an.
c) bietet lediglich Ausbildungen in einem Beamtenverhältnis an.
d) wirbt immer mehr für ihre vielfältigen Ausbildungsmöglichkeiten.

5. Wer in der Justiz arbeiten möchte, ...
a) muss ein abgeschlossenes Jurastudium vorweisen können.
b) muss Richter oder Staatsanwalt werden.
c) kann eine Ausbildung in einer Beamtenlaufbahn anstreben.
d) kann ein duales Studium zum Diplom-Rechtspfleger (FH) antreten.

6. Welche der folgenden Aussagen fasst den gesamten Textinhalt am besten zusammen?
a) Die e-Akte wird das künftige Geschehen in unseren Gerichten beherrschen und innerhalb der nächsten Jahre umgesetzt.
b) Für die Zukunft unseres Rechtsstaates ist es besonders wichtig, dass sich möglichst viele junge Menschen für eine Ausbildung oder ein duales Studium in der Justiz entscheiden.
c) Die Justizbehörden stehen heute verschiedenen Herausforderungen, allen voran die Umgestaltung der Verwaltungsabläufe hin zur elektronischen Aktenführung sowie die Anwerbung von geeignetem Personal.
d) Richter und Staatsanwälte sollten bei der Entwicklung des Systems e-Akte mitwirken.

7. Was möchte der Autor mit seinem Text sagen?
a) Der Autor möchte darauf hinweisen, dass sich zu wenige junge Menschen für eine Ausbildung in der Justiz interessieren.
b) Der Autor zeigt auf, welche Veränderungen es in der Justiz braucht, um den Herausforderungen der Zukunft gewachsen zu sein.

c) Der Autor möchte in seinem Text aufzeigen, dass die elektronische Aktenführung allein alle Probleme der Zukunft lösen wird.
d) Der Autor möchte den Leser von seiner Meinung überzeugen, dass die Justizbehörden schon jetzt allen Herausforderungen gewachsen sind.

Text 2
Thema: Mehr Bürgerorientierung in der öffentlichen Verwaltung
Seit mehreren Jahren nun verfolgen öffentliche Stellen ein ehrgeiziges Ziel: Sie möchten mehr Bürgerorientierung in ihren Sachgebieten. Der Antragsteller soll vom jeweiligen Sachbearbeiter als Kunde wahrgenommen werden, dem seitens der Behörde eine Dienstleistung erbracht wird. Die Zeiten des klassischen Über-Unterordnungs-Verhältnisses sind vorbei. Das Ziel ist, dass sich Sachbearbeiter als Dienstleister verstehen und dem Bürger auf Augenhöhe begegnen. Dies wiederum führt dazu, dass sich Bürger besser verstanden fühlen und der Gang zum Amt weder Ärger noch Frustrationen oder Sonstiges auslöst.

Mehr Bürgerorientierung fordert auch das Neue Steuerungsmodell, kurz NSM oder auch „New Public Management" genannt. Dieses Modell beinhaltet zahlreiche Maßnahmen, die zur Modernisierung der öffentlichen Verwaltung beitragen. Modernisierung der Verwaltung? Ja, richtig gehört! So sorgt etwa eine dezentrale Ressourcenverwaltung für mehr Eigenverantwortung im Haushaltswesen. Darüber hinaus sind bereits zahlreiche kommunale Gebietskörperschaften auf die doppelte Buchführung umgestiegen. Dabei ist auffällig, dass öffentliche Stellen einige Prinzipien aus dem privatwirtschaftlichen Sektor übernehmen. Als Vorbild dienen also Unternehmen, deren Systeme nun nach und nach auch im öffentlichen Bereich übernommen und auf die Bedürfnisse der Behörden angepasst werden.

Doch genug von der Theorie, wie funktioniert dieses System in der Praxis? Essenziell für den Erfolg sind die sozialen Kompetenzen der Sachbearbeiter vor Ort. Am Ende ist es ein konkreter Ansprechpartner, der für die Belange der Antragsteller zuständig ist. Er ist damit das Aushängeschild der Behörde. Wenn er mit dem Gesprächspartner auf Augenhöhe kommuniziert und dabei freundlich sowie kompetent wirkt, fühlt sich dieser verstanden. Ein theoretisches Modell funktioniert nur, wenn es vor Ort in einer Behörde angewendet wird. Es gibt demnach Behörden, in denen die Ansätze des NSM bereits weit fortgeschritten sind und damit auch Bürger von mehr Serviceorientiertheit profitieren. In anderen Behörden hingegen gibt es noch Nachholpotenzial. Wichtig ist, dass die verantwortlichen Personen vor Ort die Vorteile dieser Umstrukturierung erkennen und ihren Untergebenen in der Umsetzung der neuen Ansätze als Vorbild vorangehen.

Der Grundstein hierfür wird in der Ausbildung der Verwaltungswirte und Verwaltungsfachangestellten gelegt. Schon während der Ausbildung werden angehende Beamte und Angestellte im öffentlichen Dienst in den Sozialwissenschaften unterrichtet. Dasselbe gilt für die dualen Studiengänge. Die Stundenanzahl in diesen Fächern ist dabei während der vergangenen Jahre angestiegen, da die Dienstherren erkannt haben, dass soziale Kompetenz im Umgang mit Bürgern einen hohen Stellenwert für die Außenwirkung der Verwaltung hat. Mittlerweile sind soziale Fächer neben Rechtsfächern und der Verwaltungsbetriebswirtschaftslehre ein fester Bestandteil der Ausbildung im öffentlichen Dienst.

Der theoretische Unterricht allein wird jedoch nicht ausreichen, dieses Konzept erfolgreich in allen Behörden umzusetzen. Damit diese Ansätze funktionieren, braucht es zuallererst motivierte Menschen, die sich für den öffentlichen Dienst interessieren und gerne eine Ausbildung oder ein Studium in der Verwaltung anstreben.

Welche der folgenden Aussagen lässt sich aus dem Text entnehmen? Es können auch mehrere Antworten richtig sein.

1. Ein Ziel von Behörden ist es, dass ...
a) ihre Finanzen zentral verwaltet werden.
b) mehr Sachgebiete zusammengelegt werden, um das Verwaltungshandeln zu vereinfachen.
c) ihre Sachbearbeiter serviceorientiert handeln und bürgernah auftreten.
d) ihre Auszubildenden vertiefter in den Rechtswissenschaften unterrichtet werden.

2. Das sogenannte „Über-Unterordnungsverhältnis" besagt, dass ...
a) die Behörde besonders serviceorientiert handelt.
b) die Mitarbeiter von Behörden selbst über das von der Kämmerei vorgegebene Haushaltsvolumen entscheiden dürfen.
c) ein Sachgebietsleiter seinen Mitarbeitern Weisungen erteilen darf.
d) Sachbearbeiter in übergeordneter Position über die von Bürgern eingereichten Anträge entscheiden.

3. Das Neue Steuerungsmodell, kurz NSM, ...
a) soll unter anderem für mehr Bürgerorientiertheit in der öffentlichen Verwaltung sorgen.
b) wird bereits heute in allen öffentlichen Stellen umgesetzt.
c) beinhaltet zahlreiche Maßnahmen zur Modernisierung der öffentlichen Verwaltung.
d) führt zu Personalabbau.

4. Wichtige Aspekte für das Funktionieren der Ansätze des NSM sind ...
a) das Auftreten der Sachbearbeiter und das Verhalten von Führungspersonen.
b) eine sparsame Haushaltspolitik und Bonuszahlungen.
c) zahlreiche interne Vorgaben.
d) Verwaltungsvorschriften und Beurteilungen von Mitarbeitern.

5. Damit das NSM funktioniert, muss ...
a) die Behörde auf alle Wünsche von Bürgern eingehen.
b) die Behördenleitung engagierte Bewerber einstellen, in deren Ausbildung viel Wert auf die Entwicklung sozialer Kompetenz gelegt wird.
c) in jeder Behörde ein Konzept zur Umsetzung erarbeitet werden
d) die Ausbildung von Verwaltungswirten und Verwaltungsfachangestellten sozialwissenschaftliche Fächer beinhalten.

6. Welche der folgenden Aussagen fasst den gesamten Textinhalt am besten zusammen? Es können mehrere Antworten richtig sein.
a) Das Neue Steuerungsmodell kann die Außenwirkung einer Verwaltung verbessern und verwaltungsinterne Zuständigkeiten neu definieren.
b) Das Neue Steuerungsmodell setzt auf vielfältige Ausbildungsmöglichkeiten in der öffentlichen Verwaltung sowie In-House Schulungen für Mitarbeiter.
c) Der wichtigste Schritt hin zur Umsetzung des NSM ist eine breit gefächerte theoretische Ausbildung, die sich mit Praxisabschnitten in den Behörden abwechselt.
d) Das Neue Steuerungsmodell kann bei richtiger Umsetzung dazu beitragen, dass eine öffentliche Verwaltung bürgerfreundlich auftritt und sich als Serviceeinheit für die Antragsteller versteht.

Lösungen

Text 1: 1. a), c); 2. a), b), d); 3. c), d); 4. d); 5. c), d); 6. c); 7. b)

Text 2: 1. c); 2. d); 3. a), c); 4. a); 5. b), d); 6. a), d)

Tabelle auswerten

In dieser Aufgabe musst du eine Tabelle auswerten, in der die Benotungen von Schülern in verschiedenen Schulfächern aufgelistet sind. Beantworte bitte nachstehende Fragen anhand dieser Tabelle. Markiere den Buchstaben mit der korrekten Lösung.

Zeit: **3 Minuten**

Noten	**1**	**2**	**3**	**4**	**5**	**6**
Deutsch	Max	Franz	Julia	Erika	Bernd	Claudia
Mathe	Julia	Max	Franz	Claudia	Bernd	Erika
Englisch	Franz	Julia	Erika	Max	Claudia	Bernd
Kunst	Erika	Claudia	Bernd	Julia	Max	Franz
Sport	Julia	Max	Claudia	Bernd	Franz	Erika

1. Max und Julia gehören zu den besten Schülern. Doch wer hat den besseren Notendurchschnitt?

a) Max

b) Julia

2. Welchen Notendurchschnitt hat Claudia?

a) 3,8

b) 4

c) 4,1

d) 4,5

3. Deutsch und Mathe gehören zu den wichtigsten Fächern. Welche beiden Schüler haben zusammen den besten Notendurchschnitt?

a) Franz und Max

b) Max und Julia

c) Julia und Franz

4. Mädchen oder Jungen? Wer von beiden hat die besseren Noten mit nach Hause gebracht?

a) Mädchen

b) Jungen

Lösungen: Tabelle auswerten

Zu 1. b) Julia
Julia hat einen Notendurchschnitt von 2,2 und ist somit besser als Max, der nur einen Schnitt von 2,8 hat.

Zu 2. b) 4
Claudia hat ein Notendurchschnitt von genau 4.
$6 + 4 + 5 + 2 + 3 = 20 \div 5 = 4$

Zu 3. b) Max und Julia
Den besten Notendurchschnitt mit 1,75 in Mathe und Deutsch haben Max und Julia zusammen.

Zu 4. a) Mädchen
Die Mädchen schlagen die Jungs knapp mit einen Gesamtdurchschnitt von 3,4. Die Jungs kommen auf ein Notenschnitt von 3,6.

Lebenslauf einprägen

Bei dieser Aufgabe musst du dir aus den beiden Lebensläufen die wichtigsten Informationen merken und später dazu einige Fragen beantworten. Markiere den Buchstaben mit der korrekten Lösung.

Zeit: **5 Minuten**

Lebenslauf 1

Name: Lange

Vorname: André Joseph

Geburtstag: 25.07.1985

Geburtsort: Berlin

Beruf: Netzwerktechniker

André Lange wurde am 25.07.1985 in Berlin als Einzelkind eines Installateurmeisters und einer Bürokauffrau geboren. Nachdem er von 1991 bis 1996 die Grundschule in Berlin-Lichtenberg besucht hatte, zog er mit seiner Familie ins nahe liegende Umland nach Brandenburg. Dort ging er auf die Herbert Tschäpe Oberschule in Erkner und belegte dort auch 2001 sein Realschulabschluss. Anschließend absolvierte André Lange von 2001 bis 2005 eine dreieinhalbjährige Berufsausbildung zum IT-Systemelektroniker am Flughafen Berlin Schönefeld. Nach seiner abgeschlossenen Ausbildung musste er seinen Zivildienst antreten, den er in einer Diakonie in Teltow neun Monate ableistete. 2006 absolvierte er eine Fort- und Weiterbildung zum Thema Netzwerk. Als Netzwerktechniker bekam er dann eine Anstellung bei der Deutschen Bahn, wo er bis heute noch angestellt und bereits zum Abteilungsleiter aufgestiegen ist. Heute lebt er mit seiner Freundin Mandy kinderlos in der Geburtsstadt seiner Mutter, Leipzig.

Lebenslauf 2

Name: Berndsen
Vorname: Monika
Geburtstag: 04.05.1975
Geburtsort: Hannover
Beruf: Mediengestalterin

Monika Berndsen, geboren am 04.05.1975, wuchs als eines von drei Kindern in der Nähe von Hannover auf. Ihr Vater ist ein Oberleutnant bei der Bundeswehr und die Mutter eine Floristin mit eigenem Blumenladen. Schon früh half sie im Laden ihrer Mutter mit aus, um sich so das Taschengeld ein bisschen aufzufrischen. Auch heute noch gehören neben Malen und Zeichnen die Floristik zu ihren Hobbys. 1987 machte sie am Fontane Gymnasium in Hannover ihr Abitur. Bevor sie 1989 ein Studium als Mediengestalterin an der Universität in Wiesbaden begann, absolvierte sie ein Soziales Jahr bei einer Hilfsorganisation in Spanien. Neben der Arbeit konnte sie auch noch Land und Leute kennenlernen und spricht bis heute noch ein wenig Spanisch. Nach ihrem abgeschlossenen Studium bekam sie einen Job bei einer Lokalzeitung als Layouterin in München. Heute leitet sie mit rund 50 Mitarbeitern ihre eigene PR- und Marketingfirma in Hamburg. Monika Berndsen ist zudem seit sieben Jahre mit Steffan Berndsen verheiratet. Das Paar lebt mit seinen zwei Kindern Lukas und Maria in einem Einfamilienhaus in Hamburg.

1. Welchen Beruf übt André Lange aus?
a) Mediengestalter
b) Netzwerktechniker
c) Elektroniker
d) Systemelektroniker

2. Auf welche Schule ging André Lange?
a) Herbert Tschäpe Oberschule
b) Fontane Gymnasium
c) Oberschule Erkner
d) Diakonische Oberschule Teltow

3. In welcher Firma arbeitet André Lange?
a) Deutsche Post
b) Deutsche Bank
c) Deutsche Telekom
d) Deutsche Bahn

4. Wie heißt die Freundin von André Lange?
a) Mandy
b) Sabine
c) Monika
d) Maria

5. Wo wurde Monika Berndsen geboren?
a) Leipzig
b) Hamburg
c) Hannover
d) München

6. Welchen Beruf übte Monika Berndsen Mutter aus?
a) Floristin
b) Malerin
c) Lehrerin
d) Architektin

7. An welcher Universität studierte Monika Berndsen?
a) Mainz
b) Berlin
c) Wiesbaden
d) Frankfurt

8. Wie heißt der Sohn von Monika Berndsen?
a) Martin
b) Steffan
c) Leon
d) Lukas

Lösungen: Lebenslauf einprägen

1. b)	4. a)	7. c)
2. a)	5. c)	8. d)
3. d)	6. a)	

Personendaten abgleichen

Bei dieser Aufgabe geht es darum, die Personendaten links und rechts inhaltlich abzugleichen. Die Daten müssen nicht identisch formatiert sein, sollten aber die gleiche Information beinhalten. Beispiel: Umlaute ü,ö,ä können in der Form ue, ae, oe geschrieben sein. Telefonnummern, die ein unterschiedliches Format haben (0151, 0049151, +49 (0)151) gelten trotzdem als richtig. Bei der Vorwahl wird stets die deutsche Vorwahl verwendet, sodass +49 und 0 gleichzusetzen sind. Trage zum Schluss alle Datensatznummern ein, die einen inhaltlichen Fehler aufweisen.

Zeit: **3 Minuten**

1. Michael Fischer Geb.: 15. Juli 2001 Tel.: 0049 151 39 28 19 81	Michaela Fischer Geb.: 15. Juli 2001 Tel.: 0049 151 / 39281981
2. Mattis Böhm Geb.: 08.06.1997 Tel.: 0178 / 25 78 91 14	Mattis Boehm Geb.: 8. Juni 1997 Tel.: 0178 / 25 78 91 14
3. Veronika Vogt Geb.: 27. Februar 1999 Tel.: 0291 / 76 99 73 14	Veronika Vogt Geb.: 27. Februar 1999 Tel.: 0291 / 76987314
4. Esther Dietrich Geb.: 18 Sep. 2003 Tel.: 0049 17839281979	Esther Ditrich Geb.: 15 Juli 2001 Tel.: 0049 151 39 28 19

5. Thilo Kühn Geb.: 9. Mai 1997 Tel.: 0049 981376841378	Thilo Kühn Geb.: 9.05.1997 Tel.: 0981 / 37 68 41 378
6. Lian Seidel Geb.: 19. November 1971 Tel.: 089 64 72 38 91	Lian Seidel Geb.: 19.11.1971 Tel.: 089 647 238 91
7. Juliane Arnold Geb.: 9. Oktober 2002 Tel.: 0049 9847 31 24 87	Juliane Arnold Geb.: 9.10.2002 Tel.: 09847 31 24 78
8. Mehmet Erdem Geb.: 5. Januar 1978 Tel.: 0593 813 768 41	Mehmet Erdem Geb.: 05.01.1978 Tel.: 059381376841
9. Michail Chokovski Geb.: 13. August 1989 Tel.: 0049 178 638 947 64	Michail Chokovski Geb.: 13.08.1989 Tel.: 0049 17863894764
10. Isabel Pfeiffer Geb.: 16. März 2003 Tel.: 0160 / 73 41 59 98	Isabel Pfeiffer Geb.: 16.03.2002 Tel.: +49 (0)16073415998

Nummern der falschen Datensätze: ______________________

Lösungen: Personendaten abgleichen

Falsche Datensätze: 1, 3, 4, 7, 10

Wörter bilden

Bei dieser Aufgabe musst du Wörter bilden, bei denen schon die Anfangs- und Endbuchstaben vorgegeben sind. Bilde jeweils immer fünf Wörter pro Aufgabe. Alle Wortklassen, Eigen- oder Städtenamen sind erlaubt. Nicht erlaubt sind Fremdsprachen, Wortneubildungen und Dialekte.

Zeit: **8 Minuten**

1. Anfang **B** | Ende **E**

____

____

____

____

____

2. Anfang **M** | Ende **N**

____

____

____

____

____

3. Anfang **A** | Ende **N**

____

____

____

____

____

4. Anfang **S** | Ende **T**

____

____

____

____

____

5. Anfang **E** | Ende **L**

____

____

____

____

____

6. Anfang **K** | Ende **R**

____

____

____

____

____

Musterantworten: Wörter bilden

Zu 1.: Anfang **B** | Ende **E**
Bandbreite
Bürste
Briefe
Batterie
Brille

Zu 2.: Anfang **M** | Ende **N**
Millionen
Mädchen
Minuten
Mann
müssen

Zu 3.: Anfang **A** | Ende **N**
Anforderungen
angemessen
Antworten
aufwärmen
angeln

Zu 4.: Anfang **S** | Ende **T**
Stadt
Sport
Sonnenlicht
Start
Supermarkt

Zu 5.: Anfang **E** | Ende **L**
Edelstahl
Einzelhandel
E-Mail
Enkel
Esel

Zu 6.: Anfang **K** | Ende **R**
Kater
Kratzer
Käufer
Kammer
Kinder

Wörter ergänzen

Bei dieser Aufgabe musst du Wörter bilden, bei denen der Wortanfang schon vorgegeben ist. Bilde jeweils immer fünf Wörter pro Aufgabe. Alle Wortklassen, Eigen- oder Städtenamen sind erlaubt. Nicht erlaubt sind Fremdsprachen, Wortneubildungen und Dialekte.

Zeit: **8 Minuten**

1. **Sport ...**

____

____

____

____

____

2. **Polizei ...**

____

____

____

____

____

3. **Zimmer ...**

____

____

____

____

____

4. **Unter ...**

____

____

____

____

____

5. **Regen ...**

____

____

____

____

____

6. **Roh ...**

____

____

____

____

____

Musterantworten: Wörter ergänzen

Zu 1.: **Sport ...**
Sportfest
Sporthose
Sportverein
Sportstar
Sportler

Zu 2.: **Polizei ...**
Polizeiauto
Polizeifunk
Polizeiwache
Polizeimarke
Polizeibeamter

Zu 3.: **Zimmer ...**
Zimmertemperatur
Zimmermann
Zimmerlampe
Zimmerdecke
Zimmerschlüssel

Zu 4.: **Unter ...**
Unterarm
Unterlassung
Unterschrift
Untergang
Untersuchung

Zu 5.: **Regen ...**
Regenschirm
Regenwald
Regentropfen
Regenjacke
Regenrinne

Zu 6.: **Roh ...**
Rohstoff
Rohbau
Rohrpost
Rohrbruch
Rohzustand

Postkorbübung

Bei der Postkorbübung musst du innerhalb kürzester Zeit, meist innerhalb von 20 bis 50 Minuten, bestimmte Dokumente nach Wichtigkeit und Dringlichkeit sortieren und im Anschluss bestimmte Maßnahmen ableiten. Hierbei achten die Prüfer besonders auf deine Stressresistenz, dein Arbeitstempo, eine fehlerfreie Arbeitsweise und die Entschlussfähigkeit.

Und so kann deine Postkorbübung aussehen: Heute ist der 5. August 2019 und es ist genau 9:30 Uhr. Du bist Vertretungskraft für Herrn Joachim Faber, dem Projektmanager in einem IT-Unternehmen, welches Buchführungssoftware anbietet. Dein Kollege befindet sich bereits seit zwei Wochen im Urlaub und fällt weiterhin für eine ungewisse Zeit krankheitsbedingt aus. Du hast dir vorgenommen, sein E-Mail-Postfach aufzuräumen, in welchem sich bereits 30 ungelesene Nachrichten befinden. Für die Bearbeitung hast du dir folgende Gedanken gemacht:
Alle Fehlermeldungen, PC-Probleme und Softwarefehler leitest du direkt an den Entwickler Herr Söhrensen weiter

Ist eine Fehlermeldung, ein gemeldetes PC-Problem oder die Meldung über einen Softwarefehler älter als fünf Tage oder aber das Problem ist besonders dringend, rufst du den Absender stattdessen direkt an und bittest um einen Aufschub.

Handelt es sich um eine neue Anforderung an die Software, nimmst du den Vorschlag auf und antwortest dem Absender per E-Mail. Genauso verfährst du bei sonstigen Kundennachrichten.

Alle privaten E-Mails werden von dir ignoriert, genauso wie Spam-Mails oder E-Mails von Frau Katrin Lehmann.

Bei allen finanziellen Angelegenheiten (Mahnungen, Rechnungen, Rabatte, Angebote, Kostenvoranschläge) oder bei Kritik an der Organisation, leitest du die E-Mail an Frau Schmidt aus der Buchhaltung und Organisation weiter.

Bitte gebe nach jeder E-Mail an, wie du vorgehen würdest.

Deine Vorgehensweise:
a) Weiterleitung an Herr Söhrensen
b) Anruf
c) auf E-Mail antworten
d) ignorieren
e) Weiterleitung an Frau Schmidt

Für die folgende Aufgabe hast du **20 Minuten** Zeit.

E-Mail Nr. 1:
Datum: 29. Juli 2019, 9:00:24
Von: Monika Albrecht
Text:
Sehr geehrte Damen und Herren,

heute Morgen startete ich den PC und ich konnte die gestern gespeicherten Rechnungen nicht mehr aufrufen. Weder vom Desktop-PC aus noch von meinem Smartphone. Was soll ich nun machen?

Freundliche Grüße
Monika Albrecht

E-Mail Nr. 2:
Datum: 31. Juli 2019, 17:12:43
Von: Marlene Huber
Text:
Sehr geehrte Damen und Herren,

Ich glaube, bei Ihnen läuft etwas gewaltig schief. Ich kann weder telefonisch noch per E-Mail irgendjemanden erreichen. Ich versuche es schon seit über einer Woche und unsere Buchhaltung kann nicht weiterarbeiten. Das wird finanzielle Konsequenzen für Sie haben.

Mit freundlichen Grüßen
Marlene Huber

E-Mail Nr. 3:
Datum: 24. Juli 2019, 9:19:01
Von: Katrin Lehmann
Text:
Sehr geehrter Herr Faber,

wie schon die letzten Tage habe ich auch heute wieder das Problem, dass der Bildschirm während der Arbeit immer wieder ausgeht. Es wird auf einmal alles schwarz und ich kann nicht weiterarbeiten. Dann ziehe ich den Stecker, warte eine Minute und mache danach alles wieder an. Nach einer halben Stunde wieder das gleiche Problem. Bitte helfen Sie mir.

Mit freundlichen Grüßen

E-Mail Nr. 4:
Datum: 16. Juni 2019, 14:32:29
Von: Maja Scholz
Text:
Sehr geehrte Damen und Herren,

Ich habe letzte Woche Ihre Software gekauft, merke aber nun, dass mir das Kundenstammdaten-Modul fehlt. Wie kann ich es aktivieren? Muss ich dafür das Debitorenprogramm zusätzlich ordern oder lässt sich das mit wenigen Klicks beheben?

Mit freundlichen Grüßen
Maja Scholz

E-Mail Nr. 5:
Datum: 06. Juli 2019, 23:06:24
Von: Wladimir Sukin
Text:
Sehr geehrte Damen und Herren,

Ich weiß, Rechnungen können vergessen werden. Deshalb möchte ich Sie wiederholt an die Zahlung unserer Rechnung vom 23.05.2019 erinnern.

Mit freundlichen Grüßen
Wladimir Sukin

E-Mail Nr. 6:
Datum: 4. August 2019, 16:15:45
Von: Lotterie Nord-West
Text:
Sehr geehrte Damen und Herren,

Wir gratulieren Ihnen zu Ihrem Gewinn. Sie nahmen erfolgreich an unserer Glückslotterie teil und gewinnen 500.000 Euro. Damit wir Ihnen die Summe überweisen können, klicken Sie bitte hier: *LINK* und geben Sie Ihre Bankverbindung sowie Ihre TAN-Nummer ein. Schon wenige Augenblicke später führen wir den Transfer aus.

Mit freundlichen Grüßen
Ihre Lotterie Nord-West

E-Mail Nr. 7:
Datum: 28. Juli 2019, 11:10:18
Von: Katrin Lehmann
Text:
Sehr geehrter Herr Faber,

da ich noch immer keine Antwort auf meine E-Mail vom 24. Juli von Ihnen erhalten habe, sehe ich mich gezwungen, das Programm zu kündigen. Ich bitte Sie, mir die überwiesenen 28,90 Euro für die letzten drei Monate zurückzuerstatten.

Mit freundlichen Grüßen
i.V. Katrin Lehmann

E-Mail Nr. 8:
Datum: 30. Juli 2019, 19:45:42
Von: Hans Beck
Text:
Hallo Herr Faber,

Ich weiß nicht, ob ich bei Ihnen richtig bin, aber ich fange einfach mal an: Ich habe einen kleinen Handwerksbetrieb und möchte mich in naher Zukunft zur Ruhe setzen, deshalb wird der Betrieb aufgelöst. Mein Sohn möchte nun alle Kundenstammdaten, Lieferanten und Projekte in sein Unternehmen mit einer anderen Software überführen. Dazu müssen die Daten in einer „XML-Datei" vorliegen, so seine Aussage. Kann man das mit Ihrer Soft-ware so lösen?

Besten Dank im Voraus.
Mit freundlichen Grüßen
Hans Beck

E-Mail Nr. 9:
Datum: 15. Juli 2019, 14:35:58
Von: Firma Seibert
Text:
Sehr geehrte Damen und Herren,

Wir hatten bei Ihnen das gesamte FiBi-Paket gebucht, doch leider kann unsere IT die Software noch immer nicht installieren. Es kommt während des Installationsvorgangs zu einem unerwarteten Fehler, sodass dieser nicht abgeschlossen werden kann. Wir bitten um einen schnellen Rat von einem Fachmann.

Mit freundlichen Grüßen
i.A. Amelie Neumann
Firma Seibert

E-Mail Nr. 10:
Datum: 2. Aug. 2019, 12:13:41
Von: Mattis Krieger
Text:
Sehr geehrte Damen und Herren,

sehe ich das richtig, dass ich für den Rechnungsdruck das Dokument erst speichern muss, danach wieder schließen und erst dann öffnen und in ein PDF-Dokument umwandeln muss? Versuche ich die Rechnung aktuell direkt in das PDF-Format umzuwandeln, erhalte ich nur ein leeres Blatt. Es kann doch nicht so kompliziert sein, oder?

Mit freundlichen Grüßen
Mattis Krieger

E-Mail Nr. 11:
Datum: 03. August 2019, 17:24:15
Von: Jochen Kaiser
Text:
Sehr geehrte Damen und Herren,

nach anfänglicher Skepsis habe ich mich nun doch für Ihr Produkt entschieden und war die ersten Tage auch zufrieden. Nun überwiegt aber wieder die Skepsis, da ich beim Erstellen von Angebot 2 die Meldung erhalte: „Unknown Error". Ich weiß nicht, wie ich das Angebot abschließen soll, und mein Kunde wartet darauf. Im Anhang sende ich Ihnen einen Screenshot.

Mit freundlichen Grüßen
Kaiser

E-Mail Nr. 12:
Datum: 02. August 2019, 6:15:48
Von: Melanie Lange
Text:
Sehr geehrte Damen und Herren,

Ich sitze vor einem kleinen Problem und komme nicht weiter. Meine Kostenvoranschläge werden immer auf zwei Seiten gedruckt, obwohl ich nur eine Position habe. Bei den Rechnungen klappt es mit dem Druck auf eine Seite. Mache ich was falsch?

Mit freundlichen Grüßen
Melanie Lange

E-Mail Nr. 13:
Datum: 9. Juli 2019, 16:00:19
Von:
Text:
Hallo Joachim,

Ich bin's, die Mama von Josephie. Ich wollte fragen, ob Emelie nächste Woche Dienstag uns mal besuchen kommen mag. Josephie würde sich sehr darüber freuen. Gerne kann ich die beiden nach dem Kindergarten zusammen abholen.

Liebe Grüße
Monika

E-Mail Nr. 14:
Datum: 31. Juli 2019, 5:15:45
Von: Annabell Sauer
Text:
Sehr geehrter Herr Faber,

das mit dem Neustart hatte nicht funktioniert. Obwohl ich schon alles Mögliche ausprobiert habe, wird mir das PDF für die Rechnung nicht ausgegeben. Stattdessen erhalte ich ein Dokument mit lauter Sonderzeichen. Bitte helfen Sie mir. Ich bin schon echt verzweifelt.

Grüße
Annabell Sauer

E-Mail Nr. 15:
Datum: 1. August 2019 18:08:47
Von: Patrick Seilbach
Text:
Hi Joachim,

Ich hoffe, dir, deiner Frau und den Kindern geht es gut. Leider kann ich nächste Woche nicht mit zum geplanten Segeltörn, da in meiner Familie alle krankheitsbedingt ziemlich angeschlagen sind. Aber an der Kostenpauschale in Höhe von 300 Euro bleibe ich selbstverständlich weiter beteiligt.

Viele Grüße
Patrick

E-Mail Nr. 16:
Datum: 4. August 2019 13:11:18
Von: Shirin Arlan
Text:
Sehr geehrte Damen und Herren,

Wir haben die Software gekauft und uns fehlen noch folgende Funktionen: Wir müssen unsere Rechnungen direkt mit dem Paypal-Konto verbinden, sodass eine Zuordnung zu den Zahlungen möglich ist. Wir müssen alle Kontenbewegungen als CSV-Datei an die Steuerkanzlei weiterleiten. Wie können wir das bewerkstelligen?

Bitte melden Sie sich schnell.

Mit freundlichen Grüßen
Shirin Arlan

E-Mail Nr. 17:
Datum: 2. August 2019, 16:28:37
Von: Katrin Lehmann
Text:
Sehr geehrter Herr Faber,

Ich bin's mal wieder! :-) Das Problem mit meinem Bildschirm hat sich anscheinend von selbst gelöst. Mein Neffe kam letztens zu mir und meinte, dass ich wohl beim Putzen das Netzkabel des Monitors erwischt habe und dieses wohl etwas lose war. Das Kabel steckt nun wie es soll und alles funktioniert prima. Ich bleibe Ihnen somit auch weiterhin treu.

Mit freundlichen Grüßen
Katrin Lehmann

E-Mail Nr. 18:
Datum: 29. Juli 2019, 14:47:46
Von:
Text:
Sehr geehrte Damen und Herren,

wie besprochen sende Ich Ihnen unser Angebot für die beiden .NET-Entwickler zur Behebung der Fehler Nr. 2–5.

Mit freundlichen Grüßen

E-Mail Nr. 19:
Datum: 28. Juli 2019, 7:28:51
Von: Apotheker um die Ecke
Text:
Sehr geehrte Damen und Herren,

plagen auch Sie andauernd Potenzprobleme? Damit ist jetzt Schluss! Mit unseren neuen Produkten zur Bekämpfung von Erektionsstörungen haben Sie ein Problem weniger. Für schlappe 29,99 Euro erhalten Sie eine Packungseinheit zum Kennenlernpreis.

Mit freundlichen Grüßen
Ihr Apotheker

E-Mail Nr. 20:
Datum: 31. Juli 2019, 19:03:47
Von: Lennard Fuchs
Text:
Hallo Joachim,

der Kunde „Kanalbau Nord" hat unsere Rechnung mit der Nr. 938271 noch immer nicht beglichen, obwohl wir bereits zweimal angemahnt haben. Kannst du direkt mal nachhaken, woran das liegt?

Grüße von Lennard

Lösungen: Postkorbübung

Hinweis: Bei einigen E-Mails sind mehrere Lösungen möglich. Wichtig ist nur, dass du den eigenen Lösungsansatz stichhaltig begründen kannst.

1. a)
2. e)
3. d)
4. c)
5. e)
6. d)
7. d)
8. c)
9. b)
10. a)
11. b)
12. a)
13. d)
14. b)
15. d)
16. c)
17. d)
18. e)
19. d)
20. e)

Sprache

Beinahe jeder Einstellungstest beinhaltet Aufgaben zum Wort- und Sprachverständnis. Ein guter Wortschatz, Sprachgefühl und Sprachfantasie sind hier gefragt. Wortbedeutungen müssen sinngemäß erfasst werden.

Deutsche Grammatik

1. Wie viele Silben hat das folgende Wort: Rinderwahnsinn?

a) 3
b) 4
c) 5
d) 6

2. Wie wird das folgende Wort richtig getrennt: Interessantes?

a) In|ter|es|sa|ntes
b) Inte|ress|an|tes
c) In|ter|es|san|tes
d) In|te|res|san|tes

3. Wie wird das folgende Wort richtig getrennt: Zeiterfassung?

a) Zeit|er|fas|sung
b) Zeit|er|fass|ung
c) Zei|ter|fas|sung
d) Zei|ter|fass|ung

4. Welche Schreibweise ist richtig?

a) Strafverfolgung
b) Strafverfolgnug
c) Straafverfolgung
d) Strafverfolguung

5. Wie wird das Wort richtig geschrieben?

a) Schiffahrt
b) Schiffffahrt
c) Schifffahrtt
d) Schifffahrt

6. Wie wird das Wort richtig geschrieben?

a) Bundesgrenzsschutz
b) Bundesgrenzschutz
c) Bundegrenzschutz
d) Bundesgrenzschuts

7. Indikativ Präsens: kennen; ich ...?

a) kennen
b) kannte
c) kann
d) kenne

8. Wie wird das folgende Wort richtig getrennt: Auseinandersetzung?

a) Aus|ei|nan|der|set|zung
b) Aus|ein|an|de|rset|zung
c) Au|sei|nan|der|set|zung
d) Aus|ei|nan|der|setz|ung

9. Bei welchem Wort handelt es sich um ein Adjektiv?
a) herzlich
b) Baum
c) ich
d) wie

10. Bei welchem Wort handelt es sich um ein Adjektiv?
a) Dorf
b) schön
c) welche
d) schwimmen

11. Bei welchem Wort handelt es sich um ein Adjektiv?
a) Sommer
b) niemals
c) steuern
d) cool

12. Bei welchem Wort handelt es sich um ein Verb?
a) herzlich
b) Baum
c) wie
d) laufen

13. Bei welchem Wort handelt es sich um ein Adverb?
a) gestern
b) Montag
c) wie
d) bemerkenswert

14. Bei welchem Wort handelt es sich um ein Objekt in folgendem Satz: „Johanna und Susi spielen mit ihrem Hund."
a) Johanna
b) Susi
c) spielen
d) Hund
e) ihrem

15. Bei welchem Wort handelt es sich um ein Prädikat in dem folgenden Satz: „Johanna geht gerne in den Stadtpark."
a) Johanna
b) geht
c) gerne
d) in den
e) Stadtpark

16. Bei welchem Wort handelt es sich um ein Subjekt in folgendem Satz: „Robert schwimmt oft im See."
a) Robert
b) schwimmt
c) oft
d) im
e) See

17. Bei welchem Wort handelt es sich um eine Präposition?
a) wir
b) du
c) es
d) in
e) sein

18. Bei welchem Wort handelt es sich um eine Konjunktion?
a) herzlich
b) und
c) ich
d) sein
e) so

19. Bei welchem Wort handelt es sich um ein Verb?
a) hundert
b) Stiftung
c) süß
d) sehen

20. Bei welchem Wort handelt es sich um ein Verb?
a) rollen
b) Rolle
c) rollig
d) Rollator

21. Welches Wort ist ein Pronomen?
a) uns
b) in
c) weil
d) für

22. Welches Wort ist ein bestimmter Artikel?
a) ein
b) er
c) den
d) für

23. Welches Wort steht im Akkusativ?
a) der Ball
b) gelaufen
c) der Fußballer
d) einen Lastwagen

Lösungen: Deutsche Grammatik

1. b)	9. a)	17. d)
2. d)	10.b)	18. b)
3. a)	11. d)	19. d)
4. a)	12. d)	20. a)
5. d)	13. a)	21. a)
6. b)	14. d)	22. c)
7. d)	15. b)	23. d)
8. a)	16. a)	

Aufsatz schreiben

Der Aufsatz kann Bestandteil des Auswahlverfahrens sein, um deinen schriftlichen Ausdruck zu testen. Dabei kann es sich um eine Erörterung, einen Kurzaufsatz oder einen langen Aufsatz handeln. Am Ende ist die Form allerdings egal, denn es geht immer um den Wortschatz, die korrekte Rechtschreibung und grundlegende Grammatikkenntnisse sowie die Fähigkeit, sich gewählt und verständlich auszudrücken.

Ob du einen Aufsatz im Einstellungstest schreiben musst, hängt stark vom jeweiligen Bundesland ab. Manchmal wird ein solcher Text von den Bewerbern gefordert, in anderen überprüft man die Rechtschreibfähigkeiten durch ein Diktat und zusätzlichen Grammatikfragen.

Gehört der Aufsatz zum Einstellungsverfahren, dann kann er in verschiedenen Formen auftreten. Vergleichsweise klassisch ist die **Erörterung**. Hier bekommst du ein Thema vorgegeben, das du mit Argumenten erörtern musst. Im Text solltest du nach der Themennennung eine These aufstellen und anschließend Punkte aufführen und diese näher untersuchen.

Fehler vermeiden
Neben einer guten Rechtschreibung sind eine schlüssige Argumentationskette und die logische Begründung von Argumenten von Bedeutung. Sehr wichtig am Ende der Aufgabe ist das Korrekturlesen. Flüchtigkeitsfehler, die durch den Zeitdruck passieren, werden genauso bestraft wie solche, bei denen man es einfach nicht besser weiß. Du solltest also besser noch einmal alles durchlesen und dir dafür genügend Zeit einplanen. Besser, du schreibst einen etwas kürzeren, dafür grammatikalisch richtigen Text als einen langen Text, der zu viele Fehler beinhaltet.

Wie schreibst du einen guten Aufsatz?
Bei einer Erörterung haben sich bestimmte Vorgehensweisen bewährt. Idealerweise liegt deine Schulzeit noch nicht so lange zurück und du hast die ein oder andere Erörterung im Kopf. Im Allgemeinen lässt sich allerdings sagen, dass ein Aufsatz aus drei Teilen besteht: Einleitung, Hauptteil und Schluss.

In der **Einleitung** wird der Leser in das Thema eingeführt und mit den wichtigsten Informationen versorgt. Bei einer Kurzgeschichte könnte die

Einleitung beispielsweise eine kurze Vorstellung der Figuren sowie eine Beschreibung des Handlungsortes und der Zeit beinhalten. Du musst mit den ersten beiden Sätzen beim Leser Interesse wecken, um diesen zum Weiterlesen zu motivieren.

Der **Hauptteil** ist der längste und umfassendste Abschnitt und beschäftigt sich mit dem eigentlichen Thema. Bei einem Aufsatz als Kurzgeschichte sollte sich die Spannung immer weiter steigern, bis sie schließlich gegen Ende den Höhepunkt erreicht. Bei einer Erörterung gewichtest du deine Argumente. Du beginnst mit dem unwichtigsten und endest mit dem wichtigsten. Achte darauf, dass du verständlich und klar formulierst, anschaulich beschreibst und plausibel argumentierst.

Der **Schlussteil** ist wieder eher kurz, die Länge entspricht in etwa dem Umfang der Einleitung. Fasse das Geschriebene abschließend zusammen und ziehe ein Fazit.

Alternativ zu einer Erörterung kann die Aufsatzaufgabe auch ein freier Text sein. Dabei werden dir Themen vorgegeben, die aus dem Alltag, dem aktuellen Geschehen oder der Feuerwehrarbeit stammen. Zu diesen sollst du dann Stellung beziehen. Deshalb ist es wichtig, dich vorab umfassend über das aktuelle Zeitgeschehen zu informieren, um in der Prüfungssituation auf alle eventuellen Fragestellungen und Thesen vorbereitet zu sein.

Bei jeder schriftlichen Aufgabe ist es wichtig, eine Struktur für sich festzulegen sowie einen roten Faden zu haben. Beides muss idealerweise vor Beginn des Schreibens festgelegt sein, um zeiteffizient arbeiten zu können und genug Zeit zum Überarbeiten zu haben.

Welche Fehler solltest du vermeiden?

Unschlüssige Argumentationsketten werden genauso wenig akzeptiert wie Lügen oder extreme Meinungen. Du musst dir darüber im Klaren sein, dass du auf die vertretene Meinung in deinem Aufsatz bei einem späteren Gespräch im Rahmen des Auswahlverfahrens nochmals angesprochen werden könntest und diese erläutern musst. Deshalb solltest du dir genau überlegen, welche Argumente du vorbringen und vertreten möchtest und gegebenenfalls dein Brainstorming wiederholen.

Ebenso solltest du umgangssprachliche und subjektive Texte vermeiden. Hierbei testen die Prüfer, ob du bei einem emotionalen Thema weiterhin objektiv bleiben kannst.

Nimm nun zum Üben etwas Notizpapier zur Hand und verfasse jeweils eine Erörterung zu den folgenden Themen. Du hast für jedes Thema **20 Minuten** Zeit.

1. Sollte das Freiwillige Soziale Jahr für jeden Schüler Pflicht werden?

2. Soll die Schule erst um 9 Uhr beginnen?

3. Soll Organspende zur Pflicht werden?

Diktat schreiben

Im Folgenden findest du zwei Diktate. Lass dir diese Diktate am besten von einem Freund oder einer Freundin vorlesen und versuche, möglichst wenige Rechtschreib- und Grammatikfehler zu machen.

Diktat 1 – Eskalation vermeiden (226 Wörter)

Das Recht auf freie Meinungsäußerung gehört ebenso zu den Grundrechten wie die Versammlungsfreiheit. Ursprünglich friedliche Großdemonstrationen, die sich plötzlich zu gewalttätigen Krawallen entwickeln, provozieren jedoch oftmals den Ruf nach einer genauen Definition, wo die Rechte der Demonstrierenden enden und die Pflichten beginnen. Die Gesetzeshüterinnen und Gesetzeshüter sehen sich hier häufig nur schwer voraussehbaren Situationen ausgesetzt, in denen es darauf ankommt, schnell und spontan zu reagieren, um Schlimmeres zu verhindern. Sowohl die Geschichte als auch die Psychologie lehrt, dass das Aufeinandertreffen großer Menschenmassen, die von verschiedenen Ideologien geleitet werden, gefährliche Mechanismen freisetzen kann. Die Gründe liegen klar auf der Hand. In der Gruppe fällt es leichter, seine Meinung zu vertreten, da man von Gleichgesinnten umgeben ist. Besonders riskant ist in diesem Zusammenhang jedoch auch das Phänomen, in der Masse verschwinden zu können. Das Moment der Eigenverantwortung nimmt ab, Hemmschwellen fallen und die Betroffenen lassen sich von den jeweiligen Strömungen mitreißen und im schlimmsten Fall zu aggressiven Handlungen verleiten. Wie also beugt man derartigen Übergriffen vor? Diktaturen und Militärregime bieten hier keinerlei Anhaltspunkte. Denn unter dem Vorwand, Eskalation zu verhindern, untersagen sie sämtliche Formen der Kundgebungen und Demonstrationen. Demonstrationen stellen ein wesentliches Element dieses Mitwirkens großer Bevölkerungsteile dar. Daher sollte nicht das Recht auf Versammlungs-freiheit infrage gestellt, sondern der Fokus auf die Entwicklung von Strategien der kommunikativen Konfliktlösung gelegt werden, um den friedlichen Ausgang von Demonstrationen zu garantieren.

Diktat 2 – Teamwork ist bekanntermaßen alles (214 Wörter)

In einer Gesellschaft, in der sich alles nur um Leistungsstreben und Konkurrenzkampf dreht, gewinnt die Bedeutung von Teamwork eine immer größer werdende Rolle. Dies trifft vor allem auf Berufe zu, in denen nicht nur der Erfolg, sondern auch Gesundheit und Leben der Betroffenen von einer tadellosen Kommunikation und vorbildlichen Zusammenarbeit abhängen. Sei es nun im medizinischen oder sozialen Bereich, die Fähigkeit, gemeinsam mit Kolleginnen und Kollegen an einem Ziel zu arbeiten, ist ein entscheidendes Kriterium bei der Personalauswahl. Ähnliches gilt natürlich auch für die Polizeiarbeit, welche Experten auf unterschiedlichen Gebieten zusammenführt. Eine klare und transparente Verständigung zwischen den Beteiligten bildet dabei die Grundlage, um zu einem zuverlässigen Ermittlungsergebnis zu gelangen. Wer hier eine Schwäche sieht, sollte sich für einen anderen Beruf, in dem ein unabhängiges und eigenständiges Arbeiten als vorteilhaft angesehen wird, entscheiden. Bei einem Polizeieinsatz stellt diese Verhaltens- beziehungsweise Vorgehensweise jedoch ein unnötiges Risiko dar und kann nicht nur das eigene Leben, sondern auch das der Kollegin beziehungsweise des Kollegen sowie schutzbedürftiger Bürgerinnen und Bürger gefährden. In der Ausbildung sowie im Beruf gilt es also, ein entspanntes Arbeitsklima herzustellen, die Verständigung nach allen Regeln der Kunst zu fördern und auf diese Weise dafür zu sorgen, dass Unarten wie Ellenbogendenken, Diskriminierung und Mobbing, welche gerade hier ein gravierendes Sicherheitsrisiko darstellen, gar nicht erst aufkommen.

Deutscher Lückentext

In den Lückentext-Übungen müssen die leeren Positionen um Pronomen, Verben, Adjektive, Subjekte, Artikel, Appositionen oder die korrekte Kasus- oder Pluralmarkierung ergänzt werden.

1. Der Kunde nimmt ____ Produkt entgegen, um es später auszuprobieren.
a) das
b) die
c) der
d) des

2. Auf dem Weg zur Arbeit wurde ___ Angestellten bewusst, dass er seine Brieftasche zuhause vergessen hatte.
a) des
b) den
c) dem
d) die

3. Es ist wichtig, sich einen ___blick zu verschaffen.
a) An
b) Aus
c) Um
d) Über

4. Meine Großeltern haben ___ Nachbarin, die täglich Unkraut jätet.
a) eine
b) ein
c) einen
d) einer

5. Wir leben in einer Straße, ___ ___ nicht viel los ist.
a) in das
b) in der
c) in dem
d) in die

6. Auf der Autobahn entdecke ich ein Fahrzeug, _____ zu schnell fährt.
a) welcher
b) welchen
c) welches
d) welchem

7. Der NSA-Untersuchungsausschuss soll Ausmaß und Hintergründe der Ausspähungen durch ____ Geheimdienste in Deutschland aufklären.
a) Ausland
b) ausländische
c) fremd
d) fremde

8. Unter einem Verbrechen wird gemeinhin ein schwerwiegender Verstoß gegen die Rechtsordnung ___ Gesellschaft oder die Grundregeln menschlichen Zusammenlebens verstanden.

a) seiner
b) keiner
c) einer
d) ihrer

9. Unter Kapital im volkswirtschaftlichen Sinne kann man alle bei der Erzeugung beteiligte Produktionsmittel _____.
a) lernen
b) verstehen
c) sehen
d) behandeln

10. Südostengland mit der Hauptstadt London, der klimatisch meist-begünstigte Teil Großbritanniens, unterscheidet sich in ____ Hinsicht von den anderen Teilen der Insel.
a) vielerlei
b) weiter
c) großer
d) mehrerer

11. Neben der Bushaltestelle steht ___ _____ Junge und wartet auf den Bus.
a) ein kleiner
b) eine kleine
c) ein kleines
d) einer kleiner

12. Dass die Betreuung für ältere Menschen zu viel kostet, ist eine ____stellung.
a) Über
b) Unter
c) Auf
d) Ab

13. Die Aussage, ___ die Anzahl der Gewaltdelikte jedes Jahr steigt, muss überprüft werden.
a) welche
b) daß
c) das
d) dass

14. Dass ___ der Höhepunkt ist, hat niemand bezweifelt.
a) dass
b) das
c) welches
d) daß

15. Das Werk des angesehenen italienischen __________ wurde mit dem Literaturnobelpreis ausgezeichnet.
a) Schriftstellern
b) Schriftsteller
c) Schriftstellers
d) Schriftstelle

16. Der Fund des ______ ist für die weiteren Ermittlungen von großer Bedeutung.
a) Fluchtfahrzeugs
b) Flucht Fahrzeugs
c) Fluchtfahrzeug
d) Flucht-Fahrzeug

17. Bevor man sich ein neues Auto zulegt, ist es ratsam, eine ________ zu machen.
a) Probe Fahrt
b) Probefahrt
c) probefahrt
d) probe Fahrt

18. Am Abend werden ______ die Ampeln ausgeschaltet.
a) überlicherweise
b) üblicherweise
c) üblichweise
d) üblicher Weise

19. Der Vorname meiner ______ ist Anna.
a) Lehrer
b) Lehrers
c) Lehrern
d) Lehrerin

20. Wenn du jetzt _____, ist alles vorbei.
a) gingst
b) gehen
c) geht
d) gehst

21. Das _____ von Alkohol ist während der Dienstzeit nicht erlaubt.
a) trinken
b) Getränk
c) Trinken
d) Getrinke

22. Wenn man etwas investiert, erwartet man, etwas ________.
a) zurückzuerhalten
b) zurück zu erhalten
c) zurück erhalten
d) zurückerhalten

23. Ein Verbrechen ist ein Verstoß gegen die Rechtsordnung _____ Staates.
a) ein
b) einer
c) eines
d) einem

24. Diese Frage sollten Sie mit Ihrem ____ besprechen.
a) Ärzten
b) Arzt
c) Ärztin
d) Arztes

25. Das Dschungelbuch ist eine Sammlung von Erzählungen und Gedichten des britischen ___ Rudyard Kipling.
a) Autor
b) Autorin
c) Autoren
d) Autors

26. Häufig folgt auf einen Putsch eine Militärdiktatur oder die Herrschaft eines autoritären ___.
a) regime
b) Regime

c) Regimes
d) regimes

27. Die Karrieremessen werden von Hochschulen, professionellen ___ und den Industrie- und Handelskammern organisiert.
a) Dienstleister
b) Dienstleistern
c) Dienstleisters
d) Dienstleisterin

28. Non-Profit-Organisationen nehmen bestimmte ___ der Bedarfsdeckung, Förderung oder Interessenvertretung bzw. Beeinflussung für ihre Mitglieder oder Dritte wahr.
a) Zwecke
b) Zweck
c) Zwecks
d) Zwecken

Lösungen: Deutscher Lückentext

1. a)	11. a)	21. c)
2. c)	12. b)	22. a)
3. d)	13. d)	23. c)
4. a)	14. b)	24. b)
5. b)	15. c)	25. d)
6. c)	16. a)	26. c)
7. b)	17. b)	27. b)
8. c)	18. b)	28. a)
9. b)	19. d)	29. c)
10. a)	20. d)	30. b)

Zu 22.: a) Für die Getrennt- oder Zusammenschreibung bei Erweiterungen von Infinitiven mit „zu“ gibt es eine einfache Regel: Wird das Verb in seiner Grundform bereits zusammengeschrieben, so wird auch die Erweiterung mit „zu“ zusammengeschrieben. Wird die Verb-Verbindung allerdings auseinander geschrieben, wird auch die Erweiterung getrennt geschrieben.

Kommasetzung

Kommata treten im Deutschen in verschiedenen Satzkonstellationen auf. Hier sind einige Grundregeln, die du beachten solltest.

Regeln

1. Ein Komma kann bei Aufzählungen genutzt werden.
Beispiel: Ich bin eine fleißige, strebsame, ordentliche Schülerin. Oder: Ich bin eine fleißige, strebsame und ordentliche Schülerin. Hier wurde das Komma durch ein „und“ ersetzt. Statt „und“ könnte auch „oder“ oder „sowie“ das Komma ersetzen.

2. Ein Komma steht vor Konjunktionen wie aber, allerdings, jedoch, sondern etc.
Beispiel: Ihre Mutter ist eine liebevolle, aber strenge Frau. Nicht nur der Bus, sondern auch der Zug ist sehr pünktlich.

3. Wird das Subjekt in einem Satz genauer beschrieben, wird die nähere Beschreibung (Apposition) durch Kommas eingeschlossen.
Beispiel: Herr Schneider, der Nachbar, ist genervt von den Kindern.

4. Ein Komma trennt den Hauptsatz vom Nebensatz ab. Weil es schneit, dürfen die Kinder im Klassenraum bleiben.
Beispiel: Die Kinder dürfen im Klassenraum bleiben, weil es schneit. Der Mann, der jeden Sonntag joggen geht, ist krank.

Zeit: **10 Minuten**

1. In welchem Satz sind alle Kommas richtig gesetzt?
a) Der Kriminalstatistik 2014, die Schleswig-Holstein im März 2015 veröffentlichte, ist zu entnehmen, dass die Anzahl der Kriminalfälle um 1,2 Prozent auf 202.301 Delikte anstieg, nachdem in den vier Kalenderjahren zuvor eine rückläufige Kriminalität verzeichnet wurde.
b) Der Kriminalstatistik 2014 die Schleswig-Holstein im März 2015 veröffentlichte ist zu entnehmen, dass die Anzahl der Kriminalfälle um 1,2 Prozent auf 202.301 Delikte anstieg nachdem in den vier Kalenderjahren zuvor eine rückläufige Kriminalität verzeichnet wurde.

c) Der Kriminalstatistik 2014, die Schleswig-Holstein im März 2015 veröffentlichte, ist zu entnehmen dass die Anzahl der Kriminalfälle um 1,2 Prozent auf 202.301 Delikte anstieg, nachdem in den vier Kalenderjahren zuvor eine rückläufige Kriminalität verzeichnet wurde.
d) Der Kriminalstatistik 2014, die Schleswig-Holstein im März 2015 veröffentlichte, ist zu entnehmen, dass die Anzahl der Kriminalfälle um 1,2 Prozent, auf 202.301 Delikte anstieg, nachdem in den vier Kalenderjahren zuvor eine rückläufige Kriminalität verzeichnet wurde.

2. In welchem Satz sind alle Kommas richtig gesetzt?
a) „Da die Aufklärungsquote auf 51,2 Prozent angestiegen ist bleibt Schleswig-Holstein ein sicheres Bundesland" erklärte Stefan Studt der Landesinnenminister stolz, „zumal dies der beste Wert des letzten Jahrzehnts ist."
b) „Da die Aufklärungsquote auf 51,2 Prozent angestiegen ist, bleibt Schleswig-Holstein ein sicheres Bundesland", erklärte Stefan Studt, der Landesinnenminister stolz, „zumal dies der beste Wert des letzten Jahrzehnts ist."
c) „Da die Aufklärungsquote, auf 51,2 Prozent angestiegen ist, bleibt Schleswig-Holstein ein sicheres Bundesland", erklärte Stefan Studt, der Landesinnenminister stolz, „zumal dies der beste Wert, des letzten Jahrzehnts ist."
d) „Da die Aufklärungsquote auf 51,2 Prozent angestiegen ist, bleibt Schleswig-Holstein ein sicheres Bundesland", erklärte Stefan Studt, der Landesinnenminister stolz „zumal dies der beste Wert des letzten Jahrzehnts ist."

3. In welchem Satz sind alle Kommas richtig gesetzt?
a) Die Häufigkeitszahl die angibt, wie viele Straftaten auf 100.000 Einwohner entfallen erhöhte sich leicht auf 7.184.
b) Die Häufigkeitszahl die angibt, wie viele Straftaten auf 100.000 Einwohner entfallen, erhöhte sich leicht auf 7.184.
c) Die Häufigkeitszahl, die angibt, wie viele Straftaten, auf 100.000 Einwohner entfallen, erhöhte sich leicht auf 7.184.
d) Die Häufigkeitszahl, die angibt, wie viele Straftaten auf 100.000 Einwohner entfallen, erhöhte sich leicht auf 7.184.

4. In welchem Satz sind alle Kommas richtig gesetzt?
a) Der Kriminalitätsanstieg gegenüber 2013, verlautbarte der Innenminister, beruhe im Wesentlichen auf Verstößen gegen das Asylverfahrens-, das Aufenthalts- und das EU-Freizügigkeitsgesetz.
b) Der Kriminalitätsanstieg gegenüber 2013 verlautbarte der Innenminister, beruhe im Wesentlichen auf Verstößen gegen das Asylverfahrens-, das Aufenthalts- und das EU-Freizügigkeitsgesetz.
c) Der Kriminalitätsanstieg gegenüber 2013 verlautbarte der Innenminister beruhe im Wesentlichen auf Verstößen gegen das Asylverfahrens-, das Aufenthalts- und das EU-Freizügigkeitsgesetz.
d) Der Kriminalitätsanstieg, gegenüber 2013, verlautbarte der Innenminister, beruhe im Wesentlichen auf Verstößen, gegen das Asylverfahrens-, das Aufenthalts- und das EU-Freizügigkeitsgesetz.

5. In welchem Satz sind alle Kommas richtig gesetzt?
a) Während in 2014 noch 4.309 derartige Delikte verzeichnet wurden kam es 2015 zu einer Erhöhung um 3.463 Fälle auf 7.772 was einem Anstieg von 80,4 Prozent entspricht.
b) Während in 2014 noch 4.309 derartige Delikte verzeichnet wurden, kam es 2015 zu einer Erhöhung um 3.463 Fälle auf 7.772 was einem Anstieg von 80,4 Prozent entspricht.
c) Während in 2014 noch 4.309 derartige Delikte verzeichnet wurden, kam es 2015 zu einer Erhöhung, um 3.463 Fälle auf 7.772, was einem Anstieg von 80,4 Prozent entspricht.
d) Während in 2014 noch 4.309 derartige Delikte verzeichnet wurden, kam es 2015 zu einer Erhöhung um 3.463 Fälle auf 7.772, was einem Anstieg von 80,4 Prozent entspricht.

6. In welchem Satz sind alle Kommas richtig gesetzt?
a) Dies liege, so Studt, an einem vermehrten Zuzug, von Flüchtlingen, nicht nur aus weltweiten Kriegs-, sondern auch Armutsregionen.
b) Dies liege, so Studt, an einem vermehrten Zuzug von Flüchtlingen nicht nur aus weltweiten Kriegs-, sondern auch Armutsregionen.
c) Dies liege so Studt, an einem vermehrten Zuzug von Flüchtlingen nicht nur aus weltweiten Kriegs-, sondern auch Armutsregionen.
d) Dies liege so Studt an einem vermehrten Zuzug von Flüchtlingen nicht nur aus weltweiten Kriegs-, sondern auch Armutsregionen.

7. In welchem Satz sind alle Kommas richtig gesetzt?
a) Im Übrigen berichtete der Innenminister von rückläufigen Zahlen, musste aber eine Zunahme bei Raub und Brandstiftung einräumen.
b) Im Übrigen, berichtete der Innenminister von rückläufigen Zahlen, musste aber eine Zunahme bei Raub und Brandstiftung einräumen.
c) Im Übrigen berichtete der Innenminister von rückläufigen Zahlen musste aber eine Zunahme bei Raub und Brandstiftung einräumen.
d) Im Übrigen berichtete der Innenminister, von rückläufigen Zahlen, musste aber eine Zunahme bei Raub und Brandstiftung einräumen.

8. In welchem Satz sind alle Kommas richtig gesetzt?
a) Während die Gewaltkriminalität um ein Prozent zurückging vermin-derte sich die Zahl der Diebstähle um 0,3 Prozent der Sachbeschädigun-gen um 1,7 Prozent und der Vermögensdelikte um 2,9 Prozent wohinge-gen 78 vorsätzliche Brandstiftungen mithin 13,4 Prozent mehr als im Vorjahr registriert wurden.
b) Während die Gewaltkriminalität um ein Prozent zurückging, vermin-derte sich die Zahl der Diebstähle um 0,3 Prozent, der Sachbeschädigun-gen, um 1,7 Prozent und der Vermögensdelikte, um 2,9 Prozent, wohin-gegen 78 vorsätzliche Brandstiftungen, mithin 13,4 Prozent mehr als im Vorjahr registriert wurden.
c) Während die Gewaltkriminalität um ein Prozent zurückging, vermin-derte sich die Zahl der Diebstähle um 0,3 Prozent, der Sachbeschädigun-gen um 1,7 Prozent und der Vermögensdelikte um 2,9 Prozent, wohin-gegen 78 vorsätzliche Brandstiftungen, mithin 13,4 Prozent mehr als im Vorjahr registriert wurden.
d) Während die Gewaltkriminalität, um ein Prozent zurückging, vermin-derte sich die Zahl der Diebstähle um 0,3 Prozent, der Sachbeschädigun-gen um 1,7 Prozent und der Vermögensdelikte, um 2,9 Prozent, wohin-gegen 78 vorsätzliche Brandstiftungen, mithin 13,4 Prozent mehr als im Vorjahr registriert wurden.

9. In welchem Satz sind alle Kommas richtig gesetzt?
a) Stefan Studt betonte ferner dass die Jugendkriminalität auch gemes-sen am Anteil Tatverdächtiger unter 21 Jahren von 23,1 auf 22,7 Prozent gesunken sei.

b) Stefan Studt betonte ferner, dass die Jugendkriminalität auch gemessen am Anteil Tatverdächtiger unter 21 Jahren, von 23,1 auf 22,7 Prozent gesunken sei.
c) Stefan Studt betonte, ferner dass die Jugendkriminalität, auch gemessen am Anteil Tatverdächtiger unter 21 Jahren, von 23,1 auf 22,7 Prozent gesunken sei.
d) Stefan Studt betonte ferner, dass die Jugendkriminalität, auch gemessen am Anteil Tatverdächtiger unter 21 Jahren, von 23,1 auf 22,7 Prozent gesunken sei.

10. In welchem Satz sind alle Kommas richtig gesetzt?
a) Die diesbezüglichen Landeskonzepte, die insbesondere auf die Prävention von Kriminalität bei jugendlichen Intensivtätern zielten, trügen wohl, so scheine es jedenfalls, zu der positiven Entwicklung bei, meinte der Innenminister.
b) Die diesbezüglichen Landeskonzepte die insbesondere auf die Prävention von Kriminalität bei jugendlichen Intensivtätern zielten, trügen wohl, so scheine es jedenfalls, zu der positiven Entwicklung bei, meinte der Innenminister.
c) Die diesbezüglichen Landeskonzepte, die insbesondere auf die Prävention von Kriminalität bei jugendlichen Intensivtätern zielten trügen wohl so scheine es jedenfalls, zu der positiven Entwicklung bei, meinte der Innenminister.
d) Die diesbezüglichen Landeskonzepte, die insbesondere auf die Prävention von Kriminalität bei jugendlichen Intensivtätern zielten, trügen wohl so scheine es jedenfalls zu der positiven Entwicklung bei, meinte der Innenminister.

Lösungen: Deutsche Kommasetzung

1. a)	5. d)	9. d)
2. b)	6. b)	10. a)
3. d)	7. a)	
4. a)	8. c)	

Plural bilden

Bilde den Plural der folgenden Sätze.

Zeit: **5 Minuten**

1. Der Bruder schreibt ein Diktat.
2. Das Kind macht ein Experiment.
3. Der Student schreibt ein Märchen.
4. Der Vater repariert das Fenster.
5. Bernie schreibt ein Buch.
6. Der Vater braucht ein Auto.
7. Der Mechaniker repariert ein Auto.
8. Mario braucht ein Geschenk.
9. Der Wagen ist nicht hier.
10. Der Urlauber fotografiert die Kirche.
11. Der Autor hat eine Katze.
12. Dort kommt der Prüfer.
13. Der Chef repariert kein Fenster.
14. Der Zug ist in Linz.
15. Der Bewerber schreibt eine Prüfung.
16. Bernie hat ein gutes Argument.
17. Die Mutter braucht Freiraum.
18. Der Chef geht in das Restaurant.

Lösungen: Plural bilden

Zu 1.: Die Brüder schreiben Diktate.

Zu 2.: Die Kinder machen Experimente.

Zu 3.: Die Studenten schreiben Märchen.

Zu 4.: Die Väter reparieren die Fenster.

Zu 5.: Bernie schreibt Bücher.

Zu 6.: Die Väter brauchen Autos.

Zu 7.: Die Mechaniker reparieren Autos.

Zu 8.: Mario braucht Geschenke.

Zu 9.: Die Wagen sind nicht hier.

Zu 10.: Die Urlauber fotografieren die Kirchen.

Zu 11.: Die Autoren haben Katzen.

Zu 12.: Dort kommen die Prüfer.

Zu 13.: Die Chefs reparieren keine Fenster.

Zu 14.: Die Züge sind in Linz.

Zu 15.: Die Bewerber schreiben Prüfungen.

Zu 16.: Bernie hat gute Argumente.

Zu 17.: Die Mütter brauchen Freiräume.

Zu 18.: Die Chefs gehen in die Restaurants.

Rechtschreibfehler

Die folgenden Wörter enthalten je einen oder mehrere Fehler. Schreibe die Wörter in der korrekten Schreibweise auf ein extra Blatt Papier.

Zeit: **5 Minuten**

1. Parrtere
2. representativ
3. häußlich
4. Vorwandt
5. pennibel
6. Chemiekalie
7. apropo
8. Kathastrophe
9. Kolektiv
10. symphatisch
11. Karrussell
12. spatzieren
13. Rabarber
14. skurill
15. Aparat
16. krakehlen
17. Billiard
18. Kuß
19. nähmlich
20. Kuveer
21. Tymian
22. wiederkeuen
23. Trielogie
24. übrigends
25. vorrausichtlich
26. Verwandschaft
27. paralell
28. Mozarrella
29. Kenntniss
30. Schlammassel
31. narzistisch
32. adequat
33. Bagattele
34. akredietieren
35. Kabarret
36. Gallionsfigur
37. Kreissaal
38. kollosal

Lösungen: Rechtschreibfehler

1. Parterre	14. skurril	27. parallel
2. repräsentativ	15. Apparat	28. Mozzarella
3. häuslich	16. krakeelen	29. Kenntnis
4. Vorwand	17. Billard	30. Schlamassel
5. penibel	18. Kuss	31. narzisstisch
6. Chemikalie	19. nämlich	32. adäquat
7. apropos	20. Kuvert	33. Bagatelle
8. Katastrophe	21. Thymian	34. akkreditieren
9. Kollektiv	22. wiederkäuen	35. Kabarett
10. sympathisch	23. Trilogie	36. Galionsfigur
11. Karussell	24. übrigens	37. Kreißsaal
12. spazieren	25. voraussichtlich	38. kolossal
13. Rhabarber	26. Verwandtschaft	

Infinitive bilden

Bilde von den folgenden 20 konjugierten Verben jeweils den Infinitiv Präsens (Grundform). Schreibe die korrekten Infinitive auf ein extra Blatt Papier.

Zeit: **3 Minuten**

1. sieht
2. trifft
3. lässt
4. darf
5. erklärt
6. brach
7. geschieht
8. nimmst
9. mag
10. befiehlt
11. gabst
12. fingen
13. rieten
14. hielt
15. gerät
16. trat
17. stieß
18. flöge
19. grübe
20. vorgeworfen

Lösungen: Infinitive bilden

1. sehen	8. nehmen	15. geraten
2. treffen	9. mögen	16. treten
3. lassen	10. befehlen	17. stoßen
4. dürfen	11. geben	18. fliegen
5. erklären	12. fangen	19. graben
6. brechen	13. raten	20. vorwerfen
7. geschehen	14. halten	

Fremdwörter zuordnen

Das Beherrschen von Fremdwörtern ist vor allem im Vorstellungsgespräch sehr wichtig. Ist dir ein Fremdwort jedoch nicht geläufig, ist es sicherlich ratsam, nachzufragen, als durch eine falsche Deutung ein Missverständnis zu riskieren.

Markiere bei der folgenden Aufgabe die jeweils richtige Bedeutung des Fremdwortes.

Zeit: **5 Minuten**

1. sich echauffieren
a) zusammenarbeiten
b) erstaunt sein
c) arrogant sein
d) sich erregen

2. Dementi
a) Erstellung eines Gesetzes
b) Widerruf einer Behauptung
c) Rücktritt
d) Grenzberichtigung

3. Kasserolle
a) Schmorgefäß
b) einfacher Visierhelm
c) kleines Rhythmusinstrument
d) militärische Befestigungsanlage

4. diametral
a) teuflisch
b) völlig entgegengesetzt
c) zuckerkrank
d) schräg verlaufend

5. Altruismus
a) Eigenliebe
b) Möglichkeit
c) Stolz
d) Selbstlosigkeit

6. opportun
a) unterdrückend
b) prinzipienlos
c) passend, angebracht
d) nicht zweckmäßig

7. Dissens
a) Abschreckung
b) Ausbreitung einer Seuche
c) Meinungsverschiedenheit
d) Missklang

8. Ovation
a) Beifall
b) Eröffnung
c) ovale Form
d) Übertreibung

9. prekär
a) gekünstelt
b) vorhersehbar
c) vorzeitig
d) schwierig, misslich

10. Suggestion
a) Umsturz
b) Beeinflussung
c) Befragung
d) Leid

11. rigide
a) streng
b) lächerlich
c) schnell
d) zögernd

12. kolportieren
a) körperlich verfallen
b) zeugen
c) Gerüchte verbreiten
d) zusammenarbeiten

13. Eloquenz
a) Aufmerksamkeit
b) Lobrede
c) Entrüstung
d) Redegewandtheit

14. reüssieren
a) zusammenfassen
b) entscheiden
c) sich versammeln
d) Erfolg haben

15. prätentiös
a) vorherrschend
b) anmaßend
c) verlässlich
d) genau

16. Konzession
a) Zusammenfassung
b) Dichtigkeit
c) Zugeständnis
d) Glaubensgemeinschaft

17. Resolution
a) Widerruf
b) Beschluss
c) Auflösung
d) Wiederaufnahme

18. parieren
a) befehlen
b) verteilen
c) plaudern
d) ohne Widerspruch gehorchen

19. ambitioniert
a) zwiespältig
b) aufopfernd
c) ehrgeizig
d) förmlich

20. rekapitulieren
a) zusammenfassen, wiederholen
b) zurückfordern
c) nachbilden
d) aufgeben

Lösungen: Fremdwörter zuordnen

1. d)	8. a)	15. b)
2. b)	9. d)	16. c)
3. a)	10. b)	17. b)
4. b)	11. a)	18. d)
5. d)	12. c)	19. c)
6. c)	13. d)	20. a)
7. c)	14. d)	

Synonyme

Finde zu einem vorgegebenen Wort ein zweites aus einer Auswahl von vier vorgegebenen Wörtern, das die gleiche oder eine sehr ähnliche Bedeutung hat.

Zeit: **5 Minuten**

1. bescheiden
a) natürlich
b) anspruchsvoll
c) genügsam
d) unaufhaltsam

2. gutmütig
a) furchtlos
b) lieb
c) realitätsfern
d) gehässig

3. verderben
a) verkommen
b) gedeihen
c) verbringen
d) verschwinden

4. langsam
a) rasant
b) unbedacht
c) gemächlich
d) tröpfelnd

5. fest
a) Feierlichkeit
b) hart
c) dick
d) flüssig

6. Vorurteil
a) Aufgeschlossenheit
b) richtend
c) verurteilend
d) Stereotyp

7. Mortalität
a) Sterblichkeit
b) Unwissenheit
c) Ausstattung
d) Muskelbewegungen

8. schlafen
a) liegen
b) träumen
c) schlummern
d) abwesend

9. schimpfen
a) verurteilen
b) verdonnern
c) loben
d) tadeln

10. Anweisung
a) Instruktion
b) Durchsage
c) Plan
d) Urteil

11. einsam
a) traurig
b) allein
c) selten
d) gemeinsam

12. initiieren
a) etwas nachahmen
b) etwas anstoßen
c) etwas anmachen
d) etwas verfolgen

13. Spur
a) Intuition
b) Trick
c) Fährte
d) Hinterhalt

14. taumeln
a) tanzen
b) hektisch sein
c) stolpern
d) schwanken

15. Tatsache
a) Fakt
b) Vermutung
c) Gegebenheit
d) Annahme

16. willkürlich
a) herrisch
b) absichtlich
c) beliebig
d) unerlaubt

17. zerstören
a) ruinieren
b) sabotieren
c) durchstreichen
d) aufbauen

18. Zurückhaltung
a) Anstand
b) Willenskraft
c) Bescheidenheit
d) Protest

19. Disput
a) Anordnung
b) Streit
c) Vorschlag
d) Gebet

20. beschaulich
a) vergessen
b) klein
c) freundlich
d) auffallend

21. Lärm
a) Aufregung
b) Durcheinander
c) Stille
d) Krach

22. fleißig
a) tüchtig
b) schnell
c) hartnäckig
d) träge

23. lethargisch
a) todkrank
b) angepasst
c) skandalös
d) träge

24. Attrappe
a) Angriff
b) Gutachten
c) Nachbildung
d) Vorbeugung

25. Effizienz
a) Zahlungsunfähigkeit
b) Redegewandtheit
c) Wirksamkeit
d) Ausdauer

Lösungen: Synonyme

1. c)	10. a)	19. b)
2. b)	11. b)	20. b)
3. a)	12. b)	21. d)
4. c)	13. c)	22. a)
5. b)	14. d)	23. d)
6. d)	15. a)	24. c)
7. a)	16. c)	25. c)
8. c)	17. a)	
9. d)	18. c)	

Zu 5.: b) Hier ist die Groß- und Kleinschreibung zu beachten. Gesucht ist ein Synonym für das Adjektiv „fest".

Gegenteile

Finde zu einem vorgegebenen Begriff das entsprechende Gegenteil.

Zeit: **4 Minuten**

1. euphorisch
a) sauer
b) traurig
c) mürrisch
d) lustlos

2. oberflächlich
a) tiefgründig
b) ungenau
c) präzise
d) exakt

3. feige
a) waghalsig
b) mutig
c) unerschrocken
d) riskant

4. Lösung
a) Konflikt
b) Streit
c) Problem
d) Auseinandersetzung

5. leichtsinnig
a) besonnen
b) rücksichtsvoll
c) sorgfältig
d) bedacht

6. selten
a) regulär
b) typisch
c) alltäglich
d) häufig

7. fleißig
a) faul
b) träge
c) lustlos
d) demotiviert

8. Wahrheit
a) Illusion
b) Lüge
c) Ausrede
d) Betrug

9. Demut
a) Missmut
b) Ehre
c) Überheblichkeit
d) Stolz

10. radikal
a) ruhig
b) tolerant
c) moderat
d) gelassen

11. kaufen
a) schenken
b) feilschen
c) leihen
d) stehlen

12. nachlässig
a) gewissenhaft
b) genau
c) bedacht
d) folgsam

13. pragmatisch
a) kreativ
b) idealistisch
c) träumerisch
d) egoistisch

14. gierig
a) zurückhaltend
b) gelassen
c) bescheiden
d) schüchtern

15. Misstrauen
a) Zuversicht
b) Vertrauen
c) Glaube
d) Verständnis

16. Mitleid
a) Gleichgültigkeit
b) Verständnis
c) Verachtung
d) Bedeutungslosigkeit

17. ungenügend
a) maßgeblich
b) erwartungsvoll
c) ausreichend
d) zufriedenstellend

18. ernst
a) glücklich
b) erfreut
c) unseriös
d) vergnügt

Lösungen: Gegenteile

1. d)	8. b)	15. b)
2. a)	9. c)	16. a)
3. b)	10. c)	17. c)
4. c)	11. d)	18. d)
5. a)	12. a)	
6. d)	13. b)	
7. a)	14. c)	

Sprichwörter ergänzen

Setze für die jeweiligen Sprichwörter das passende Wort ein.

Zeit: **10 Minuten**

1. Jedes Wort auf die _____________ legen.
a) Lappen
b) Bahre
c) Goldwaage
d) Münze

2. Morgenstund hat _____________ im Mund.
a) Silber
b) Gold
c) Brei
d) Kaffee

3. Seine ___________ davonschwimmen sehen.
a) Pantoffeln
b) Wäsche
c) Felle
d) Güter

4. Es ist Jacke wie _______
a) Hemd.
b) Schuhe.
c) Mantel.
d) Hose.

5. Die Kuh vom ______ holen.
a) Eis
b) Feld
c) Gras
d) Berg

6. Der Fisch stinkt vom __ her.
a) Prinzip
b) Bauch
c) Schwanz
d) Kopf

7. Alles über einen ________ scheren.
a) Rechen
b) Schädel
c) Kamm
d) Kopf

8. Auch ein blindes Huhn findet mal ein _____________.
a) Ei.
b) Küken.
c) Wurm.
d) Korn.

9. Der __________ macht die Musik.
a) Geiger
b) Ton
c) Chor
d) Sänger

10. Lieber den _____________ in der Hand als die Taube auf dem Dach.
a) Spatz
b) Sperling
c) Vogel
d) Ziegel

11. _____________ kommt vor dem Fall.
a) Gleichmut
b) Neid
c) Hochmut
d) Arroganz

12. Steter _____________ höhlt den Stein.
a) Erfolg
b) Strom
c) Tropfen
d) Widerstand

13. Die _____________ im Sack kaufen.
a) Hühner
b) Katze
c) Äpfel
d) Lorbeeren

14. _____________ macht auch Mist.
a) Kleinvieh
b) Gemüse
c) Stroh
d) Viehhaltung

15. Stille ______ sind tief.
a) Ozeane
b) Teiche
c) Bäche
d) Wasser

16. Etwas übers __________ brechen.
a) Knie
b) Kerbholz
c) Schienbein
d) Feuer

17. Für jemanden die Hand ins _____________ legen.
a) Wasser
b) Trockene
c) Feuer
d) Öl

18. Vom Regen in die _______ kommen.
a) Dunkelheit
b) Traufe
c) Scheune
d) Flut

19. Wer im _____________ sitzt, soll nicht mit Steinen werfen.
a) Gewächshaus
b) Trockenen
c) Regen
d) Glashaus

20. Sich mit fremden ________ schmücken.
a) Lorbeeren
b) Kleidern
c) Federn
d) Kränzen

21. Sein Licht unter den ______________ stellen.
a) Schatten
b) Schirm
c) Scheffel
d) Baum

22. Sich auf den _________ getreten fühlen.
a) Fuß
b) Schlips
c) Schuh
d) Zeh

23. Die Nadel im __________ suchen.
a) Heuhaufen
b) Stroh
c) Gras
d) Gestrüpp

24. Die ______________ im Dorf lassen.
a) Familie
b) Bäckerei
c) Eiche
d) Kirche

25. Den Wald vor lauter ______________ nicht sehen.
a) Tannen
b) Wild
c) Bäumen
d) Leuten

26. Mit jemandem ist nicht gut ______________ essen.
a) Kuchen
b) Kirschen
c) Äpfel
d) Erdbeeren

27. Mit ______________ auf Spatzen schießen.
a) Schrot
b) Kanonen
c) Luftgewehren
d) Pistolen

Lösungen: Sprichwörter ergänzen

1. c)	10. a)	19. d)
2. b)	11. c)	20. c)
3. c)	12. c)	21. c)
4. d)	13. b)	22. b)
5. a)	14. a)	23. a)
6. d)	15. d)	24. d)
7. c)	16. a)	25. c)
8. d)	17. c)	26. b)
9. b)	18. b)	27. b)

Kreative Sätze bilden

In dieser Aufgabe musst du aus drei vorgegebenen Wörtern einen kreativen Satz bilden. Hier wird dein gedanklicher und sprachlicher Einfallsreichtum getestet. Jedes Wort darf nur einmal im Satz vorkommen, die Reihenfolge spielt dabei keine Rolle.

Beispiel: **Frisbee – Australien – Hausfrau**

Musterantworten:
In Australien verbringen die Hausfrauen viel Zeit mit dem Frisbee spielen.
Die Frisbee wurde von Hausfrauen in Australien erfunden.
In Australien wird jährlich die schönste Hausfrau gewählt, die Siegerin erhält eine goldene Frisbee.

Zeit: **10 Minuten**

1. **Polizei – Fahrrad – Dieb**

____

2. **Kühlschrank – Bett – Apotheke**

____

3. **Kinder – Schokolade – Schule**

____

4. **Zimmer – Schuhe – Buch**

____

5. **Hausaufgaben – Bowling – Auto**

____

6. **Kaufhalle – LKW – Ampel**

____

7. **Glück – Geld – Großeltern**

---

8. **Stau – Geburtstag – Freund**

Musterantworten

Zu 1.: **Polizei – Fahrrad – Dieb**
Ein Dieb hatte mein Fahrrad gestohlen, ich rief sofort die Polizei an.
Mit dem Fahrrad verfolgte die Polizei einen Dieb, der auf der Flucht war.
Ein Dieb der Schmuck in Millionenhöhe raubte, flüchtete mit einem Fahrrad vor der Polizei.

Zu 2.: **Kühlschrank – Bett – Apotheke**
Bevor ich ins Möbelhaus fuhr, um ein neues Bett und einen größeren Kühlschrank zu kaufen, ging ich noch schnell in die Apotheke, um Lutschbonbons zu holen.
Meine Medikamente von der Apotheke bewahre ich jetzt immer im Kühlschrank auf, früher lagen sie immer neben meinem Bett auf dem Nachttisch.
Mein Kühlschrank steht neben mein Bett und von dort aus kann man direkt die Apotheke auf der gegenüberliegenden Straßenseite sehen.

Zu 3.: **Kinder – Schokolade – Schule**
Schokolade ist für Kinder in der Schule verboten.
Kinder wollen nach der Schule am liebsten gleich Schokolade essen.
In der Schule lernen die Kinder wie man Schokolade selbst herstellt.

Zu 4.: **Zimmer – Schuhe – Buch**
Das Buch über schöne Schuhe liegt in meinem Zimmer auf den Schreibtisch.
Da ich kein einziges Buch besitze, kann ich all meine Schuhe im Zimmer aufbewahren.
Das Buch für Mathe und meine Schuhe für die Sporthalle habe ich in meinem Zimmer liegen gelassen.

Zu 5.: **Hausaufgaben – Bowling – Auto**
Als ich mit den Hausaufgaben fertig war, fuhren wir mit dem Auto zum Bowling.
Beim Bowling fiel mir ein das ich noch Hausaufgaben über das Thema Auto schreiben muss.
Auf den Weg zum Bowling hatte ich meine Hausaufgaben noch schnell im Auto erledigt.

Zu 6.: **Kaufhalle – LKW – Ampel**
Auf den Weg zur Kaufhalle versperrte mir ein LKW die Sicht auf eine Ampel.
Ein LKW überfuhr mit überhöhter Geschwindigkeit eine rote Ampel und krachte ungebremst in eine Kaufhalle.
Genau vor der Ampel, die für den Fußgängerüberweg der Kaufhalle da ist, parkte ein LKW.

Zu 7.: **Glück – Geld – Großeltern**
Zum Glück habe ich großzügige Großeltern, die mir immer viel Geld zu Ostern schenken.
Glück ist, wenn man noch Großeltern hat und viel Geld besitzt.
Meine Großeltern sagen immer, Geld ist zum Glück nicht alles.

Zu 8.: **Stau – Geburtstag – Freund**
Ausgerechnet zum Geburtstag von Martin stand ich mit meinem Freund im Stau.
Zum dreißigsten Geburtstag stand Sandra mit ihrem Freund im Stau.
Der Geburtstag fand ohne meinen Freund statt, weil er auf der Autobahn im Stau stand.

Englisch-Vokabeln

Übersetze die Vokabeln sowohl ins Englische als auch ins Deutsche.

Zeit: **3 Minuten**

1. fear
a) fangen
b) fallen
c) Angst
d) Nähe

2. Tür
a) door
b) blank
c) gap
d) hole

3. patient
a) müde
b) geduldig
c) tolerant
d) beharrlich

4. impression
a) Täuschung
b) Anreiz
c) Eindruck
d) Ausdruck

5. Schuhe
a) boot
b) traipse
c) shoo
d) shoes

6. Fahrer
a) driver
b) priest
c) leader
d) handlebars

7. Fahrzeug
a) car
b) engine
c) device
d) vehicle

8. Mauer
a) blanket
b) block
c) well
d) wall

9. Werkzeug
a) steel
b) mean
c) tool
d) screwdriver

10. tomorrow
a) gerade
b) heute
c) gestern
d) morgen

11. Gefängnis
a) institute
b) prison
c) kitchen
d) detention

12. direction
a) Entwicklung
b) Ausweg
c) Richtung
d) Perspektive

13. turn off
a) rausziehen
b) ausschalten
c) beseitigen
d) stilllegen

14. knife
a) Schere
b) Gabel
c) Messer
d) schneiden

15. Boden
a) place
b) country
c) shore
d) ground

16. handcuffs
a) Handschellen
b) Handgeld
c) Handschuhe
d) Handgelenk

17.Zug
a) train
b) tug
c) draft
d) drag

18. böse
a) berserk
b) rabid
c) nasty
d) penance

19. to visit
a) warten
b) kommen
c) besuchen
d) beschaffen

20. Gift
a) poison
b) topic
c) means
d) evil

21. investigation
a) Investition
b) Maßnahme
c) Untersuchung
d) Unterlagen

22. luggage
a) Gepäck
b) Besitz
c) Sprache
d) Koffer

23. thief
a) Einbrecher
b) Räuber
c) Dieb
d) Ermittler

24. shut
a) Schuss
b) geschlossen
c) durchdacht
d) erschossen

25. fair
a) gerecht
b) hart
c) fahren
d) ehrlich

26. Brücke
a) bridge
b) floor
c) gangway
d) connection

27. assumption
a) Vermutung
b) Panik
c) Empfinden
d) Glaube

28. höflich
a) helpful
b) nice
c) pretty
d) polite

29. Strafe
a) sentence
b) crime
c) punishment
d) felony

30. drinnen
a) chamber
b) scope
c) inside
d) during

Lösungen: Englisch-Vokabeln

1. c)	11. b)	21. c)
2. a)	12. c)	22. a)
3. b)	13. b)	23. c)
4. c)	14. c)	24. b)
5. d)	15. d)	25. a)
6. a)	16. a)	26. a)
7. d)	17. a)	27. a)
8. d)	18. c)	28. d)
9. c)	19. c)	29. c)
10. d)	20. a)	30. c)

Englische Definitionen

Im Folgenden werden dir Fragen auf Englisch gestellt. Jede Frage zielt auf die Definition einer Englisch-Vokabel ab. Deine Aufgabe ist es, diese Vokabeln auf Englisch zu umschreiben.

Beispiel:
Frage: What does "to prove" mean?
Antwort: To prove means to show that something is true.

Zeit: **10 Minuten**

1. What does barefoot mean?

2. What does wage mean?

3. What does unreal mean?

4. What does to delete mean?

5. What is a swampland?

6. What is a ferry?

7. What is a shopping mall?

8. What does patience mean?

9. What is an issue?

10. What does to quit mean?

11. What is sunlight?

12. What does to adopt mean?

13. What does frequent mean?

14. What is a crisis?

15. What does to paraphrase mean?

Lösungen

1.Barefoot means with nothing on your feet.

2. A wage is the money/amount of money that you earn/get.

3. Unreal means that something is more like a dream/vision than reality/real life.

4. To delete means to remove/eliminate/take something that has been written or stored on a computer/PC.

5. A swampland is an area/region/territory of soft, wet land/ground.

6. A ferry is a ship/boat which carries people, vehicles and goods across water/the sea.

7. A shopping mall is a large number of stores/shops under one roof/top.

8. Patience is the ability to wait without complaining/to complain.

9. An issue is an important theme/topic.

10. To quit means to stop to do/doing something.

11. Sunlight is the light from the sun.

12. To adopt means to take another person's child into your family.

13. Frequent means happening often/a lot of times.

14. A crisis is a time of great trouble/danger/problems.

15. To paraphrase means to repeat something using different words.

Englischer Lückentext

1. Jonas and his friend Marcus want to ___ on a three-day boys trip to Munich.
a) went
b) gone
c) go
d) going

2. Before leaving, they have to make plans on what to ___ in Munich.
a) doesn't
b) does
c) do
d) done

3. Marcus ___ that he really wants to visit the famous Marienplatz.
a) decides
b) decide
c) decided
d) have decided

4. Jonas ___ going to the 'Englischer Garten' because he really
enjoys nature.
a) suggest
b) suggests
c) suggesting
d) has suggested

5. With the Oktoberfest in full swing, Jonas and Marcus ___ on whether to go there or not.
a) contemplate
b) are contemplating
c) contemplated
d) contemplating

6. Some of their friends have already been there and they really ___ it.
a) like
b) likes
c) liking
d) liked

7. However, Marcus and Jonas are not sure because they are both not so much into folk festivals. "Why don't we ___ whether we want to go to the Oktoberfest or not spontaneously?" asks Marcus.
a) decided
b) decide
c) decides
d) deciding

8. "Good idea!" - ___ Jonas. Now they are both ready to enjoy their trip to Munich!
a) say
b) said
c) saying
d) says

9. The Munich Oktoberfest originally ______ in the 16-day period leading up to the first Sunday in October.
a) take place
b) taken place
c) has taken place
d) took place

10. The Oktoberfest ____ as the largest Volksfest (people's fair) in the world.
a) know
b) has known
c) is known
d) is knowing

Lösungen: Englischer Lückentext

1. c)	5. b)	9. d)
2. c)	6. d)	10. c)
3. a)	7. b)	
4. b)	8. d)	

Englische Sätze verbinden

In den nachfolgenden Aufgaben sollen die Satzanfänge mit den logisch richtigen Satzenden verbunden werden.

1. Today, Amy went to the doctor's office because ...
a) it was very late and her favorite TV show was on.
b) her brother locked her into the kitchen.
c) she wasn't feeling very well and wanted to get some medicine.
d) Leo took out the trash.

2. James bought a new car ....
a) at his local grocery store.
b) at the farm.
c) at his friend's car dealership.
d) at the zoo.

3. Yesterday, Lydia went to the cinema ...
a) to watch a movie with her friend Leanne.
b) to buy a dress for prom.
c) because she really needed a massage.
d) to take a cooking class.

4. Maria and Jordan are getting married ...
a) in outer space.
b) at a beautiful chapel in the New England countryside.
c) in the kitchen.
d) at the supermarket.

5. At the presidential election in November ...
a) Mickey Mouse is going to be president.
b) Mariah Carey lost 5 kg.
c) I want to have a donut.
d) he would have to draw many non-aligned voters.

6. The policemen ...
a) is going to explode.
b) are talking to the suspects.
c) painting their nails with pink nail polish.
d) has to stop.

7. Janice wants to become a police officer ...
a) because she likes helping people.
b) when she was a baby.
c) at her neighbor's house.
d) because it is Saturday.

8. Marc works as a mechanic
a) in order to feed all the animals.
b) because he likes to swim.
c) because he has loved working on cars ever since he was a little boy.
d) just to eat ice cream.

9. The local soup kitchen ...
a) provides free food for the homeless.
b) has to wash the car.
c) wants to eat a sandwich.
d) can leave early today.

10. Tomorrow, Sina has a dance performance ...
a) because she is tired.
b) while she is sleeping.
c) on the moon.
d) and she is very nervous because her friends will watch her.

11. Nina and Jack are playing hide and seek ...
a) to clean out the basement.
b) but they can't seem to find each other.
c) in class.
d) because Nina is ill.

12. In the town hall ...
a) couples can get married.
b) you can buy groceries.
c) it is raining.
d) dad is hiking.

13. The kettle is whistling ...
a) for donuts.
b) in the ground.
c) because Jason fell and hit his knee.
d) because the water is boiling.

14. Mia doesn't like mathematics ...
a) because she is tall.
b) in order to sit down.
c) because most of the time she doesn't understand the exercises.
d) after going to the doctor's office.

15. Jamie loves cooking Italian
a) to the cinema.
b) because he loves Pizza and Pasta.
c) in the shower.
d) while driving to work.

16. Michael works as a lawyer
a) at the local court.
b) for rainy days.
c) because he likes swimming.
d) after work.

17. Gingerbread cookies ...
a) are a popular treat in the summer.
b) speak Chinese.
c) are a popular treat around Christmas.
d) can dance hip-hop.

18. Lisa is eighteen years old,
a) after work.
b) forever.
c) a lot since she was little.
d) which makes her an adult.

19. At midnight ...
a) the clock strikes 10.
b) the clock strikes 12.
c) the clock strikes 9.
d) the clock strikes 15.

20. Because I am an employee, ...
a) I can do whatever I want.
b) I have to obey my boss.
c) I love cooking.
d) I can come to work and leave at any time I like.

Lösungen: Englische Sätze verbinden

1. c)	8. c)	15. b)
2. c)	9. a)	16. a)
3. a)	10. d)	17. c)
4. b)	11. b)	18. d)
5. d)	12. a)	19. b)
6. b)	13. d)	20. b)
7. a)	14. c)	

Bonus: Informative Online-Inhalte und Communities

Hunderte kostenlose Online-Tests
www.plakos.de

Online-Trainings und weitere Informationen
www.plakos-akademie.de

Justizfachangestellter
justizfachangestellte.plakos.de

Justizvollzugsbeamter
eignungsauswahlverfahren.de/polizei-berufe/justizvollzugsbeamter/

Öffentlicher Dienst
oeffentlicher-dienst.plakos.de

Made in United States
Cleveland, OH
24 October 2026

46785526R00179